뇌는
춤추고
싶다

TANZEN IST DIE BESTE MEDIZIN by Julia F. Christensen and Dong-Seon Chang
© 2018 by Rowohlt Verlag GmbH, Reinbek bei Hamburg, Germany.
Korean Translation © 2018 by BOOK21 Co., Ltd.
All rights reserved.
The Korean language edition is published by arrangement with
Rowohlt Verlag GmbH through MOMO Agency, Seoul.

이 책의 한국어판 저작권은 모모 에이전시를 통해 Rowohlt Verlag 사와
독점 계약한 (주)북이십일에 있습니다.
저작권법에 의하여 한국 내에서 보호를 받는 저작물이므로
무단 전재와 무단 복제를 금합니다.

TANZEN IST DIE BESTE MEDIZIN

좋은 리듬을 만드는 춤의 과학
뇌는 춤추고 싶다

장동선·줄리아 F. 크리스텐슨 지음
염정용 옮김

arte

| 차례 |

한국어판 서문　　　　　　　　　　　　　　006
서문　　　　　　　　　　　　　　　　　　012

1 솔로 댄스 나를 사로잡는 리듬　　　　017

춤을 춘다는 것 / 마법 같은 리듬 / 모든 아기는 춤꾼
춤을 추지 못하는 이유 / 감정을 드러내는 춤

2 커플 댄스 춤으로 나누는 대화　　　　071

그녀의 움직임을 읽을 수 있는 이유
춤이라는 거울 / 쉘 위 댄스
춤으로 데이트하기 / 리더와 팔로워

3 그룹 댄스 친구를 부르는 춤　　　　　121

내가 우리로 되는 순간
시간과 함께하는 순간 / 함께 춤추기

4 내 몸을 위해 춤추기 춤은 생명의 묘약　　145

춤이라는 움직임 / 아주 특별한 신경 / 내 머릿속의 음악
내 몸을 스스로 자각하기 / 똑똑한 뇌를 만드는 춤

5 건강을 위해 춤추기 약보다 춤　　　　185

심장을 춤추게 하기 / 척추와 관절을 유연하게 하는 춤
체중 조절을 위해 춤추기

6 힐링을 위해 춤추기 지친 마음을 보듬는 춤   213

정서를 춤으로 표현하기
자신의 나약함을 춤으로 이겨 내기
스트레스를 춤으로 해소하기
두려움과 불안에 춤으로 맞서기
우울을 춤으로 날리기 / 결핍을 춤으로 채우기

7 나이를 잊고 춤추기 모든 연령을 위한 춤   271

기억을 잃지 않도록 춤추기 / 움직임을 잃지 않도록 춤추기
성장을 위한 춤추기

8 그 어떤 상황에서도 춤추기 웃고, 울고, 춤추고!   301

유혹을 위한 춤 / 사교를 위한 춤
관객을 위한 춤 / 화합을 위한 춤 / 우리 모두 렛츠 댄스!

9 춤 테스트 내게는 어떤 춤이 어울릴까?   355

내게 맞는 춤 / 춤추기 전에 준비할 것
댄스 댄스 댄스!

감사의 말   388
참고 문헌   393

| 한국어판 서문 |

모든 사람이 행복했으면 좋겠다고, 모든 뇌가 행복하기 위해 중요한 것은 결국 나 혼자가 아닌 다른 사람들과 함께하는 삶이라고, 저의 첫 책 『뇌 속에 또 다른 뇌가 있다』에서 말했습니다.

그런데 사실 사람만큼 어려운 것이 없습니다. 우리 모두는 사람을 그리워하면서도 또 사람들과 적절한 거리를 유지하고 싶어 합니다. 정말 보고 싶던 사람을 만나서는 사소한 말실수로 다투고, 상처받기도 합니다. 나에게 가장 큰 힘이 되어 줄 수 있는 것도 사람이지만, 나의 마음을 가장 아프게 하고, 힘들게 하는 것도 결국은 사람입니다. 사람들과 함께하면서 행복을 느끼고 싶지만, 사람들과 함께하면서 받는 스트레스 때문에 그저 어떤 사람도 만나지 않고 숨어 버리고 싶을 때가 있지요. 사람이란, 그리고 관계란 정말 쉽지 않습니다. 그럼 어떻게 해야 할까요?

답은 '리듬'에 있는 것 같습니다. 가까울 땐 가까이 멀리할 땐 멀리. 당길 땐 당기고 밀어낼 때는 밀어내고. 그 모든 것을 서로 어긋나지 않게, 잘, 아름답게. 삶에는 저마다의 때와 타이밍이 있고 서로 다른 스텝을 밟아야 하는 각각의 순간들이 있지요. 모두의 앞에는 걸림돌들이 놓여 있지만 누군가는 걸려서 넘어지고, 누군가는 우아하게 그것들을 비껴가고 넘어갑니다. 결국 삶 속에서 좋은 리듬을 만들고 그것에 맞춰 나가기 위해 우리는 모두 춤추는 법을 배워야 하는 것이 아닐까요?

실제로 우리의 뇌는 세상을 리듬으로 이해합니다. 시각과 청각, 촉각 등 각 감각기관에서 뇌로 전달되는 정보들이 하나로 인지될 수 있기 위해서는 신경세포들 사이의 리듬이 일치되어야 하지요. 뇌는 그 일치되는 리듬에 따라서 세상을 인지하고, 그렇기 때문에 우리가 음악을 들으며 춤을 보면 그것을 하나로 인지하는 것이기도 합니다. 사람과 사람이 서로를 이해하는 방법도 리듬과 관련이 있어요. 누군가 사람과 사람이 대화를 하고 정보를 주고받을 때, 서로가 서로를 이해하고 공감하기 시작하면 실제로 뇌파의 리듬이 약 6~7초의 시차를 두고 싱크$_{sync}$되기 시작합니다. 같은 음악을 듣거나, 같은 영화를 보아도 마찬가지의 일이 일어납니다. 즉, 사람과 사람이 서로를 잘 이해하고 공감할 수 있기 위해서도 리듬의 일치가 중요한 것이죠.

춤이란 다름 아닌 세상의 리듬에 나를 맞춰 가는 연습입니다. 처음에는 음악에 맞춰 스텝을 밟는 연습을 하고, 나중에는 다른 사람의 움직임에 맞춰 나를 움직이는 법을 배우죠. 혼자 춤을 추어도 우리는 음악을 들으며 내 안의 감정들에 귀 기울이게 되고, 나도 모르는 사이에 리듬에 맞춰 나의 감정들을 표현하고 표출하게 됩니다. 그렇게 외부의 리듬에 나 자신의 움직임을 맞춰 나가는 것은 아기들의 뇌가 세상에 태어나자마자 가장 먼저 시작하는 일이기도 하며, 춤을 추는 모든 이들이 매 순간 하고 있는 일입니다.

뇌를 건강하게 하는 데 무엇이 가장 좋은지를 탐색한 수많은 연구들이 있지만 그 중에 다음의 답이 아주 자주 등장합니다. 사람을 많이 만나고 교류해라. (『뇌 속에 또 다른 뇌가 있다』에 이와 관련된 많은 연구가 소개되어 있습니다.) 운동을 하고 몸을 많이 움직이는 것이 뇌의 성능을 높여 준다. 그리고 자신의 감정들을 억누르지 말고 표현하며 스스로 느끼고 이해해라.

재미있게도 춤을 추면 이 세 가지가 모두 일어납니다. 사람을 만나고, 몸을 움직이고, 감정을 표현하며 이해하죠. 그리고 리듬에 맞추어 나 자신을 변화해 가는 법을 배웁니다. 멈춰야 하는 순간에 멈추고, 빠른 스텝을 밟아야 하는 순간이 언제인지 알게 되죠. 그렇게 춤을 추는 행위는 실제로 뇌에 아주 건강한 많은 영향을 끼칩니다. 무엇보다 춤에 빠져드는 순간, 우리가 정말로 즐겁고 행복한 순간을 경험할 수 있게 해 주지요. 베를린에 사는 제 친구들은 수많은 전쟁 피난민들이 모여 있는 피난민 캠프에 가서 그들에게 춤을 가르치기도 했어요. 전쟁과 기아의 폐해를 겪고 힘들어하는 그곳의 아이들과 청소년들이 단 한순간만이라도 세상의 고통을 잊고 아이처럼 음악에 맞춰 즐겁게 뛰놀며 행복해 할 수 있는 시간을 선물하고 싶었던 겁니다. 여러분 모두에게도 똑같이 이러한 순간들이 필요할지도 모르겠습니다.

이 책을 통해서 여러분 모두가 '춤'이라는 행복의 새로운 도구를 얻었으면 좋겠습니다.
행복하세요!

— 장동선

저는 지금 제가 가장 사랑하는 스페인의 카페에 앉아 이 글을 쓰고 있습니다. 그리고 마침 라디오에서 익숙한 노래가 나오네요. 싸이의 〈강남스타일〉! 전 세계를 춤추게 한 바로 그 노래죠. 제 친구이자 이 책의 공저자 장동선 박사에 의하면 이것이 우연은 아니라네요. 한국인은 흥이 많고, 또 정말 춤을 좋아하는 사람들이라고 제게 말해 주곤 했죠.

춤과 관련된 많은 자료들을 찾아보다가 알게 된 것은, 한국의 전통 무용이 전 세계에서 기록으로 남아 있고 현재까지도 공연되고 있는 가장 오래된 춤들 중 하나라는 것입니다. 한국 전통 무용의 뿌리는 지금으로부터 5000년 전까지 거슬러 올라가요. 샤머니즘에 기반한 무당들의 춤이 사람들의 삶의 일부로서 기록에 남아 있죠. 그리고 그 이후에 알려진 많은 한국 전통 무용들이 그에 영향을 받았다고 합니다. 예를 들어, 제가 정말 놀랍도록 아름답다고 생각했던 부채춤이 그 대표적인 예입니다. 한국인이 춤을 얼마나 아끼고 사랑하는지 알게 되는 기록이 또 하나 있습니다. 20세기 초에 일본 제국의 강압적 식민지 정책 아래에서 모든 한국 춤과 전통 무용들이 금지되었는데, 그에도 굴하지 않고 한국의 전통 무용은 계속해서 전수되고 그 맥이 끊어지지 않았죠. 춤을 금지해도 목숨을 걸고 그 전통을 지켜 낸 역사에서 한국인의 춤에 대한 긍지와 사랑이 느껴집니다. 무엇보다 한국에만 존재하는 인간문화재(人間文化財, Living National Treasures)는 정말 부럽고 멋진, 전 세계가 배울 만한 제도라고 생각합니다. 살아 있는 사람이, 무용가가, 국가의 문화재로 지정될 수 있다니! 세계적인 무용가 아그네스 데밀Agnes de Mille의 말이 기억납니다. "인간을 가장 정직하게 표현하는 것은 바로 그들의 몸과 춤이다. 몸은 절대 거짓말을 하지 않는다."

미래의 어느 날, 여러분 모두와 함께 춤을 추며 댄스 플로어에서 만날 수 있길 희망합니다. 이 책이 전 세계에서 가장 먼저 한국어로 번역된다는 점이 정말 기쁘고 영광스러워요. 저희가 이 책을 쓰며 느꼈던 기쁨을, 여러분이 이 책을 읽으면서 함께 느낄 수 있길 바랍니다. 그리고 만약 이 책을 다 읽으시면 한 가지 부탁을 들어주세요. 사람들에게 널리 알려 주시고, 함께 춤을 추세요!

이 글을 제가 가장 좋아하는 인용구이자, 제 삶의 모토로 마칠까 합니다.
"삶은 풍랑이 지나가길 기다리는 것이 아닙니다. 쏟아지는 빗속에서 춤을 추는 것입니다."
사랑합니다, 여러분!

— 줄리아 F. 크리스텐슨

| 서문 |

우리는 모든 사람들을 춤추게 하고 싶다. 우리가 누구냐고? 먼저 소개부터 해야겠다. 우리는 줄리아 F. 크리스텐슨Julia F. Christensen 박사와 장동선Dong-Seon Chang 박사로, 뇌과학을 전공하고, 열정적으로 춤을 사랑하는 이 책의 저자들이다.

덴마크 출신인 나는 무용가가 되는 것이 꿈이었다. 많은 여자아이들이 그렇듯 다섯 살 때 발레를 시작했고, 커다란 무대에서 춤추는 꿈을 키웠다. 그 꿈을 이루기 위해 노력했으며 날마다 방과 후에는 연습에 매달렸다. 고등학교 졸업 후에 프랑스로 가서 프로 무용가 수업을 받기 위해서였다. 나의 생활은 온통 춤에 맞추어져 있었다. 하지만 인생은 내가 바라던 것에서 완전히 달라져 버렸다. 사고로 척추를 심하게 다친 나는 꿈을 포기해야 했다. 참으로 가혹한 시련이었다. 할 수 없이 나는 계획을 바꿔 프랑스와 스페인에서 심리학과 신경과학을 공부했고, 발레아레스제도 대학에서 박사학위를 받았다. 사고를 당한 후 나는 춤과 무관하게 지냈다. 물거품이 되어 버린 꿈에 대한 기억은 너무나 고통스러웠다. 그러다가 문득 깨닫게 되었다. 신경과학과 인간의 정신을 다루는 사람이라면 '몸의 움직임'이라는 주제에 금세 다가가게 된다는 것을. 춤이라는 것이 복잡하고 아름답기 그지없는 움직임의 연속 시퀀스가 아니고 무엇이겠는가? 그래서 춤은 나의 연구 분야가 되었다. 많은 사람들이 춤을 단순히 오락거리이자 이성을 만나기 위한 수단 정도로 여긴다. 하지만 나는 춤이 그 이상이며, 우리의 몸과 정신과 영혼에 많은 긍정적인 효과를 미친다는 사실을 확인했다.

현재 나는 런던에서 살고 있으며, 대학에서 '뇌와 춤'이라는 주제에 관해 종일 연구를 하고 글을 발표하며, 밤에는 탱고를 춘다. 과거의 나의 꿈과 현재의 나의 직업이 이토록 멋지게 결합될 수 있다니!

나는 독일 하이델베르크에서 태어났으며 부모님은 한국인이다. 고등학교를 졸업한 뒤 독일 콘스탄츠 대학에서 생물학을, 미국 뉴저지 럿거스 대학에서 인지과학을 공부했다. 튀빙겐에서 박사학위 과정 동안 나는 인간이 타인의 행위를 어떻게 지각하며 어떻게 타인과 상호작용을 하는지 연구했다. 몸의 움직임은 내 연구에서 늘 중심에 있었다. 시간이 나는 대로 음악에 몰두했다. 다섯 살 때부터 피아노를 연습했고, 틈 날 때마다 연주회를 찾아다녔다.

막 성인이 되어 앞으로의 삶을 무엇으로 채워야 할지 야심차게 탐색하던 시절에는 상당한 우울증에 시달리던 때도 있었다. 그즈음 춤이 치유의 수단이라는 것을 알게 되었다! 어느 뛰어난 의사와 스윙 댄스의 도움으로 삶의 기쁨과 활력을 되찾을 수 있었다. 나는 춤을 통해 내가 몰두하던 두 가지, 즉 음악과 몸의 움직임을 서로 연결시킬 수 있다는 것을 깨달았다. 그리고 그때 머리와 몸에서 어떤 일이 일어나는지를 몸소 느꼈다!

나는 지금 한국의 한 디자인 연구소에서 미래 기술을 개발하는 일을 하고 있다. 동시에 신경과학과 행동과학 분야의 인사이트를 기반으로 강연도 하고, 때때로 내가 사랑하는 음악도 찾아 듣거나 연주한다. 드물게는 디제잉을 하기도 한다. 무엇보다 나는 가장이자 멋진 여성의 남편이기도 하다. 다만 한 가지 아쉬운 점은 아내는 나와 춤을 추려 하시 않는나. 이 책으로 아내를 설늑할 수 있을까?

우리 소개는 이쯤 해 두자. 다시 주제로 돌아가서, 당신은 아폴로 신이 춤의 신이며 동시에 음악과 치료의 신이라는 사실을 아는가? 또 춤의 신은 세계의 여러 신화에서 나오며, 남녀 할 것 없이 항상 음악·치유·건강과 관련 있다는 사실도 아는가? 이집트 신화에 나오는 바스트 여신, 오늘날 시리아 지역 셈족의 바알 신, 힌두교 신화에 나오는 시바 신, 이들 모두가 춤·건강·치유를 관장했다. 예전부터 춤은 여러 문화권에서 치유 의식의 일부였다. 브라질의 열대우림, 보츠나나의 칼라하리 사막, 동아시아의 불교와 샤머니즘, 인도 등의 전통 춤이 그렇다. 그리스의 신화에 등장하는 아폴로도 마찬가지이다.

'아폴로'는 또한 그리스의 에기나섬에 있는 호텔 이름이기도 하다. 그 호텔에서는 매년 사회 신경과학과 관련된 학술대회가 열린다. 그곳에서 이 책의 저자들인 우리가 처음 서로 알게 되었다. 운명의 손짓이라고 할 수 있을까? 아폴로 호텔이 말이다.

우리는 그 호텔의 테라스 앞에서 처음 만났고, 대화는 바로 춤에 관한 것으로 시작되었다. 호텔 스피커에서 나오는 음악에 맞춰 신나게 춤추는 사람들을 지켜보면서 이런 질문을 했다. 춤을 추면 대체 왜 저렇게 행복해질까? 춤을 추면 더 건강해질까? 혹은 더 똑똑해질까? 우리는 한참 동안 이런 대화를 나눈 후에 수많은 사람들 틈에 섞여 먼동이 틀 때까지 춤을 추었다. 그러고 나서 아침에 잠깐 눈을 붙인 다음 '사회적 자아'라는 주제의 학술대회에 참석했다. 우리는 여드레 밤낮으로 학술 토론과 춤 사이를 번갈아 오갔고, 마침내 모든 것이 하나로 묶이게 되었다. 당시 여드레 밤낮 동안 우리가 나눈 대화의 주제와 춤에서 이 책의 중심이 되는 여덟 개의 장이 탄생한 것이다.

이 책을 읽고 당신이 진심으로 행복해지기를 바란다! 그리고 이 책을 다 읽기 전이라도, 어느 순간 고민으로 머릿속이 답답하다면, 서슴없이 뛰쳐나가 밤새 춤을 추며 머리를 비울 수 있길 바란다!

1

솔로 댄스

나를 사로잡는
리듬

리듬은 불필요한 사치가 아니다.
사람들은 리듬이 필요하다.
숨 쉬는 공기처럼 말이다.

— 사이먼 래틀 경 Sir Simon Rattle

우리는 학술대회가 열리고 있는 호텔의 테라스 앞 바에 서 있다. 스피커에서 마음을 흔드는 여름철 히트곡이 울려 퍼지자 심호흡을 한다. 학술대회의 첫날은 언제나 흥분 상태이다. 학술대회가 외국에서 열릴 때는 더욱 그렇다. 출발해서 호텔에 도착하고, 세계 각국에서 온 동료들을 만나는 짧은 시간에 많은 정보들이 입력된다. 곧 전공과 관련한 강연이 이어지고, 토론회가 열리고, 지식이 교환된다. 비슷한 주제에 골몰하는 이토록 많은 동료들과 언제 또 만나서 이야기를 나누겠는가? 이런 학술대회의 경우 시작할 때 소개하는 시간이 있는데, 주최 측은 참가자의 긴장을 풀어 주기 위해 갖가지 아이디어를 짜낸다. 이날은 간단한 퀴즈 대회로 시작되었다. "구글에서 무엇에 관한 검색이 가장 많은가?" 이것이 첫 질문이었다. 학술대회의 주제인 '사회 신경과학 Social Neuroscience'은 겨우 873만 건밖에 되지 않았다. '공감 능력 empathy'은 좀 더 많아서 5000만 건 이상 올라와 있었다. 그런데 줄리아의 연구 주제가 압도적 1위를 차지했다. '춤 dance'이라는 단어는 구글에서 18억 2000만 건이나 검색되었다.

춤을 춘다는 것

 1927년 5월, 미국의 비행사 찰스 린드버그Charles Lindbergh는 뉴욕을 출발해 대서양을 무착륙으로 단독 횡단해 파리에 무사히 착륙했다. 린드버그가 자신의 단발엔진 비행기 '세인트루이스의 정신Spirit of St. Louis 호'를 타고 구름 사이를 뚫고 폭풍이 몰아치는 바다를 춤추듯 흔들거리며 건너가는 동안 미국 뉴욕 할렘가의 술집에서도 사람들이 흔들흔들 춤을 추고 있었다. 그곳의 분위기도 그날의 폭풍만큼이나 거칠고 열정적이었다! 당시에는 찰스턴Charleston, 재즈Jazz, 브레이크어웨이Breakaway 같은 춤이 유행하고 있었다. 그때 막

새로운 스타일의 춤이 플로어를 점령했다. 그것은 모든 스타일이 뒤섞인 춤이었는데 이 새로운 춤의 스텝은 우연하게 생겨났다. 매티 퍼널Mattie Purnell과 조지 스노든George Snowden은 원래 미국의 흑인 사회에서 생긴 스윙Swing 댄스 스타일의 브레이크어웨이를 추고 있었다. 두 사람은 음악에 맞춰 몸을 흔들고 있었는데, 새로운 스텝이 혜성처럼 생겨난 것이다! 그들은 그 스텝을 다시 한 번 밟아 보고 연이어 계속 밟아 보았다. 마치 리듬이 그들의 다리를 이끄는 것 같았다. 플로어에서 춤을 추던 사람들은 호기심에 차서 그 둘을 에워싼 채 눈을 떼지 못하고 환호성을 질렀다. 새벽이 되어서야 사람들은 마침내 땀에 흠뻑 젖은 스노든에게 이 새로운 춤의 이름이

무엇인지 물어보았다. 스노든의 눈길이 린드버그의 대서양 횡단 비행을 보도한 신문으로 향했다. 제목은 "린디가 대서양을 넘어가다Lindy hops the Atlantic"였다. 스노든은 스스럼없이 환한 미소를 지으며 말했다. "린디합Lindy hop입니다." 린드버그가 구름 사이를 흔들거리며 비행한 것이 플로어에서 흔들흔들하는 춤으로 변한 것이다. 새로운 영웅이 탄생했고, 새로운 춤이 생겨났다. 바로 린드버그와 린디합이다. (린디합이 어떻게 생겨났는지에 관해서는 여러 이야기가 있다. 아무튼 핵심적인 역할을 한 사람은 매티 퍼널과 조지 스노든, 프랭키 매닝Frankie Manning, 노마 밀러Norma Miller였다.)

이 새로운 춤의 근사한 점은 혼자서 춤을 출 수 있을 뿐 아니라 파트너와 함께 춤출 수 있다는 점이다. 오직 비바람과 자기 자신이 함께하는 비행, 그것은 짜릿한 체험이었을 것이다. 많은 이들에게는 춤을 추며 플로어를 가로지르는 것도 분명 린드버그가 대서양을 횡단할 때처럼 여간 긴장되는 일이 아니다. 춤추기는 짜릿한 느낌이다. 춤추기는 파트너와 댄스 홀, 그때 흘러나오는 음악에 따라 거의 매번 달라지는 신세계다. 춤추기는 제의식일 수도 있고, 운동· 예술·직업·정열의 대상 혹은 치료법이 될 수도 있다. 그렇지만 그 모든 것에 앞서 감정의 표출이다. 〈작은 별〉 노래에 맞춰 움직이는 어린이들이건 양로원에서 민요에 맞춰 움직이는 할머니건, 대리석 바닥에 서서 노래하는 장발의 메탈 가수이건, 분홍색 발레복을 입은 발레리나이건 이들 모두가 하는 행위는 바로 춤이다!

춤을 추는 행위는 인간의 내면에 깊이 뿌리박혀 있다. 친숙한 리듬이 흘러나오기가 무섭게 우리는 몸을 움직이고 싶어 한다. 고작 고개를 까닥이는 정도라 하더라도. 신경과학자인 우리는 심지어 이렇게 주장하고 싶다. 우리의 뇌는 춤을 추고 싶어 한다고. 춤추기는 우리 뇌에 단단히 뿌리박혀 있다! 아마도 춤은 인류의 역사만큼이나 오래되었을 것이다. 진화의 관점에서 볼 때 이 리듬에 따라 반복되는 움직임은 대단히 무의미해 보이기는 하다. 그러나 과거를 잠시 살펴보기만 해도 춤추기가 인류의 발전에 얼마나 중요했는지 분명히 알 수 있다. 우리의 선조들은 궁핍하고 위험한 악조건에서 살았다. 충분한 양식을 모으기 위해, 인간이건 동물이건 적을 제압하기 위해 많은 시간과 에너지를 써야 했다. 그럴 때에는 지루할 겨를조차 없었을 것이다. 이윽고 날이 어두워지면 그들은 몹시 피곤했을 것이다. 이 때문에 불가피하게 우리의 선조들이 왜 힘들게 비축한 에너지를 춤추는 데 '허비'했는가 하는 의문이 제기된다.

그들은 춤을 추었다. 슬프거나 기쁠 때, 비를 간구할 때, 신들의 기분을 누그러뜨리기 위해 혹은 적에 대한 분노를 더욱 부채질하기 위해 춤을 추었다. 우리 선조들에게 춤추기가 얼마나 중요했는지는 그들이 그려 놓은 바위그림을 보면 알 수 있다. 바위그림은 말하자면 석기시대의 낙서이다. 바위그림에서 되풀이해서 나타나는 주제는 네 가지이다. 동물과 사냥 장면, 가족과 소유물, 성행위, 그리고 춤이다. 이것을 보면 춤추기는 아주아주 중요했던 것이 틀림없다. 아마 춤추기는 바위그림보다 훨씬 더 오래되었을 것이다.

춤추기는 인간이 최초로 기록으로 남기기 오래전부터 행해졌다. 올덴부르크 대학의 음악 인지 연구가 군터 크로이츠Gunter Kreutz는 『슈피겔』 지와의 인터뷰에서 춤추기를 '직립보행의 부산물'이라고 설명했다. 우리가 인지능력을 향상시키는 데 춤추기가 큰 도움이 되었다는 것이다. "어쩌면 인류는 오직 춤을 통해서 이 정도로 발전했을 겁니다."

인류의 진화사를 살펴보면 여러 면에서 인간이 무리 지어 생활하기 시작했을 때 음악을 연주했을 가능성이 높다. 그렇다고 우리의 선조들이 동굴에서 느긋하게 드러누워 이어폰으로 모차르트의 진혼곡을 감상하지는 않았을 것이다. 그들에게 음악이란 일상의 삶 속에서 행해지는 것이었다. 음악은 몸을 움직이는 것이었고, 그들의 머리에 떠오르고 마음에 걸리는 것에 관심을 기울이는 것이었다. 따라서 인간은 원시시대부터 이미 리듬이나 음악에 맞춰 몸을 움직임으로써 그들의 생명이나 일상에 중대한 영향을 미치는 것들을 신체로 표현했던 것이다.

아쉽게도 인류의 초기에 생겨난 춤추기 방식은 우리에게 전해지지 않는다. 춤은 화석화되지 않으며, 오늘날 우리가 문화 역사 박물관에서 감탄하며 바라보는 악기나 문화 유물처럼 오래도록 보존되지 않기 때문이다. 춤은 추는 그 순간에 이미 사라져 버린다. 춤추는 사람과 지켜보는 사람의 기억에만 남아 있을 뿐이다. 선조들에게 춤추기가 어느 정도 중요했는지는 오늘날 원시 부족들의 제의식 춤을 통해 부분적으로나마 짐작할 수 있다.

문화 예술사가인 아비 바르부르크 Aby Warburg는 20세기 초 푸에블로 인디언들이 추었던 뱀 춤을 기술해 놓았다. 부족의 남자들은 뱀 춤을 추며 비가 내리기를 기원했다. 그들은 춤을 추는 동안 독사를 산 채로 입에 넣어 이 사이에 꽉 물었다. 그렇게 하는 이치는 '땅에 물이 필요'하기 때문이다. 뱀은 땅과 (따라서 자연력과도) 결합되어 있어서 구름과의 교감 능력이 인간보다 더 뛰어나다. 그 때문에 그들은 '비가 필요하다'는 인간의 메시지가 구름에 전달되도록 뱀을 입에 물었던 것이다.

오늘날 우리는 뱀 춤이 비가 오는 데 아무런 영향을 미치지 않는다는 사실을 알고 있다. 하지만 일상에서 일어나는 기이한 현상들에 대해 자연과학적 해명을 얻지 못했던 당시의 사람들은 왜 어떤 때 비가 내리고 어떤 때 내리지 않는지 알지 못했던 것이다. 왜 계절이 바뀌는가? 여름은 다시 돌아오는가? 만약 돌아오지 않는다면 어떡하나? 밤이 지나면 언제나 아침이 오는가? 그리고 왜 이따금 엄청나게 큰 소리로 우레가 치는가? 그것은 격노한 신들의 메시지인가?

원시 부족의 입장에서 보자면 춤에는 그들이 이해할 수 없는 일상의 미스터리를 극복하게 하는 힘이 있었다. 그들은 자연법칙에 관해 거의 알지 못했고, 종종 자연법칙 앞에 무방비로 내던져졌다. 이러한 불확실한 것들에 주목한다면, 우리의 선조들이 적어도 종족을 보손하기 위해, 적극적으로 무언가를 할 수 있다고 느끼기 위해 춤이라는 전략을 만들어 냈다는 것은 분명 이상한 일이 아니다. 많은 민족들이 자신의 신을 숭배하고 신의 기분을 누그러뜨리기 위해, 사냥이나 전투에 대비하기 위해, 날씨와 수확의 문제를 해결하기 위해 제각각 여러 가지 춤을 발전시켰다. 춤은 그들에게는 중요한 제의식이었다.

춤을 추는 몸동작은 예나 지금이나 엄청난 매력을 발산한다. 선사시대의 바위그림들, 구글에 올라온 줄리아의 검색어 '춤'에 대한

불가리아 마구라 동굴

수많은 검색 결과들, 그리고 〈렛츠댄스 Let's dance〉 같은 텔레비전 프로그램의 높은 시청률이 이를 입증하고 있다. 인간들은 음악에 맞춰 리드미컬하게 몸을 움직인다. 남녀노소나 출신과 상관없이 세계 어느 곳에서나 한결같다. 춤은 그 어떤 움직임과도 다른 독특한 몸동작이다. 춤추기는 단순하게 몸을 흔드는 것이 될 수도 있고, 고전발레처럼 고도로 복잡한 예술 형식이 될 수도 있다.

춤은 특별하다. 왜냐하면 춤동작은 다른 움직임과는 전혀 다른 동기와 효과가 있기 때문이다. 대부분의 움직임은 목표에 맞춰진다. 일상에서 우리는 A지점에서 B지점으로 가기 위해 몸을 움직이며, 일을 처리하기 위해, 혹은 세상에 어떤 형태의 인상을 남기기 위해, 또 소통을 하기 위해 움직인다. 우리는 고개를 가로젓거나 끄덕이며, 문을 닫고, 상대가 우리를 이해하도록 어떤 것을 몸짓이나 손짓으로 가리킨다. 스포츠 동작도 특정한 목표를 추구한다. 즉, 정해진 시간에 정해진 거리를 통과하거나 공을 골대에 차 넣는다. 그러나 스포츠 동작은 대개 남들과 겨루고, 남들을 누르고 이기기 위한 것이다. 춤은 이 모든 움직임과는 다르다.

춤동작은 내면에서 우러나며, 그것이 세상에 어떤 효과를 불러일으키든 상관이 없다. 춤을 추는 그 자체가 가장 큰 일차적 동기이다. 춤동작은 내면의 상태를 밖으로 표현하는 것이다. 춤추기는 리듬에 맞춰 개인이 자발적으로 움직이는 것이다. 리듬을 따르려는 자극은 내면에서 우러나며, 사람들은 그 리듬을 제각각 자기만의 방식으로 따를 것이다. 공을 던지기 위해서 세계 어디에서나 사람들은 비슷한 동작을 취한다. 어떤 물체를 가능한 한 멀리 던지기 위해 취할 수 있는 몸동작은 제한되어 있기 때문이다. 하지만 특정한 음악에 맞춰 춤을 추기 위해 몸을 움직이는 가능성은 각양각색의 사람들만큼이나 많다. 어떤 이들은 강한 비트의 음악이 나오면 껑충껑충 뛰며 크게 움직이는 것을 좋아하고, 또 어떤 이들은 유연한 움직임을 추구하고, 다른 이들은 팔을 많이 쓰고, 또 다른 이들은 다리를 더 많이 사용한다. 눈을 감는 사람도 있고 그러지 않는 사람도 있다.

이 표현의 자유는 각자 독특하다. 가령 볼프람 플라이슈하우어Wolfram Fleischhauer는 자신의 소설 『현실과의 3분Drei Minuten mit der Wirklichkeit』에서 이렇게 멋지게 서술한다. 한 발레리나가 부에노스아이레스에서 탱고 댄서를 찾고 있다. 그녀는 독일에서 그와 사랑에 빠졌지만, 그는 한 번의 격정적인 짧은 만남 뒤에 황급히 독일을 떠나 버렸다. 그녀는 탱고 댄서들의 춤을 관찰하면서 그와 비슷한 춤동작을 하는 사람에게 말을 걸어 물어보는 것으로 그를 찾고 있다. 춤동작이 비슷한 사람들이 같은 스승에게, 혹은 그에게 직접 춤을 배웠을 거라고 믿기 때문이다. 그녀는 춤동작을 통해 그 사람의 신원을 확인하려 하며, 이렇게 해서 아주 흥미롭고 매력적인 이야기가 시작되는 것이다.

춤은 말로 정확히 정의하기가 어렵지만 우리는 춤을 보는 순간 바로 춤이라는 것을 안다. 춤추기는 규정에 따라 정해진 제의식일 수도 있고, 엄격한 예술 형식이나 땀을 뻘뻘 흘리는 스포츠 종목일 수도 있다. 그러나 춤추기는 무엇보다 먼저 우리 자신과 관련이 있는 감정이다.

마법 같은 리듬

첫째 날이 거의 저물어 가고 있다. 우리는 오늘 흥미진진한 몇몇 강연을 들었다. 서로 비슷한 관심을 가진 사람들을 한꺼번에 만나는 일은 정말 멋지다. 무엇이 우리를 인간으로 만드는가? 무엇이 우리를 그토록 뛰어나게 하는가? 그럴 때 우리의 머릿속에는 어떤 일이 벌어지는가? 무게가 채 1.5킬로그램도 되지 않지만, 웬만한 컴퓨터보다 빨리 작동하고, 과학자들이 얼마나 많이 연구를 하든 계속 수수께끼로 남아 있을 것 같은 이 점액질의 기관에서 말이다.

서서히 어둠이 깔리기 시작한다. 우리는 음료를 한 잔 더 주문하고 남들이 춤을 추는 동안 춤추기에 관해 이야기를 나눈다. 그 사이 플로어에는 점점 더 많은 사람들이 모여들었고, 디제이는 춤추기를 싫어하는 마지막 사람까지 움직이게 하려고 최선을 다한다. 이제 음악은 너무 시끄러워져서 이야기를 나누기도 힘들 정도이다. 우리도 비트에 사로잡혀 발을 흔들고, 머리도 박자에 맞추어 끄덕거린다.

"동선 씨, 리듬을 완전히 무시할 수 있는 사람도 있다고 생각해요?"
"아뇨. 우리의 뇌는 춤추고 싶어 하죠! 선택의 여지가 없어요!"

많은 인지과학자와 진화과학자들에 따르면 우리가 음악·춤·노래를 서로 다른 예술 형식으로 세분하는 것은 매우 현대적인 착안이다. 인류의 역사에서 아주 오랫동안 모든 예술은 사회의 중심에 있었으며 또 서로 구분되지 않았다고 한다. 이 사실은 오늘날에도 음악과 춤에서 함께 쓰이는 말이 있다는 데서도 알 수 있다. '리듬'이라는 말은 그리스어에서는 음악에서의 특징으로 쓰일 뿐 아니라 움직임과도 연관된 말이었으며, 음악을 나타내는 그리스어의 원어 'Mousike'도 원래는 음악과 춤을 함께 의미했다. 이것은 무척 의미심장하다. 연구 결과에 의하면 음악과 춤, 즉 듣고 움직이는 것은 우리 뇌에서 밀접하게 결합되어 있기 때문이다. 이것을 구분하는 것은 우리의 체계화된 계몽 사회가 근래에 도입한 억지스러운 방식이다.

내가 런던에서 과학자로 연구를 시작했을 때 한번은 세계적으로 유명한 로열 앨버트 홀에 간 적이 있다. 저명한 지휘자이자 피아니스트인 다니엘 바렌보임Daniel Barenboim의 피아노 연주회가 있었기 때문이었다. 연주는 숨이 막힐 정도로 대단했다. 음악이 나의 내면으로 밀려들어와 온몸으로 퍼져 나가는 듯했다. 나는 그 고색창연한 연주회장의 객석에 앉아 음악에 빨려들지 않으려고 정신을 바짝 차려야 했다. 한두 번 나는 감정을 주체하지 못했지만 곧장 옆자리 사람들이 주는 눈치에 얼른 정신을 차렸다. 나는 청중들의 자제력에 놀랐다. 청중들은 그 놀라운 음악에도 불구하고 숨소리 하나 내지 않았고, 연주곡들 사이의 휴식 시간에 맞추어 박수를 치고 기침을 하거나 서로 소곤거렸다.

페르시아의 예술가 아디브 로스타미Adib Rostami가 바로 같은 홀에서 연주할 때는 전혀 다른 경험을 했다. 그때 청중들은 감격에 겨워 조용히 앉아 있는 사람은 없었다. 그들은 함께 열광하고, 웃고, 심지어 울기까지 했다. 자리에서 일어나 통로에서 춤을 추는 사람들도 있었다.

두 경우 모두, 나의 뇌는 깊이 생각해 볼 필요도 없이 그 리듬을 이해했다. 그러나 리듬을 듣고 우리 몸이 따라가는 방식은 성장하는 동안의 학습과 문화의 특성에 따라 달라진다. 서구 문화권에서는 사회 환경을 통해 음악과 춤이 나뉘어져 있다는 것을 습득한다. 우리는 음악회나 발레 공연 때 아주 뻣뻣하게 앉아 있는 법을 배운다(심지어 그것을 정상이라고 여긴다!). 보통의 경우라면 우리 뇌는 자동적으로 리듬을 타고 몸을 흔들지만 그러지 않는 것이다.

음악을 들을 때면 흔히 몸을 움직일 수밖에 없다. 당신은 그럴 의도가 없었다 해도 음악과 함께 발을 흔든 적이 있을 것이다. 뇌에는 듣기와 운동 조절을 담당하는 신경세포가 서로 연결되어 있기 때문이다. 주변에서 나는 소리는 귀를 거쳐 곧장 운동 자극으로 변해 다리로 보내진다. 연구에 의하면 강한 리듬을 들으면 팔과 다리에서 미세하게 근육이 수축되는 것으로 측정된다고 한다. 우리는 이미 이런 연관성을 가지고 태어나며, 이것은 처음 몇 해 동안 주변 인물들의 행동을 통해 더욱 강화된다. 부모들은 아기를 잠재울 때 노래를 불러 주고 또한 박자에 맞춰 흔들어 주기도 한다. 그 때문에 우리는 커서 노래를 부르면서 손뼉을 치고 발을 구른다. 말하자면 뇌에서 소리가 운동 자극으로 전환된다. 우리가 좋아하는 음악의 파장이 지휘권을 넘겨받아 우리의 근육을 움직이게 몰아가는 것이다.

그렇다 해도 음악에 따라 몸을 움직이려는 충동은 매우 개별적이다. 티 댄스(오후의 티타임에 여는 댄스파티)에서도 어떤 사람들은 왈츠 곡을 좋아하고, 어떤 사람들은 AC/DC의 〈지옥의 종소리〉를 좋아한다. 심지어 저스틴 비버Justin Bieber의 음악에 맞춰 춤추는 사람들도 있다. 연구자들은 사람들이 누구나 궁극적이고 개별적인 그루브Groove를 선호한다는 사실을 밝혀냈다. 우리가 그 음악을 더 좋아하고 그 리듬을 더 명확히 알아들을수록 개인적인 그루브를 더욱 뚜렷이 느끼게 된다.

춤을 추기 위해서 반드시 멜로디가 필요하지는 않지만 리듬은 있어야 한다. 단순히 어떤 소리가 울려 나오는 것으로는 부족하다. 그 소리가 너무 날카롭고 크거나 혼란스럽다면 우리 뇌에서는 탐지기가 작동해서 그것을 위험 신호로 알려 준다. 우리는 기분 좋은 소리와 음이 이어지고 끊어지는 리듬이 필요하다. 대개 리듬과 멜로디가 함께 연주될 때에야 비로소 음악이라고 말한다. 리듬은 악곡에 시간상의 질서 같은 것을 부여한다. 리듬은 일정한 간격을 두고 반복되기 때문이다. 멜로디가 완전히 새로운 어떤 것을 다룬다 해도 우리는 리듬을 알아들을 수 있다. 리듬의 음형figure이 일어나는 이 간격을 음악에서는 박자라고 불린다. 그런데 이것은 실제보다 더 복잡하게 들린다. 우리는 누구나 박자를 이미 느껴 본 적이 있기 때문이다. 아마 우리들 대부분은 사격대회 축제나 카니발 기간 때 맥주를 파는 대형 천막에서 서로 팔을 끼고 좌우로 흥겹게 몸을 흔들면서 박자를 느껴 보았을 것이다. 어쩌면 당신이 한 번도 머릿속으로 계속 세어 본 적은 없을지 모르지만 팔을 끼고 몸을 흔들 때는 아주 쉽게 쿵작작, 쿵작작 하는 식이 된다(왈츠 곡이나 〈발트해 해안에서An der Nordseeküste〉 같은 곡에서처럼 4분음 3박자이다). 다른 박자 종류도 아주 많지만 우리들에게는 4분음 4박자와 3박자가 가장 많이 사용된다. 그리고 이 박자에 맞춰 리듬이 생겨난다. 대개 리듬은 타악기 연주자가 연주하며, 타악기부와 저음악기부에 의해 더욱 강조된다. 하지만 리듬이라고 해서 다 같은 리듬은 아니다. 예컨대 로큰롤Rock'n roll과 룸바Rumba는 둘 다 4분음 4박자로 연주되지만 서로가 완전히 다른 리듬을 가진다. 춤과 리듬은 불가분의 단일체를 이루며, 리듬이 음악과 춤을 연결해 주는 요소다. 사이먼 래틀 경Sir Simon Rattle은 자신의 '리듬이즈잇Rhythm is it'이라는 유명한 프로젝트를 추진하는 과정에서 이렇게 말한 적이 있다. "리

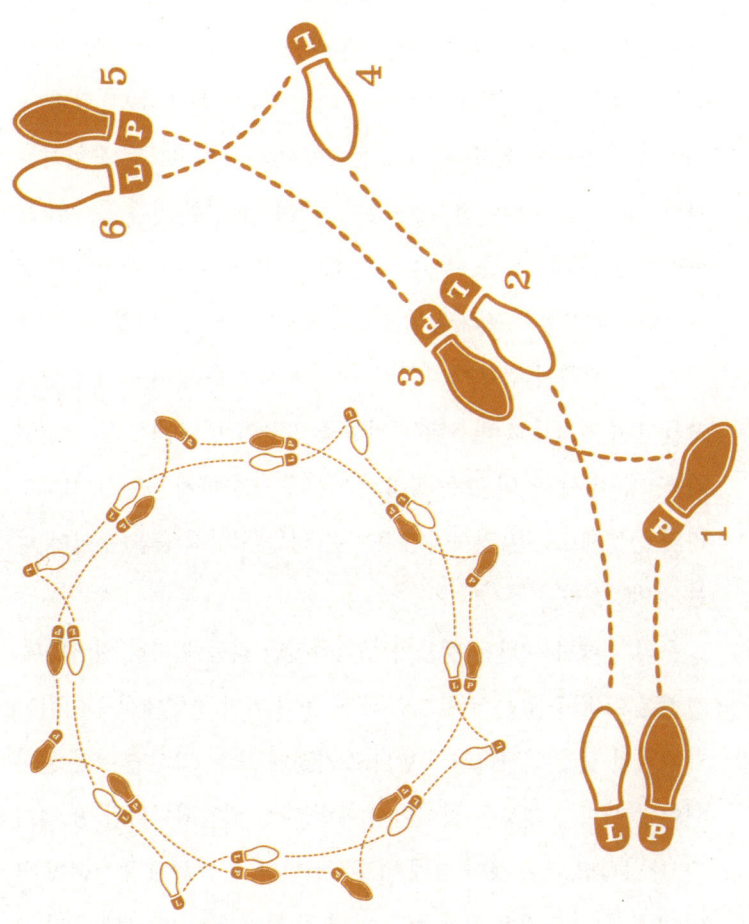

듬은 불필요한 사치가 아니다. 사람들은 리듬이 필요하다. 숨 쉬는 공기처럼 말이다.” 어쩌면 당신은 이제 이렇게 생각할지도 모르겠다. ‘난 리듬 감각이 전혀 없다니까!’ 하지만 우리는 그럴 리가 없다고 장담한다. 우리의 생활 전체가 리듬을 따르고 있기 때문이다. 리듬은 매우 자연스러운 것이다. 우리는 분, 시간, 낮과 밤, 달과 조수에서 리듬을 발견한다. 우리 몸속에서도 규칙적으로 순환하는 과정들이 꾸준히 일어난다. 우리의 심장은 일정한 리듬으로 뛰고, 우리는 숨을 내쉬고 들이쉰다. 우리는 일정한 시간을 배정해서 잠을 자고 깨어난다. 우리의 뇌조차도 리듬을 가지고 있다. 뉴욕 대학의 신경과학자 죄르지 부자키György Buzsaki는 우리 뇌 속의 신경세포들이 주기적으로 반복되는 진동을 만들어 낸다는 것을 확인했다. 인지·정서·언어 같은 복잡한 임무를 능숙하게 수행하려면 우리의 신경세포들은 말하자면 똑같은 리듬에 맞춰 춤을 추어야 하는 것이다.

우리가 행하는 많은 것들이 무의식적인 리듬에 따라 일어나며, 그것은 어쩔 수 없는 일이기도 하다. 우리 뇌가 주변에서 일어나는 규칙적인 것을 인지하지 못한다고 가정해 보라. 그러면 어떤 일이 일어날 때마다 새로운 것이어서 매번 다시 배열되어야만 할 것이다. 왜냐하면 모든 것이 잠재적으로 위험할 수 있으니 주시해야 하기 때문이다. 그것은 무척 힘든 일이 될 것이다. 이 때문에 우리 뇌는 태어날 때부터 규칙적인 것을 ‘리듬’으로 배열할 능력을 갖추고 있다. 날이 밝아지고 어두워지면 이것은 낮과 밤이 된다. (대략 12시간마다 일어나는 일이다.) 우리가 리듬(규칙적으로 반복되는 일)을 몇 번 보거나 듣고 나면 우리 뇌는 그것을 다시 알아보고, 그것을 예측할 수 있고, 그것을 '무해한 것'으로 분류한다.

우리가 가장 잘 알고 있는 박자는 우리가 걸어갈 때 발의 리듬이다. 하나-둘, 하나-둘, 하나-둘. 고적대 행렬에서 우리는 행진곡이 발의 자연스러운 박자를 어떻게 이용하는지 살펴볼 수 있다. 18세기에 들어서 사람들이 처음으로 왈츠 곡을 들었을 때 4분음 3박자는 뇌에게 새로운 것이었다. 하나-둘-셋, 하나-둘-셋……. 그것은 새롭고도 자극적이었다! 하지만 여기서도 통용되는 것이 있다. 우리 뇌는 새로운 리듬을 몇 번 듣고 나면 곧장 저장한다. 그러므로 새로운 리듬이 나오면 잠시 귀 기울여 듣고 손으로 따라해 보면 도움이 된다. 어떤 왈츠 곡의 박자를 혼자 물결선을 그리며 따라가거나 그 리듬을 박수로 쳐 보라. 손이 제대로 따라간다면 다리로 하는 것은 더 쉬워진다. 그러니 당신은 리듬을 충분히 따라갈 수 있다. (더구나 어린 시절부터!)

2009년 헝가리 부다페스트의 헝가리 과학 아카데미 소속 심리학자 이슈트반 윙클러Istvan Winkler는 연구에서 잠이 든 신생아 14명에게 헤드폰을 통해 북과 저음악기로 연주하는 곡을 들려주었다. 그가 리듬에서 처음에 강조된 타악기 소리를 제거하자 아기들의 뇌파가 바뀌는 반응을 보였다. 신생아들도 리듬 속의 구조를 인지하고 음악에서 달라진 부분에 반응을 보이는 것이다.

수많은 연구 결과가 우리 뇌는 예측할 수 있는 리듬을 좋아한다는 사실을 보여 준다. 우리는 규칙적으로 반복되는 것을 좋아한다. 그럼에도 대부분의 히트곡과 외기 쉬운 노래는 몇 군데에서 아주 뚜렷하게 규칙성에서 벗어난다. 노래가 단조로우면 언젠가는 따분해지고 우리는 더 이상 귀를 기울이지 않는다.

 미국의 신경과학자이자 음악 교수인 데이비드 휴런David Huron은 이 주제에 관한 책을 썼다.『달콤한 기대Sweet Anticipation』라는 책 제목부터 벌써 뇌가 예측이 가능한 되풀이되는 요소를 좋아한다는 점을 명확히 보여 준다. 가령 악곡이 다른 식으로 강조하기, 소위 '당김음'을 통해 이런 기대를 깨 버린다면 우리 뇌는 기습을 '당하는 것과 비슷한 상황이 된다. 이때 뇌파를 측정해 보면 명확한 변화를 볼 수 있다. 뇌파에서 이런 변화를 보이는 것은 '도파민'이라는 신경전달물질 때문이다.

 이러한 뇌의 반응은 진화의 관점으로 충분히 설명할 수 있다. 규칙적인 반복에서 조금이라도 벗어나는 것은 결국은 위험할 수 있으므로 우리의 선조들은 특별히 주의를 기울일 필요가 있었다. 도파민은 오늘날까지도 우리에게 일정한 리듬에서 변화가 생기는 부분에 주의를 기울이도록 자극한다. 또한 예측하지 못한 요소들이 너무 많은 것을 모든 뇌가 좋아하지는 않는다. (이 때문에 복잡한 재즈 음악은 모두가 좋아하는 취향이 아닌 것이다.) 적절히 혼합하는 것이 중요하다. 이 혼합 문제를 조사한 캐나다의 심리학자이자 철학 교수인 대니얼 버라인Daniel Berlyne은 대부분의 사람들이 복잡성과 변칙성의 중간 정도를 선호한다는 사실을 확인했다.

너무 많지도 너무 적지도 않게. 바로 이것이 뛰어난 디제이가 되는 요령이다. 우리는 이런 질문을 하지 않을 수 없다. "사람들을 춤추게 만드는 비법은 무엇이죠?" 유감스럽게도 모든 사람들에게 들어맞는 이상적인 방법이란 없다. 그날그날 분위기에 따라, 모인 사람들에 따라 다양한 음악을 틀어서 사람들을 플로어로 유인해야 한다. 나는 베를린에 살 때 유명한 디제이 몇 사람을 알게 되었다. 그들을 어깨 너머로 구경하면서 사람들을 춤추게 하는 것에 대해 관찰하고 실험해 볼 기회가 있었다. 내가 관찰한 내용 중 가장 중요한 것은 사람들을 플로어로 끌어들이는 노래에는 공통점이 있다는 사실이다. 많은 사람들이 알고 있고, 노래를 들으면 고개를 끄덕일 수 있을 정도로 비트가 분명한 노래들이 필요하다. 서너 사람 이상을 이 박자에 맞춰 몸을 움직이게 만들면 이미 첫 단계는 해결된 것이다. 그다음에는 규칙적으로 울리는 박자가 아니라 약간 변형된, 즉 당김음이 들어간 박자 '펑키 비트funky beat'가 필요하다. 그러면 훈훈한 분위기는 열광적으로 바뀌고, 플로어는 사람들로 가득 차게 된다.

2016년 덴마크 오르후스 대학의 마리아 비텍Maria Witek 박사와 동료들은 이 현상을 좀 더 자세히 조사했다. 그들은 4분음 4박자로 된 50개의 짧은 타악기 브레이크 곡을 만들고, 거기에 리듬의 긴장감을 주기 위해 이 당김음의 수를 달리해서 넣었다. 실험 참가자들은 이 브레이크 곡들의 복잡성을 서로 다르게 느꼈고, 호감도도 각각 다르게 평가했다. 비텍 박사는 위박스Wii-Box의 움직임 센서를 사용하여 브레이크 곡을 듣는 동안 참가자들의 상체의 움직임을 측정했다. 결과는 어땠을까? 당신은 어떨 거라고 생각하나? 참가자들은 리듬을 무시할 수 있었을까? 당연히 그럴 수 없었다. 규칙적인 리듬과 당김음이 적절히 섞인 브레이크 곡이 연주될 때마다 참가자들은 리듬을 타기 시작했다. 몇 사람은 미미한 움직임을 보였지만, 몇몇 사람들은 꽤 두드러진 움직임을 보였다. 분명히 얌전히 앉아 있는 사람은 한 사람도 없었다!

우리가 자료 조사를 하면서 우연히 발견한 유튜브 동영상에서도 당김음의 마력을 확인할 수 있었다. 세 명의 이탈리아인이 자동차에 앉아 있었다. 카메라는 앞쪽에서 그들을 찍고 있었다. 그들은 이탈리아인 특유의 과도한 몸짓을 해 가며 최근에 나온 여름철 히트곡인 〈데스파시토Despacito〉에 관해 이야기했다. 그 노래가 마음에 들지 않는다며 그들은 어디서나 그 노래가 끊임없이 흘러나오는 것을 끔찍해했다. 또한 사람들이 그 노래가 나오기 무섭게 춤을 추는 것 역시 싫어했다. 그들은 그 노래가 실패작이라는 데 의견을 모았다. 그때 라디오에서 다음 노래가 흘러나오기 시작했다. 그 곡은……, 바로 〈데스파시토〉였다. 그 이탈리아인들은 그 노래에 대해 불평을 하는 동안에도 중간중간에 끊임없이 따라 부르며 머리를 흔들고 즐기기 시작했다. (https://www.youtube.com/

watch?v=fPpjhr906gc) 그 노래가 실제로는 한심하다고 주장하면서도 거기서 벗어나지 못하는 것이다.

해마다 여름철이면 히트곡이 나오고 우리들 모두는 언제부턴가 더는 듣고 싶지 않게 된다. 하지만 그 노래가 라디오에서 흘러나오고 문득 노래를 즐기고 있는 자신을 발견하게 된다.

모든 아기는 춤꾼

호텔 바에서는 마크 론슨Mark Ronson과 브루노 마스Bruno Mars의 〈업타운 펑크Uptown Funk〉의 첫 소절이 울려 나오고 있다. 이것이 바로 펑키 비트가 아닌가! 플로어는 사람들로 미어터질 지경이다. 디제이는 노련했고, 보아하니 피서객과 과학자 들로 뒤섞인 손님들의 기대에 제대로 부응하고 있다. 평소에는 그토록 진지한 눈빛을 보이던 우리의 교수님들도 하나같이 춤을 추고 있다. "당신은 디제이로서 언제든지 댄스 플로어에 춤추게 할 수 있는 사람이 있나요?" 동선은 깊이 생각해 볼 필요도 없이 말한다. "내 아들이에요!"

아기였을 때 태오는 우리 부부가 완전히 기진맥진해 있을 때도 뭔

가 해 달라고 떼를 썼다. 울고불고 발버둥치고 칭얼거리며 집요하게 우리의 관심을 요구했다. 그럴 때에 잘 통하는 한 가지 방법이 있었는데, 바로 스윙을 추는 것이다! 아이를 팔에 안고 린디합 스텝을 밟으며 거기에 어울리는 노래(〈Dream a little dream of me〉나 〈On the sunny side of the street〉)를 불러 주는 것은 태오에게 마법과 같은 조합이었다. 아이는 금세 울음을 그치고 기뻐하면서도 놀라워하는 눈빛을 보였고, 마침내 진정이 되어 다시 고른 숨을 쉬며 흔들흔들 잠에 빠져들었다. 다행스럽게도 태오는 까다롭지 않아서 자이브Jive, 지터벅Jitterbug, 로큰롤도 잘 통했다. (중요한 것은 '스텝-스텝-흔들기-스텝'이 나와야 했다.) 아이를 잠재우기 위해 내가 얼마나 많은 밤을 집안 구석구석을 춤추듯 흔들흔들하며 돌아다녔는지 모른다.

태오는 좀 더 자라서 동물들이 노래 시합을 벌이는 미국의 어린이 만화영화 〈싱Sing〉의 주제곡을 무척 좋아했다. 특히 주인공 돼지들이 부르는 〈밤볼레오Bamboleo〉를 가장 좋아했다. 하지만 퀸의 〈날 멈추지 마Don't stop me now〉도 좋아했다. 그것은 아직도 태오의 삶의 신조이다. 아이는 걸음마를 할 수 있게 되자 이 노래가 흘러나오기 무섭게 자신의 조그만 몸뚱이가 허용하는 한에서 최대한 깡충거리고 손뼉을 치며 머리를 신나게 흔들었다. 그 아이를 춤추게 하는 것은 일도 아니었다!

아마 대부분의 부모들이 자녀들을 통해 이런 행동을 잘 알고 있을 것이다. 하지만 아이들이 보이는 이런 행동은 동물의 세계에서는 대단히 보기 드문 일이다. 인간을 제외한 어떤 동물도 외부에서

오는 감각 자극에 즉각적으로 리듬감 있게 움직이는 반응을 보이는 능력은 없어 보인다. 아이들이 보이는 이런 행동은 전 세계 어디에서나 동일하다. 태아도 자궁에 있을 때부터 이미 음악에 움직이는 반응을 보인다. 이것은 어린 시절 내내 그대로 유지된다. 두 살짜리 레온이 4인조 밴드 메탈리카Metalica의 쿵쿵거리는 저음악기 소리에 맞춰 머리를 흔들어 대거나, 아니면 열 살인 샤를로타가 쇼팽의 곡을 들으며 생각에 잠겨 방 안을 흔들흔들하며 돌아다닌다. 아시아계인 동선의 아들 태오는 물론이고, 북유럽인의 유전자를 물려받은 어린 시절의 줄리아의 경우에도 똑같다.

나의 아버지는 예전부터 음악 감상을 좋아했다. 특별히 음악을 크게 틀어 놓고 듣는 것을 좋아했는데 그 소리가 너무 커서 어머니는 내 귀에 안 좋을까 봐 내내 염려하셨다. 어머니는 나를 보호하기 위해 분홍색 토끼 모양의 귀마개를 사 주셨다. 내가 두 살쯤 되어서 우리가 함께 오디오 기기 박람회에 갔을 때였다. 저음악기들이 쿵쿵거렸고, 방문객들은 박자에 맞춰 발과 머리를 흔들었다. 나는 토끼 모양 귀마개를 하고 유모차에 타고 있었다. (그리고 나의 아버지는 완전 들떠 있었다.) 요즘도 어머니는 그곳에서 내가 얼마나 신나게 몸을 흔들어 댔는지 모른다며 당황스러운 듯이 말한다. 부모님이 특별히 멋진 모양의 오디오 기기에 정신이 팔렸다가 다시 나를 돌아봤을 때 나는 이미 춤을 추고 있었다. 유모차에서 무릎을 세우고 앉아 분홍색 토끼를 (귀를 막지 않고) 한 손에 들고 음악에 맞춰 몸을 흔들었다. 나의 머리, 몸, 토끼, 유모차까지 하나가 되어 박자에 맞춰 이리저리 흔들거렸다. 유모차의 완충장치가 진동을 더욱 강하게 해서 모든 리듬이 제대로 울렸다. 몇몇 사람들이 주위에 둘러서서 나를 지켜보고 있었다. "저 꼬마 애, 춤추는 것 좀 봐!" 사람들이 외쳤다. 나에게 춤추기를 가르쳐 준 사람도 없었고, 춤추라고 한 사람도 없었다. (스피커에서 울려 나오는 저음악기들의 쿵쿵거리는 소리만으로도 어린 줄리아와 토끼가 춤추기에는 충분했다.) 주위에 둘러선 어른들은 내가 무얼 하고 있는지 한눈에 알아보았다. 그들은 내가 깡충거린다거나 몸을 흔든다거나 뛰어오른다고 말하지 않았다. 대신 "저 꼬마 애가 춤을 춘다!"고 말했다. 춤은 바로 춤이라는 걸 한눈에 알아볼 수 있기 때문이다.

음악이 어린 줄리아의 마음을 사로잡았던 셈이다. 그것은 줄리아도 어쩔 수 없는 일이었다! 과학도 그녀가 옳다는 점을 인정한다. 여러 연구들이 아기와 어린아이 들은 춤추고 싶은 충동을 억제할 수 없다는 것을 보여 준다. 따라서 어린아이에게 춤을 추지 못하게 할 수는 없으며 그렇게 해서도 안 된다. 다만 아기들이 춤을 출 때 흔들거리는 유모차에 앉아 있다면, 당장 유모차 밖으로 꺼내는 수밖에…….

태어날 때 우리 뇌에는 수년 동안 힘들게 학습해야 겨우 체득하는 많은 중요한 능력들이 결여되어 있다. 하지만 어떤 리듬을 듣고 춤으로 따라 하려는 충동은 이미 신생아의 뇌에 완전히 준비되어 있는 상태다. 요크 대학의 과학자들과 핀란드의 이위베스퀼레 대학의 동료들이 이 사실을 함께 알아냈다. 물론 신생아는 아직 근육운동이 순조롭지 않아서 복잡한 춤을 제대로 출 수는 없다. 이 때문에 우리는 아기의 경우에 자발적으로 그리고 누군가가 가르쳐 주지 않아도 어떤 리듬에 자신의 움직임을 동시적으로 맞출 때 '춤추기'라고 말하는 것이다. 생후 5개월에서 24개월 사이의 아기 120명을 대상으로 한 한 연구에서 과학자들은 아기들이 음악이나 북소리가 울려 나오는 즉시 거기에 맞춰 몸을 움직이며, 리듬이 뚜

령할수록 그 움직임이 더 강해진다는 사실을 확인했다. 아기들은 팔다리를 흔들 때 꽤나 자주 박자를 맞춰서 우연이라고 보기 힘들 정도였다. 하지만 이것은 리듬이 들어간 소리를 들려줄 때만 가능했다. 아기들은 무질서하게 이어지는 소리나 단지 말소리를 들을 때는 반응을 보이지 않았다. 따라서 우리는 음악에 맞춰 몸을 움직이는 감수성을 타고난 것이다.

이것은 매우 놀라운 사실이다. 아기는 여러 동물의 새끼와 달리 태어난 후에 스스로는 아무것도 할 수 없지만 바로 춤을 출 수는 있다. 과학자들은 또 다른 사실도 밝혀냈다. 아기들은 춤을 출 때 미소를 지었다. 즉, 아기들은 태어나는 순간 이미 음악에 맞춰 몸을 움직일 때 기쁨을 느끼도록 되어 있는 것이다.

춤을 추지 못하는 이유

우리는 동료 한 사람이 플로어의 한 모퉁이 벽에 몸을 기대고 포도주 한 잔을 든 채 춤추는 사람들을 유심히 지켜보는 것을 관찰한다. 그는 오늘 조화와 소통에 관해, 그리고 공동체 활동에 참가하는 것이 사회적 유대에 얼마나 중요한지에 관해 흥미로운 강연을 했던 터였다.

"줄리아, 저기 보세요! 하필이면 저 사람이 가장자리에 혼자 쓸쓸하게 서 있다니 재미있군요. 나는 그가 아주 사교적이고 개방적이라는 인상을 받았는데 말이죠!"

"나는 그가 내성적이라고 생각하지 않아요. 그가 남들과 어울리면 얼마나 재미있을지도 잘 알고 있어요. 그 분야에서는 전문가니까요. 어쩌면 단지 용기를 내지 못하는 게 아닐까요?!"

콜롬비아 출신의 안드레와 독일인 쿠르트는 교환학생으로 마요르카에 있는 발레레아스제도 대학에서 서로 만났다. 밤 나들이를 할 때 쿠르트는 흔히 맥주병을 들고 카운터에 붙어 서서 주위를 둘러보았다. 반면에 안드레는 쉬지 않고 춤을 추었다. 살사Salsa든 삼바Samba든, 맘보Mambo든 탱고Tango든. (그 콜롬비아인은 못 말리는 사람이었다.) 나는 팔마의 항구에 있는 한 무도장에서 그 두 사람을 우연히 만났다. 한쪽에 서 있는 쿠르트의 모습이 나에게는 무척 익숙했다. 독일과 덴마크는 '바에 들어온 남자in der Disziplin 'Männer an der Bar'라는 분야에서 남다른 면모를 과시한다. 나는 안드레에게 그의 춤에 관한 비밀을 캐물었다. "콜롬비아에서 춤출 줄 모르면 그야말로 바보 중의 바보죠. 어떤 사람도 그런 사람을 거들떠보지 않아요. 그러니 당신이 친구를 사귀고 파티에 초대받고 싶다면 춤을 배우는 편이 나아요. 그러지 않으면 완전히 외톨이가 될 거예요."

잡지 『맨즈 헬스 Men's Health』가 주관한 한 설문 조사에서 북유럽 지역에서는 남자들의 10퍼센트만 춤추는 것을 좋아하지만 여자들은 90퍼센트나 좋아한다는 사실이 밝혀졌다. 우리는 이 불균형을 춤 강습 시간마다 확인할 수 있다. 오래전부터 이미 춤 강습 코스에 나오는 남자가 너무 적어서 일부 여자는 여자를 상대로 춤을 춘다. 당연히 많은 남자가 춤을 배우지 않는다는 결론이 나온다. 그리고 이것은 다시금 남자들이 춤을 추지 않는 이유가 된다. 춤을 추지 않는 대부분의 남자들은 자신이 춤에 소질이 없기 때문이라고 둘러댄다. 고양이가 제 꼬리를 물려고 빙빙 도는 모양이다! 어쩐지 많은 남자들이 자신이 서툴고 어색해 보일까 봐 두려워하는 것 같다. 그들은 몸을 움직이는 대신 맥주잔을 움켜쥐고 희희낙락하는 남들을 지켜보는 것이다. 많은 젊은이들에게 춤추기는 그다지 인기가 없다. 그 이유를 따지자면 복잡할 것이다. 남자들이여, 사실 사람들은 춤추는 남자들을 무척 매력적이라고 여긴다. 그러니 춤 강습을 받는 것은 도전해 볼 만한 일이다! 창피를 당할까 봐 불안한가? 초급부터 시작하라. 그곳에서는 결국 모두가 초보들이니까. 당신의 파트너는 당신과 춤추게 된 것을 기뻐할 것이며, 다른 사람들도 모두 자신의 발에 정신이 팔려서 당신을 돌아보는 사람은 없을 것이다. 그리고 그들의 예상보다 빨리 당신은 금세 춤출 수 있게 된다.

    반년 후, 내가 쿠르트와 안드레를 교환학생 송별 파티에서 만났을 때 쿠르트는 어느새 상급 라틴어 자격증을 딴 후였다. 내가 깜짝 놀라는 표정을 보고 그의 친구 안드레가 웃으며 말했다. "내가 그에게 여자를 사귀지 못할 거라고 겁을 줬어요. 이 세상의 모든 부족들의 제의식 때는 남자가 일단 춤을 멋지게 추어야만 여자들이 그에게 눈길을 주거든요. 결국은 당신들 여자들에게 책임이 있어요. 여자는 반드시 춤추는 남자를 골라야 해요! 춤을 못 추는 남자를 받아들인다면 자연 질서를 뒤죽박죽 만드는 겁니다!" 그가 눈을 찡긋하며 말했다. "여자를 얻으려는 남자는 불안이라는 괴물에 맞서야 해요. 망신을 당할지 모른다는 불안과 맞서야 하지요. 사내 녀석이 춤에 대한 불안에도 맞설 수 없다면, 하물며 다른 문제야 말할 것도 없지 않을까요?"

    분명히, 콜롬비아에서는 사람들이 말을 돌려 하지 않으며, 춤을 추지 않는 것이 오히려 난처한 일이기에 누구나 춤을 춘다는 것이다. 일본 속담도 여기에 잘 들어맞는다. "춤을 추든 추지 않든 바보들이다. 그러니 춤을 추는 것도 나쁘지 않다."

만약 당신이 내가 누군가에게 준 선물들 중 무엇이 가장 멋졌는지 묻는다면, 나는 이렇게 대답할 것이다. "친구를 춤추게 만든 일"이라고! 실제로 여러 친구들이 내가 그들에게 춤에 대한 열정을 퍼뜨린 것에 대해 감사했다. 그들은 춤을 추다가 평생을 함께할 친구들을 얻었고, 삶이 끝날 때까지 함께할 취미를 발견했다.

그러나 우리들 모두에게 댄스 플로어로 끌고 가는 친구가 있는 게 아니다. 그래서 우리는 바의 높다란 의자에 앉아 연달아 세 번째 맥주를 마시며 플로어에서 춤추고 있는 사람들을 신기한 듯이 바라본다. 그들은 웃고, 즐거워하고, 몸을 움직이고, 시시덕거린다. (그런데 우리는 바에 앉아서 '난 할 수 없어!' 하고 생각한다.)

실제로 춤을 배울 수 없는 사람은 생각보다 얼마 되지 않는다. 인구의 1.5퍼센트밖에 되지 않으며, 당신이 거기에 속할 확률은 몹시 낮다. 마튜가 그런 사람들 중 하나다. 그는 귀가 아주 정상인데도 멜로디나 리듬은 알아들을 수 없다. 어떤 유명한 멜로디를 따라 부르는 것은 말할 필요도 없다. 종종 그는 다른 두 개의 멜로디를 서로 구분하지 못한다. "대부분의 사람들은 잘못된 소리를 듣고 알지요. 하지만 내겐 그것이 불가능해요. 나에게는 모든 것이 똑같이 들리거든요!" 마튜는 이렇게 인정했다. 이 선천적인 장애는 '음치증Amusia'이라 불린다. 음치증인 사람들은 리듬을 분류할 수도 없고 자신의 몸동작을 주어진 리듬에 맞출 수도 없다. 그들은 메트로놈은 문제없이 따라갈 수 있지만, 어떤 멜로디에 들어 있는 리듬은 결코 따라가지 못한다. 따라서 그들은 색맹이 아니라 음맹(음치)인 것이다. (바로 이 때문에 몸치이기도 하다.) 마튜와 같은 사람들은 모든 형태의 음악을 일종의 두드리는 소리나 귀에 거슬리는 번잡한 소리로 받아들인다.

하지만 대부분의 사람들은 앞서 말했듯이 몸치가 아니다. 수많은 사람들이 춤을 추지 못하는 이유는 불확실성과 부끄러움 때문이다. 부끄러움은 우리가 태어날 때는 느끼지 못하는 감정이다. 동료의 딸인 라라는 지난여름에만 해도 야영지에서 기타 연주에 맞춰 스스럼없이 신나게 춤을 추었다. 다음 해 여름 그 애는 주변에 뻣뻣하게 서 있었고, 말 열 마리가 와서 끌어도 남들과 어울려 춤을 추게 할 수 없을 지경이었다. "하지만 작년만 해도 아주 즐겁게 춤을 추지 않았니?" 라라의 엄마는 난감해하며 라라를 댄스 플로어로 몰아넣으려고 했다. 이것이 어찌 된 일인가?

부끄러움은 인간에게 선천적인 것이기는 하지만 (누구나 언젠가는 부끄러워한다.) 그것은 우리가 자신을 타인의 관점에서 바라볼 수 있어야 비로소 위력을 발휘한다. 유년기에 아이들이 자발적인 춤추기를 중단하는 시점은 자신을 다른 사회적 존재들과 어울려 지내는 사회적 존재로 인지하는 순간과 일치한다. 다섯 살에서 일곱 살 정도가 되면 남들이 뭐라고 생각할지가 별안간 중요해진다. 그럴 때 부끄러운 감정이 생겨난다. '현재 상태'를 자신이 바라는 상태와 비교하기 때문이다. 그리고 그것이 일치하지 않으면 (혹은 우리가 그렇지 않다고 생각하면) 부끄러워하기 시작한다. 사춘기에 이런 감정의 정점에 도달한다. 그때는 모든 사람들의 시선이 자신에게 쏠려 있기 때문이다. 모두가 (정말로 모두가) 우리를, 오직 우리만을 주시하는 것이다. 버스 운전기사, 이웃집 아주머니, 다정한 상급생 소년, 나와 한마디 말도 나누지 않는 그 소녀.

물론 실제로 그런 것은 아니다. 그렇지만 사춘기 때의 뇌는 신체 다른 부위들보다 더 느리게 성숙하며, 이 미성숙한 뇌가 그런 터무니없는 감정을 불러일으키는 것이다. 이 시기에 우리는 정신적으로나 육체적으로도 수많은 변화를 겪기 때문에 자기 자신에게 지나치게 관심을 쏟는다. 우리가 세상의 중심이며, 누구에게서나 주목받고 평가되고 있다는 느낌이 들 정도로 말이다.

이것만이 아니다. 사춘기 때 우리는 자신의 생각·감정·불안도 남들에게 속속들이 드러난다고 믿는다. 자신이 남들의 눈에 노출되어 있다고 생각하는 것이다. 개성에 따라 이것은 어떤 사람에게는 유쾌한 감정을 불러일으키기도 하고, 어떤 사람에게는 온종일 숨어 지내고 싶은 생각이 들게 한다. 그런데 자신이 세상의 중심이라는 이런(잘못된) 믿음을 가지고 우리가 느닷없이 댄스 플로어에 서 있는 것이다. 아이들의 생일잔치가 별안간 용감한 자들이 음악을 틀기 시작하는 파티로 변하는 셈이다. 부모들은 우리에게 나중에 판에 박힌 춤만 추지 않으려면 춤 강습 코스에 등록하라고 잔소리를 해 댄다. 그리고 졸업 파티도 점점 다가온다. 어제까지만 해도 거리낌 없이 태연하게 춤을 추던 토끼 귀를 단 예쁜 어린아이였다면, 이제는 별안간 어쩔 줄 몰라 하며 댄스 플로어 가장자리에 서서 다리가 너무 길어 허둥대는 기린 같다는 느낌이 든다. 사춘기에는 걸려 넘어지지 않고 걸어가는 것만도 힘든 일이 될 수 있고, 얼굴은 이따금 호르몬 작용으로 인해 토마토로 변해 버리고, 심지어 옆집 개 앞에서도 부끄러워 죽을 지경이다. 그런데 이런 상태에서 별안간 우아하게 뛰어오르거나 남들이 다 지켜보는 데서 매력적인 걸음걸이를 선보여야 한다면? 그 일은 꼬일 수밖에 없다!

모든 사람들이 보는 앞에서 몸을 움직이는 것이 불편해지는 것은 우리가 성장하면서 겪는 자연스러운 과정이다. 안드레의 고국 콜롬비아에서처럼 춤이 일상화되어 있는 나라에서도 아이들은 다섯 살이 되면 부끄러움을 느끼기 시작한다. 그 아이들도 춤을 추는 첫 순간에는 독일이나 덴마크의 아이와 마찬가지로 자신이 없다. 하지만 그들은 다른 사람들과 똑같이 이 힘든 과제에 도전한다. 콜롬비아에서 사람들은 언제 어디서나 춤을 추기 때문이다. 회사 파티, 생일날, 크리스마스, 때로는 아무런 계기가 없어도 그냥 춤을 춘다. 반면에 우리들은 생일날 커피와 케이크를 앞에 두고 앉아 있는데 별안간 할머니가 일어나서 허리를 흔들며 방을 돌아다닌다면 우스꽝스러운 모양이 될 것이다. 회사 파티 때도 우리는 거의 언제나 뭔가 어색한 듯 샴페인 잔을 들고 홀에 서 있다. 당신이 상사와 함께 살사를 추며 연구실을 이리저리 돌아다닌다고 상상해 본다면……. 안 돼! (우리들 대부분에게 춤추기는 결코 일상의 한 부분이 아니다.)

디제이는 몇 가지 트릭으로 손님들에게 춤에 대한 압박감을 극복하게 해 줄 수 있다. 춤추게 하려면 손님들의 마음을 어느 정도 편안하게 만들어 주어야 한다. 예를 들어 인공 안개를 이용해 사람들의 시선을 덜 느끼는 편안한 분위기를 만드는 것이다. 그 밖에도 춤동작이 나와 있는 인기 있는 노래(〈Y.M.C.A.〉에서 〈강남스타일〉에 이르기까지)를 틀어 주고, 모두가 다 함께 그 동작을 되풀이한다면 대부분의 사람들은 거리낌 없이 춤을 추기 시작한다.

발날심리학의 관점에서 보자면 사춘기는 춤을 배우기 시작하기에 가장 불리한 시기이기도 하다. 이때는 뚜렷한 불안감이 생겨날 수 있기 때문이다. 우리의 동료 마르쿠스는 절대로 춤을 추지 않으려고 했다. 45세인 그는 결혼했으며, 멋진 직장에 다닌다. 그는 부인와 함께 자주 외식을 하고, 콘서트 공연을 보고, 길거리 축제에도 참여한다. 그러나 춤판이 벌어지면 그는 멀찌감치 떨어져 있는다. 왈츠 곡을 듣기만 해도 벌써 그의 몸에서 진땀이 난다. 그의 부인은 춤이 건강에 좋다고 하니까 몹시 춤 강습을 받고 싶어 한다.

그러나 기회가 없다. 남편이 원치 않기 때문이다. 심각한 문제는 그가 정말로 춤을 출 수 없다는 점이다. 그는 춤 생각만 해도 무릎이 덜덜 떨리고 불안해진다! 그의 불안은 졸업 무도회 때 겪은 정신적 충격 때문에 생겨난 것이다. 그는 왈츠를 추다가 좀 크고 미끄러운 새 신발 때문에 비틀거렸다. 그는 균형을 잡으려고 발을 앞으로 길게 빼다가 강당의 임시 무대에서 자신의 파트너를 내동댕이칠 뻔했다. 두근거리는 가슴과 새빨간 얼굴로 그는 진땀을 흘리며 파트너와 왈츠를 끝내자마자 도망치듯 플로어에서 빠져나왔다. 마르쿠스는 너무나 창피했다. 친구들과 부모님, 무엇보다 자신의 댄스 파트너에게 말이다. 하지만 그의 동창들 중 누구도 그 순간을 기억하지 못하고 있고, 그의 가족들도 그 실수를 알아차리지 못했다. 25년이나 지난 지금, 마르쿠스는 그 여자 파트너에 관해서도 겨우 이름만 알고 있을 뿐이다. 그런데도 그가 그토록 웃음거리가 되었다는 사실은 그의 내면에 깊이 새겨져 있다.

유감스럽게도 사춘기에 겪었던 이런 불쾌한 체험들은 우리의 뇌에 기억으로 남아, 어른이 된 후에도 종종 가슴을 쓸어내리게 만든다. 그리하여 마르쿠스의 경우처럼 "난 춤을 출 수 없어!" 하고 철석같이 믿게 된다. 플로어에서 주목받고 평가받는다는 두려움이 어른이 된 지금도 그대로 남아 있는 것이다.

실험을 통해 우리는 자신의 불안을 남들이 실제보다 정확히 알아차릴 것이라고 믿는다는 사실이 밝혀졌다. 우리는 남들이 우리를 실제보다 훨씬 더 가혹하게 평가하고 비난한다고 믿고 있다. 그리고 우리는 자신이 바라고 선호하는 것이 아주 분명하다고 믿는다. 하지만 주변 사람들을 객관적으로 살펴볼 수 있다면 그들이 대개는 우리를 쳐다보지도 않을뿐더러 자신의 생각에만 몰두해 있다는 것을 알게 될 것이다.

이제 당신은 춤이 자신감에 도움이 된다는 사실에 공감할 것이다. 춤을 추는 사람은 강하다. 춤을 추는 사람은 난처한 상황에 빠질 위험에 맞섰고, 자신의 내면에 귀 기울였으며, 남들이 뭐라고 생각할지는 무시하고 춤을 즐기는 데 몰두했기 때문이다. 미국의 무용수 애그니스 데밀Agnes de Mille이 말한 것과 같은 상황이다. "춤을 추는 것은 자기 자신이 되는 것이다. 더 위대하고, 더 멋지고, 더 강해진다. 이것은 이 세상에서 발견할 수 있는 하나의 힘이며, 이것을 이용할지 말지는 당신에게 달려 있다."

"하지만 난 스텝도 몰라! 어떻게 해야 올바르게 춤을 추는 거지?" 나의 취미에 관해 신이 나서 이야기할 때 자주 이런 질문을 받는다. 춤추기에서는 어떤 스텝이 '올바르거나 틀린 것'이 아니라 무엇이 옳다고 느껴지는지가 중요하다. 물론 프로 무용수들에게는 안무에 정해진 대로 동작을 취하는 것이 중요하다. 하지만 춤추는 사람에게 가장 중요한 것은 표현이며 열정이다. 그러니 무대에 서 있지 않은 남들이 지켜본다는 사실이 아니라 당신 자신이 춤을 출 때 무엇을 느끼는지가 중요하다.

내가 아는 한 친구는 살사 강습에서 지금의 남편을 알게 되었다. 그들은 첫 춤을 출 때 서로에게 한눈에 반해 사랑에 빠졌다. 남자는 곧장 여자에게 청혼을 했고, 여자는 그것을 받아들였다. 두 사람은 결혼 피로연을 계획하며 초대 손님들에게 춤을 선보이려는 아이디어를 떠올렸다. 두 사람이 춤을 추다가 서로 만났기 때문이다. 그들은 춤을 선보이기 위해 연습을 했다. 공연은 피로연의 하이라이트로 예정되어 있었다. 하지만 아쉽게도 그 공연은 완전히 실패로 돌아갔다. 첫 시도는 신부가 양탄자에 걸려 넘어질 때 끝났다. 두 번째 시도에서 신부가 회전을 할 때 신랑이 우아하게 붙들어 주지 못해 음향 조정 장치 쪽으로 날아갔다. 그리고 마지막 시도에서는 둘 다 당황해서 리듬이 완전히 흐트러지는 바람에 더 이상 음악에 맞추지 못하고 엇박자로 춤을 추었다. 어떻게 그런 일이 일어날 수 있었을까? 강습 코스에서 그들은 언제나 멋지게 잘 어울리는 한 쌍이었다! 그곳에서 그들은 늘 자기들끼리만 춤을 추었고, 오직 서로에게만 집중했고 그래서 완벽하게 함께 움직일 수 있었다. 춤추는 그 자체, 그들 두 사람만이 중요했고, 남들로부터 받게 될지도 모를 칭찬은 관심 밖이었다. 주변의 세상이 모두 사라지고 없을 때, 주변이 당신에게 아무렇지도 않을 때에야 비로소 당신은 진짜 춤을 추게 된다.

우리는 더 이상 사춘기를 겪고 있지 않으며, 자신이 세상의 중심이 아니라는 사실을 알아야 한다. 아무리 아니라고 믿고 싶어도 결코 그렇지 않다. 당신이 플로어에서 주변을 둘러보면 당신이 몸을 어떻게 움직이는지에 관해서 남들이 거의 신경 쓰지 않는다는 것을 알게 된다. 플로어 주변에 서서 지켜보는 사람들이 있다면 아마 단 하나의 이유 때문에 거기 있을 것이다. 스스로 춤을 출 수 없다고 믿거나 춤추는 데 필요한 용기를 낼 수 없기 때문이다. 따라서 당신은 이미 그들보다 훨씬 더 뛰어나다. 당신은 용기를 냈고, 즐기고 있고, 기분이 좋기 때문이다.

감정을 드러내는 춤

오늘 아침 회의에 참가했을 때 만났던 동료들 대부분은 어느새 플로어에 나가 있었다. 그들이 춤추는 방식에서 그들이 어떤 사람들이며 무엇을 느끼고 있는지 어느 정도 알아볼 수 있다는 것은 흥미로운 일이다. 쿨한 남자는 두 손을 느슨하게 주머니에 넣고서 몸은 움직이는 둥 마는 둥 한다. 외로운 남자는 두 눈을 감고 흡족한 미소를 띠고 있다. 마초 기질의 남자는 공간을 넓게 차지하고, 유쾌한 여자는 팔다리를 마구 흔들며, 야성적인 여자는 머리카락을 휘날린다. 춤을 추는 사람은 자신의 마음을 드러내고 내면에 어떤 정서가 숨겨져 있는지 보여 준다. 한마디 말이 없더라도!

우리의 몸은 끊임없이 소통을 한다. 팔의 움직임만 생각해 보아도 될 것이다. 당신은 아래 팔을 팔꿈치에서 90도로 꺾어서 손바닥을 바라볼 수 있다. 이 동작을 마치 손바닥으로 아주 멋진 것을 받으려는 듯이 할 수도 있다. 아니면 몹시 화를 내며 나무라듯이 손바닥을 위로 향할 수도 있다. 혹은 손바닥을 위로 펴고 맥없이 팔을 들어 올릴 수도 있다. 몸은 결코 침묵하지 않는다. 어떻게 서 있고 어떻게 걸어가느냐에 따라, 팔짱을 끼거나 위협적으로 누구에게 성큼성큼 다가가느냐에 따라, 우리 몸은 우리의 감정을 직접적으로 드러내 준다. 이 무언의 신체 언어는 대부분 무의식적으로 나오며, 이 때문에 종종 우리 자신에 관해 말로 하는 것보다 더 많은 것을 알려 준다. 이 신체 언어는 우리에게 한 인간의 감정을 정직하고 신뢰할 만하게 보여 준다.

감정은 우리에게 일어나는 일에 대한 반응이다. 연구자들은 인간의 감정을 행복·슬픔·분노·불안·역겨움·놀라움의 여섯 가지 범주로 구분해 놓았다. 우리는 감정을 통해 사회 환경에 반응하며, 그때마다 일어나는 일에 대해 우리 자신뿐 아니라 남의 입장에서도 평가한다. 우리는 외부 세계에서 일어나는 이런 일들을 감각을 통해 지각한다. 그리고 우리 뇌는 신경자극을 통해 그것을 의미로 바꾼다. 우리 몸의 반응, 즉 신경세포들이 자극을 보냄으로써 호르몬 같은 전달물질이 활성화되는 것을 통해 비로소 실제의 감정이 생겨난다. 신진대사 과정에서 각각의 감정들이 서로 다른 반응을 유발하며, 이 때문에 서로 다르게 느껴지는 것이다. 하지만 '분노 호르몬'이나 '행복 호르몬'은 없다. 우리의 감정 관리는 오히려 음량 조정 장치와 다소 비슷하다. 조합과 배경이 중요하다. 화가 나면 많은 테스토스테론이 분비되지만 행복할 때도 마찬가지다. 아드레날린은 불안하고 놀랄 때뿐 아니라 몹시 행복할 때도 분비된다. 그리고 세로토닌, 노라드레날린, 도파민은 연인들에게 세상을 아름답게 보이게 해 준다.

감정을 느끼는 데 반드시 외부에서 오는 자극이 있어야 할 필요는 없다. 우리의 생각도 감정을 불러일으킨다. 백일몽을 꿀 때 실제로 경험하는 것처럼 심장이 두근거리거나 손에 진땀이 나는 경험을 해 보았을 것이다. 생각에서 오는 감정도 우리 뇌에는 경험을 통한 감정과 똑같은 생물학적 효과를 낳는다. 생각에서 오는 감정도 우리의 생체 음량 조정 장치를 작동시키며 호르몬과 신경전달물질을 활발히 뒤섞는다. 이것의 장점은 우리가 생각을 통해 우리의 감정세계에 직접 영향을 미칠 수 있다는 것이다. 우리가 멋진 일을 생각하면 머릿속에서 긍정적인 체험이 다시 한 번 되새겨지며, 그때 우리의 음량 조정 장치에서는 '사운드'가 올바로 섞여 우리를 행복하게 해 주는 것이다. 우리는 신체 언어를 이용해 이 감정들을 시험 삼아 느껴 봄으로써 더욱 강화시킬 수 있다. 이 때문에 기분이 나쁠 때 동원하는 수법도 그냥 미소 한 번 지어 보는 것이다. 이 표정의 움직임은 뇌에 '기분이 좋다'는 신호를 보내고, 뇌는 그에 해당하는 호르몬을 분비한다. (그러면 벌써 실제의 기분도 조금 나아진 상태가 된다.)

'감정을 시험 삼아 느껴 보기'에는 여러 스포츠 중에서 춤만큼 적합한 것이 없다. 미국에서 모던 댄스의 선구자 역할을 한 안무가이자 무용가인 테드 숀Ted Shawn은 우리가 말보다는 춤을 통해 감정을 훨씬 잘 표현할 수 있다고 굳게 믿었다. "춤은 보이도록 만들어진 생각이다Dance is thought made visible."

2015년 프랑스 파리 대학의 신경과학자 아사프 바흐라흐Asaf Bachrach는 관객들이 특정한 춤 공연 때 신체적으로도 함께 열중한다는 사실을 입증하였다. 모던 댄스를 공연하는 동안 관객들의 호흡을 측정해 보니 그들도 무용수들과 같은 박자로 호흡한다는 사실이 밝혀졌다. 정말 놀랄 만한 내용은 관객들과 무용수들의 호흡이 일치될수록 그 공연이 관객들에게 더 큰 호응을 얻었다는 사실이다. 모던 댄스가 정서 표현에서 형식이 자유롭다는 점 때문에 관객들이 특별히 춤으로 표현된 내용 그 자체를 느낄 수 있는 것으로 보인다.

프로 무용수들은 자신의 기예를 언어처럼 사용하며, 무언의 의사소통 방법을 속속들이 알고 있다. 그들은 동작을 통해 감정을 표현하는 데 특별히 뛰어나다. 우리가 어떤 무용수에게서 보는 표현은 종종 그 사람이 스텝이 정해진 특정한 안무를 따라 출 뿐이라

해도 그의 진정한 내적 감정이 표출된 것이다. 그러니 무용수들은 똑같은 스텝, 똑같은 동작을 취하더라도 기쁘거나 슬프게 혹은 격렬하게 보여 줄 수 있는 것이다. 세계적인 안무가 마사 그레이엄 Martha Graham은 탁월한 무용수가 되는 것은 그들의 기술이나 완벽함 때문이 아니라 그들의 열정 때문이라고 끊임없이 강조했다.

프로 무용수들은 여러 가지 기법을 사용해 자신의 춤에 감정을 부여한다. 그들은 자신의 삶에서 특별히 감동적인 순간을 기억해 내려고 노력하며, 그 후에 이 감정을 마치 의상처럼 슬쩍 걸치고 춤을 통해 표현한다. 우리도 연습을 통해 이것을 익힐 수 있다. 우리도 한번 프로 무용수처럼 해 볼까?

의자에 편히 앉아서 방금 우편함에서 꺼내 온 편지를 읽는다고 상상해 보자. 한참 동안 만나지 못한 각별한 친구에게서 온 편지다. 당신은 떨 듯이 기뻐하며 편지에 집중한다. 이제 편지를 읽기 시작한다. 친구는 자신이 경험한 믿기 힘든 우연에 관해 이야기해 준다. 당신은 깜짝 놀란다. 그 우연으로 그 친구가 멋진 새 직장을 얻게 되어 당신도 덩달아 기뻐한다. 그 친구가 새 직장에서 일어난 몇 가지 일화를 당신들이 수년 전에 함께 겪었던 일들과 연관시켜 들려주자 당신은 웃음을 참을 수 없다. 당신은 그때처럼 키득거리며 웃는다. 그러다가 친구가 느닷없이 아주 슬픈 소식을 전해 주자 당신은 충격에 휩싸인다. 당신도 알고 있는 사람들에 관한 일이기 때문이다. 슬픔은 어느덧 분노로 바뀐다. 그 모든 일이 누군가의 고의로 일어났다는 사실이 친구의 세세한 이야기를 통해 밝혀졌기 때문이다. 당신은 이 부당한 일에 대해 분통을 터뜨리며 진저리 친다. 친구는 지금 당신이 흥분하고 있는 모습을 예상하며 자신처럼 어깨를 한 번 으쓱하고 참아 넘기라고 전한다. 친구가 이 모든 것을 천연덕스레 전해 줘서 당신은 다시 미소를 짓는다. 당신은 친구가 어떤 일이든 늘 그럴듯하게 꾸며 댄다는 사실을 떠올린다. 친구는 조만간 다시 만나기를 희망하며 편지를 끝맺는다. 당신은 숨을 깊이 들이쉰다. 당신도 그렇게 되기를 바라기 때문이다.

당신은 아래 그림에서 서로 다른 감정들을 표현하고 있는 인물을 보고 있다. 이것은 연습에 사용하기 위한 것이다. 당신은 이 감정

표현들을 따라 해 보면 된다. 하지만 이 표현들이 마음에서 우러난 것이 아니라면 공허하고 억지스러운 일이 될 것이다. 반대로 이 편지를 이용한 연습을 하면서 내면에 진정한 감정들이 생기게 한다면 그 표현은 '진짜'가 될 것이다. 오직 진짜가 될 때에만 우리가 의식적으로는 단련할 수 없는 근육들도 함께 동원되기 때문이다.

춤을 출 때 몸의 움직임을 통해 표현되는 감정들은 음악과 매우 밀접한 관계가 있다. 여기에 관해 2014년에 흥미로운 실험을 한 적이 있다. 실험의 아이디어는 어느 날 내가 대학 건물 5층에서 동료와 함께 서 있을 때 떠올랐다. 마침 쉬는 시간이어서 수백 명이나 되는 대학생들의 강의실을 찾아가는 소리로 귀가 먹먹할 지경이었다. 그날 나는 시끄러운 소음이 들리지 않도록 헤드폰을 쓰고 클래식 음악을 들으면서 일층에서 움직이는 수많은 대학생들의 움직임을 내려다보고 있었다. 귀에 음악이 들려오자 그 모습은 나에게는 발레의 한 장면처럼 여겨졌다. 그들 모두가 서넛씩 짝을 지어 한쪽에서 다른 쪽으로 줄줄이 몰려가고 있었다. '어쩌면 백조의 호수 한 장면 같네.' 하고 나는 생각했다. 실제로 꽤 근사한 장면이기도 했다. 나는 동료에게 내가 본 것을 말했고, 그도 마찬가지로 그 상황을 잠시 관찰했다. 나의 음악은 순전히 우연하게 선택된 것이고 대학생들이 무리 지어 몰려가는 것과는 아무런 관련도 없었다. 우리는 혹시 움직임을 볼 때 어떤 음악이 흘러 나오든 전혀 상관이 없지 않을까 자문했다. 어쩌면 우리는 움직임이 음악과 결합되면 그냥 멋지다고 여기는 것은 아닐까? 지금 당신이 가능한 상황이라면 두 개의 유튜브 창을 열기 바란다. 한쪽 창에는 세계적인 발레리나 폴리나 세미오노바Polina Semionova가 혼자 무대에서 춤추는 장면이 담긴 헤르베르트 그뢰네마이어Herbert Grönemeyer의 〈최후의 날〉을 띄운다. 그리고 다른 창에는 그냥 당신이 좋아하는 아무 뮤직비디오나 불러오면 된다. 메탈리카나 에미넴 혹은 당신의 머리에 떠오르는 어떤 것이든. 당신이 세미오노바가 무용을 하는 모습만 보도록 그뢰네마이어가 노래를 부르는 창의 소리를 꺼 놓도록 하라. 그러는 동안 다른 비디오에서 나오는 음악을 들으면 된다. 어떤가? 어이 없지 않은가? 세미오노바의 동작이 그 음악에도 어울리는 것이다.

우리 뇌는 연관성이 없는 상황에서도 연관을 짓게 해 주는 신경 메커니즘을 가지고 있다. 어떤 동작이 멜로디와 어우러져 수행되는 곳에서 뇌는 그 두 가지가 동시적이며 어울린다고 느끼게 해 주는 환상을 우리에게 불러일으킨다. 이것은 어쩌면 멋진 파티 속임수가 될지도 모르지만 우리 뇌에는 그것이 정말로 똑같은 것일까? 춤과 음악을 어떤 식으로 혼합하더라도 즐거움이 생기는가? 그렇다면 무엇 때문에 춤의 안무를 구상하는 예술가가 필요한 것일까?

이 의문에서 시작된 우리의 실험에서 실험 참가자들은 일련의 짧은 발레 동작들을 찍은 동영상을 보았다. 그들의 과제는 그 짧은 동영상들을 평가하고 거기서 어떤 감정이 표현되고 있는지 판정하는 것이었다. 그러는 동안 우리는 실험 참가자들에게 헤드폰을 통해 다양한 곡들을 들려주었다. 우리는 미리 참가자들에게 어떤 음악이 나오든 무시하고 오로지 춤동작에만 관심을 집중하도록 부탁했다. 동영상 중에는 즐거운 것도 있고 슬픈 것도 있었다. 예를 들면 〈백조의 호수〉에서의 아주 슬픈 장면들과 〈호두까기 인형〉에서의 유쾌한 장면들이 나왔다. 우리는 헤드폰을 통해 참가자들에게 즐거운 음악과 슬픈 음악을 무작위로 들려주었고, 어떤 때는 아무런 음악도 들려주지 않았다. 그러는 동안 우리는 그들의 피부전도도Galvanic skin response 저항을 측정했다. 이것은 그들이 흥분해서 손에서 땀이 나기 시작하는지를 입증하는 방법이다. 모든 감정의 반응이 다 체감할 수 있을 정도로 손에서 땀이 나지는 않는다. 그러나 손가락에 다는 전극관을 이용하면 미미한 변화도 입증할 수 있다. 따라서 피부전도도가 뇌가 그때 무엇을 하고 있으며, 우리가 어떤 정서상의 흥분 상태에 있는지를 간접적으로 나타내는 셈이다.

결과는 놀라웠다. 실험 참가자들의 뇌는 춤과 음악이 감정 표현에서 일치하는지를 알려 주었다. 참가자들은 의식적으로 음악에 관심을 기울이지 않는 한 음악과 춤이 정서적으로 서로 일치할 때만 춤을 보고 흥분 상태에 빠졌다. 다시 말해 즐거운 춤이 즐거운 음악과, 혹은 슬픈 춤이 슬픈 음악과 어울릴 때만 흥분을 일으켰다.

우리가 감정을 몸의 움직임을 통해 표현할 수 있다는 것은 아주 자연스럽고 분명한 일이다. 사람들은 지극히 행복한 순간에는 어떻게 하는가? 사람들은 무엇에서 우리가 행복하다는 것을 알아차리는가? 환하게 번지는 미소, 깔깔거리는 웃음, 행복하게 반짝이는 눈빛. 하지만 그때 우리가 무의식적으로 하는 행위는 무엇일까? 바로 몸을 움직이는 것이다. 아이들은 기쁠 때면 탱탱볼처럼 깡충깡충 뛰고, 우리는 성공했을 때 팔을 위로 활짝 뻗고, 침울한 기분이 들 때면 어깨를 늘어뜨리고 고개를 푹 숙인다. 우리는 무척 그리운 친구를 오랜만에 만나면 서로 얼싸안고 마치 보이지 않는 음악에 따르는 것처럼 보조를 맞춰 서로를 흔든다. 우리가 함께 모여 술을 마시거나 파티를 벌이면서 기분이 좋아질 때도 몸을 이리저리 흔든다. 카니발 기간이든 옥토버페스트든 상관없이 우리는 서로 팔을 끼고 음악에 맞춰 몸을 좌우로 흔든다. 그리고 흥겹게 축하하는 행사가 벌어질 때마다 당연히 춤도 빠지지 않는다. 결혼 피로연에서는 거의 모든 문화권 사람들이 춤을 춘다. 독일에서뿐 아니라 이탈리아와 그리스에서도, 러시아와 인도에서도 춤을 춘다. 심지어 수줍음이 많은 한국인과 일본인도 가족 축하 모임에서는 함께 춤을 춘다. 따라서 우리 주변의 사람들은 몸의 움직임을 통해 우리의 현재 상태에 관해 아주 많은 것을 알아차릴 수 있다. 춤을 출 때도 마찬가지다. 우리는 그때의 기분 상태에 따라 제각각 다른 감정을 표현하는 데 의식적으로 춤추기를 이용할 수 있다.

내가 다섯 살쯤 되었을 때 사이먼앤드가펑클의 〈험한 세상에 다리가 되어Bridge over troubled water〉는 내가 가장 좋아하는 노래였다. 영어 가사는 제대로 알아듣지 못했지만 음악에 담긴 느낌은 이해한 것 같다. 그것은 그리움에 관한 내용이었다. 그 노래를 들을 때 나의 내면에서는 내가 좋아하는 말 농장의 망아지 소푸스Sofus를 그리워할 때와 똑같은 느낌이 들었다. 그것은 춤으로 표현될 수 있었다. 나는 양팔을 때로는 머리 위로 높이 뻗고, 때로는 옆으로 활짝 벌렸다. 안타깝게도 나의 손가락이 닿을 수 없는 어떤 것을 잡으려는 듯이. 그 노래에서 길게 끌리는 소리를 들을 수 있었고 (나중에 그것이 바이올린 소리라는 것을 알게 되었다.) 그 소리에 맞춰 멋지게 미끄러지듯 날 수 있었다. 특히 공중에서 물 위를 지나 말 농장으로 날아가는 독수리처럼 양팔을 옆으로 벌리고 빙빙 돌면서 말이나. (말 농상으로 가려면 긴 다리를 통해 북해와 발트해를 이어 주는 운하를 건너가야만 했다.) "쟤가 지금 뭘 하고 있는 거냐?" 어느 날 할머니가 물으셨다. "저건 말 농장 춤이에요." 어머니가 설명했다. "줄리아가 소푸스가 너무 보고 싶으면 사이먼앤드가펑클의 레코드판을 틀고서 저 춤을 춘답니다. 저 춤을 출 때마다 다음번 말 농장에 갈 때까지 기다리는 시간이 줄어든다나 봐요."

그리스에서의 날이 이슥해졌다. 우리는 몇 시간씩 이야기를 나누었고, 그러면서 춤에 관해 많이 생각하고 토론했다. 갓난아기 때와 어린아이 때에 벌써 리듬을 알아차린다는 게 놀랍지 않은가? 그리고 우리가 추는 모든 춤에는 우리의 감정의 변화도 드러난다는 사실도. 이 주제는 믿기 힘들 정도로 흥미롭고, 우리의 갖가지 생각과 아이디어를 주고받기에 하루저녁은 결코 충분하지 않았다. 하지만 오늘 우리는 이야기는 실컷 나누었다. 이제는 춤을 추어야 할 시간!

2

커플 댄스

춤으로 나누는 대화

"춤은 온몸으로 표현하는 만국 공통의 언어다."

— 프레드 아스테어 Fred Astaire

　학술대회의 둘째 날은 흥미로운 주제들로 넘쳐 났다. 우리 인간들은 왜 공감을 느끼는가? 우리를 타인들과 연결해 주는 것은 무엇인가? 우리의 파트너와 연결해 주는 것은? 이 모든 문제에는 모두 '그때 우리 뇌에서는 정확히 무슨 일이 일어나는가?' 하는 과학적 관점과 연결되어 있다. 우리는 새로운 정보들을 많이 접했고, 수많은 논점들로 열띤 논의를 거쳤다. 그래서 저녁에는 바에서 해가 지는 모습을 즐길 수 있었다. 어제 먼동이 틀 때까지 우리 몸을 흔들게 만들었던 디제이가 오늘은 나오지 않았다. 대신 어떤 밴드가 라틴아메리카의 춤곡을 연주했고, 몇 쌍이 거기에 맞춰 룸바를 추고 있었다. 꽤 나이 든 한 쌍이 눈에 띄었다. 그들은 무척 조화로운 느낌이었고 서로에게 미소를 짓고 있었다. 그들의 동작은 어떤 때는 거의 동시에 움직였고, 또 어떤 때는 마치 한 사람이 다른 사람에게 화답하는 듯이 보였다. 흡사 서로가 대화를 나누는 듯했다.

그녀의 움직임을 읽을 수 있는 이유

1970년대 영국의 피터 브룩Peter Brook 감독은 자신의 다문화 연극 단원들과 함께 사하라사막으로 가서 획기적인 실험을 했다. 단원 중에는 당시에는 아주 젊었던 여배우 헬렌 미렌Helen Mirren도 있었다. 브룩 감독은 연극 작품이 언어를 사용하지 않고서도 어느 정도까지 전달되는지 알아내려고 했다. 무언으로, 오직 몸으로만 하는 언어를 통해서 말이다. 그 연극단은 시골 마을과 도시 들에서 공연을 했고, 종종 그런 형식의 연극을 한 번도 본 적이 없는 관객들 앞에서도 공연을 했다. 브룩은 표정·손짓·몸의 움직임을 통해 앞에 앉은 관객들에게 의미를 전달할 수 있다고 굳게 믿었다. 어떤 언어를 사용하든, 어떤 문화 출신이든 상관없이 말이다. 그의 착상은 몸의 움직임이 소통의 기반이라는 것이었다.

우리 인간들은 동물의 세계에서 가장 복잡한 두뇌와 가장 세분화된 움직임의 레퍼토리를 가지고 있다. 우리는 모든 생활영역에서 움직임을 사용하며, 결국 우리는 몸을 움직이는 것을 통해 소통을 한다. 우리는 고도로 복잡한 발성기관을 가지고 있으며, 많은 근육을 사용함으로써 뚜렷한 표정을 지을 수 있다. 또한 손짓을 통해 타인들에게 우리의 느낌과 의도를 보여 줄 수 있다. 몸의 움직임은 인간 상호 간의 소통과 이해를 가능하게 해 준다. 우리가 오직 몸을 움직이기 위해 뇌를 가지고 있다고 확신하는 과학자들도 있다. 몸을 움직이기 때문에 뇌가 그토록 성숙한 상태에 있다는 것이다. 캠브리지 대학의 신경과학자 대니얼 월퍼트Daniel Wolpert는 자신의 테드TED 강연에서 이것을 멍게를 사례로 들어 생생하게 설명했다. 멍게는 유충일 때는 자유롭게 바다에 떠다닌다. 멍게 유충은 하나의 신경계를 갖추고 있고, 원초적 형태의 뇌도 있다. 그러나 유충은 점점 자라면서 자리를 잡아 거기에 평생 붙어서 지낸다. 시간이 지나면서 멍게는 자신의 새로운 '정착' 생활에는 뇌가 더 이상 필요하지 않으므로 그것을 소화시켜 버린다. 월퍼트는 종종 이것이 종신 교수들의 경우와 비슷하다고 농담을 한다. 교수들은 확고한 자리를 차지하기 무섭게 더 이상 움직일 필요가 없기 때문에 뇌를 쓸 필요가 없어진다는 말이다.

몸의 움직임이 무언의 소통에만 필요한 것이 아니라, 결국은 말을 배우는 우리의 능력을 위한 전제조건이라는 사실을 뒷받침해주는 연구들이 많아지고 있다. 진화심리학적으로는 움직임을 체험하는 것이 언어 습득을 위한 전제조건이다. 아기는 처음 몇 해 동안은 말로 된 언어를 가지고 있지 않다. 아기는 움직임을 통해 배운다. 처음에는 움직임이 완전히 제멋대로인 것처럼 보이지만 점점 더 정교해진다. 아기는 머리를 쳐들고, 물건을 쥐고, 몸을 뒤집기 시작하고, 그러면 뇌는 그것을 통해 세상을 배우게 된다. 시간이 지날수록 뇌는 움직이는 행위를 시각적·청각적 자극과 결부시킨다. 아기는 딸랑이를 쥐려고 손을 뻗는다. "이걸 갖고 싶어?" 엄마가 미소를 띠며 묻고는 딸랑이를 아기의 손에 쥐여 준다. 그러면 아기의 뇌에서는 시각 신호, 청각 신호, 움직임 신호를 담당하는 신경세포들이 다 함께 동일한 리듬을 보이며 활성화된다. 언어는 행동을 기반으로 하고 있다. 움직임을 통해 어린아이는 엄마의 반응을 보고, 점차 더 많이 '가진다'는 개념을 깨닫고, 마침내 스스로 사용할 수 있게 된다. (그렇게 되면 갈수록 자주 떼를 쓰며 "가질 거야!" 하고 외치는 말이 방 안에 울려 퍼진다.) 움직이고 보고 듣는 것이 공조해야 단어들, 즉 말에 의미가 부여된다. 느리고 빠르다, 가깝고 멀다, 또한 둥글고 모나다, 부드럽고 딱딱하다, 이런 단어들의 의미를 어린아이는 결국 움직임을 통해 배우는 것이다.

이렇게 해서 어린아이들에게서 미세하게 움직이는 능력과 언어 능력 사이의 관계를 확인할 수 있다. 이것은 아이들에게만 통용되는 것은 아니다. 신경과학자 프리트헬름 풀버뮐러Friedhelm Pulvermüller와 아서 글렌버그Arthur Glenberg는 흥미로운 몇몇 실험에서 특정한 움직임을 수행하는 데 지장이 있는 사람들이 단어 인지에서도 더 느리다는 사실을 입증했다. 그들이 인용힌 한 연구에서 실험 참가자들의 양손을 뒷짐을 진 상태로 묶었다. 그러자 그들은 손을 이용해야 이해가 가능한 개념들을 인지하는 능력이 떨어졌다. 우리는 말을 할 때 몸짓을 빈번하게 사용한다. 무언가가 크거나 작을 때 손으로 가리키고, 당혹스러울 때는 어깨를 들어 올려 의미를 강조하고, 싫어할 때는 팔짱을 끼는 것으로 강조한다. 언어에 수반되는 이런 몸짓은 중요하다. 이것은 우리가 말한 내용을 상대가 정말로 이해하는지 확실히 알 수 없는 상황에서 아주 쉽게 파악할 수 있다. 우리가 극장에서 소곤거리며 말할 때, 시끄러운 디스코 장에서 무슨 말을 하려고 할 때, 혹은 우리말을 잘 모르는 사람과 소통하려고 할 때 말이다. 이런 상황에서 우리는 직감적으로 더 많은 몸짓을 이용하며 다른 사람의 몸짓을 해석하는 데도 매우 능숙하다. 이 몸짓을 해석할 때는 언어를 이해할 때와 같은 뇌 부위가 활성화된다는 연구 결과들도 있다. 결국 언어는 몸의 움직임을 통해 완전히 대체될 수도 있기 때문이다. 특히 청각장애인들이 사용하는 수화를 이용하면 온갖 이야기를 전달할 수 있다. 수화를 이용하면 일상의 대화도 양자론에 관한 열띤 토론도 잘 돌아간다. 심지어 수화로 된 아주 멋진 시들도 있다.

라이프치히에 있는 막스플랑크 인지신경과학 연구소의 과학자들은 어휘를 배울 때 어떤 움직임과 연결시키면 훨씬 더 쉽다는 사실을 밝혀냈다. 이 학습전략의 효과는 실험 참가자들의 뇌 활성도에도 반영되어 나타난다. 2015년 카탸 마이어Katja Mayer와 그의 연구진이 MRI(자기공명영상)를 통해 보여 주었다. 실험 참가자가 학습 단계를 마치고 몸짓을 사용해 공부한 어휘를 번역할 때 근골격계를 담당하는 뇌 부위가 활성화되었다. 어쩌면 우리는 춤을 추면서 어휘를 배워야 하는지도 모른다.

셰필드 대학의 스티븐 브라운Steven Brown과 그 동료들은 실험 참가자들에게 꽤 오랜 기간에 걸쳐 규칙적으로 탱고를 추도록 했다. 몇 주가 지난 후 실험 참가자들에게 춤 동영상을 보여 주고, 그들의 뇌 활동을 CT(컴퓨터 단층촬영)로 비춰 보았다. 연구자들은 놀라운 사실을 발견했다. 그들의 언어중추에서 뚜렷한 활성도를 보이는 것을 입증할 수 있었다. 춤이 우리 뇌에는 일종의 언어인 셈이다!

또한 스텝 댄서이자 배우인 프레드 아스테어Fred Astaire가 오래전부터 알고 있던 사실도 과학적으로 옳다는 것이 입증되었다. "춤은 온몸으로 표현하는 만국 공통의 언어다." 춤도 말과 같이 어느 순간에 충분한 어휘력, 즉 스텝을 익히면 첫 걸음마를 떼는 것처럼 오래 생각할 필요 없이 그냥 움직일 수 있게 된다. 그러면 우리의 스텝 하나하나가 문장이 되고, 움직임들이 하나의 이야기를 전달할 수 있게 되는 것이다. 어휘가 늘면 할 수 있는 말이 많아지듯, 동작들이 늘어나면 전달할 수 있는 스토리가 풍부해진다. 똑같은 이야기도 서로 다른 단어들로 전달할 수 있듯, 꼭 같은 동작들이 아니어도 표현이 가능해진다. 말을 잘하는 사람은 한 번도 사용한 적 없는 새로운 비유를 멋지게 찾아낸다. 댄서도 어느 수준 이상이 되면 단순한 스텝의 동작을 넘어서 춤 안의 생명을 깨울 수 있다. 살아 있는 춤을 추는 것이다.

춤이라는 거울

오늘 강연은 '사회적 모방'에 관한 것이었다. 이것은 상대의 움직임에 무의식적으로 따르는 것을 나타내는 전문 용어이다. 사회적 모방에는 상대에게 호감을 느낀다는 전제가 필요하다! 호텔 바의 플로어에서도 이것을 살펴볼 수 있었다. 춤을 추는 이들 가운데 꽤 나이가 든 한 쌍이 무척 조화로워 보였다. 단지 살펴보는 것만으로도 우리가 잘 모르는 사람들에 대해 얼마나 많은 것을 알게 되는지, 정말 흥미로운 일이다! 플로어의 어떤 쌍은 이 사회적 모방에 관해 정말 아무런 관련이 없어 보였다. 그들은 서로에게 호감조차 느끼지 않는 것처럼 보였다. 그들이 함께 추는 춤은 춤이라기보다 다툼 같았다.

"누가 저 두 사람에게 억지로 함께 춤추라고 시켰을까요? 저들은 경쟁자나 적에 가깝다는 느낌을 주는군요."

"글쎄요……, 어쩌면 단지 20년째 결혼 생활을 하고 있어서 그런 건 아닐까요?"

한 번쯤 길거리를 내려다보며 주변 사람들을 관찰해 보라. 당신은 어떤 사람의 걸음걸이만 보고도 금세 그가 기분이 좋은지 나쁜지를 알 수 있을 것이다. 누군가가 어깨를 축 늘어뜨리고 마치 무게가 천근이나 나가는 것처럼 무거운 발걸음을 옮기고 있는가? 아니면 가볍고 활기차게 걸어가고 있는가? 우리가 슬프거나 기쁘면 그것은 우리의 모든 움직임에 반영되어 나타난다. 우리가 타인의 감정을 알아차리는 이유는 그의 움직임에 감정이입을 하기 때문이다. 영국의 철학자 애덤 스미스도 1759년에 이미 '반사적 모방reflexive imitation'이라는 말을 언급했고, 찰스 다윈은 이것 '운동 공감motor sympathy'이라 불렀으며, 사회심리학자 고든 올포트Gordon Allport는 1960년대에 '객관적 운동 모방objective motor mimicry'에 관한 글을 썼다.

  말 농장 춤은 줄리아가 아직 말을 하지 못할 때에도 흰색 망아지 소푸스를 표현할 수 있게 해 주었다. 그 춤은 보이지 않는 것, 즉 그녀의 감정을 볼 수 있게 했다. 그래서 줄리아의 어머니는 줄리아가 간절히 바라는 몸동작을 이해하고 그것을 할머니에게 '통역'해 주었다. 실제로도 네 살배기 아이들이 불안·짜증·슬픔과 행복을 자신은 깨닫지도 못한 채 어떻게 춤을 통해 표현하는지를 보여 주는 연구들도 있다. 그들은 느낀 것을 무작정 춤으로 보여 준다. 그 밖에도 아이들은 남들이 춤추는 것만 보고도 그들을 이해한다. 다섯 살짜리 아이도 춤에 따라 정서를 구분할 수 있다.

  춤 연습은 이 능력을 더욱 향상시킨다. 즉 감정을 움직임으로 바꾸는 법을 많이 배울수록 다른 사람의 움직임에 포함된 감정에 공감하는 능력이 더 정교하게 형성되는 것으로 보인다. 우리는 런던 시립 대학에서 수행한 연구에서 프로 발레 무용수들과 춤 경험이 없는 아마추어들로 구성된 대조군에게 짧은 동영상들을 보여 주었다. 그 짧은 영상들은 흑백 무성 화면으로, 길이는 몇 초밖에 되지 않았다. 댄서들의 얼굴은 얼굴 표정을 알아볼 수 없도록 모자이크로 처리되었다. 실험 참가자들에게는 오직 몸의 움직임을 보고 댄서들의 정서적 반응을 판단해 달라고 부탁했다. 댄서들이 그 움직임을 좋아하는지 싫어하는지, 혹은 즐거운지 슬픈지. 여기서도 실험 참가자들의 피부전도도를 통해 신체의 반응을 측정하였다. 양쪽 집단 모두 (아마추어와 프로 무용수 모두) 몸동작을 보고 실제로 안무에서 기뻐하는 순간이나 슬퍼하는 순간에 나온 것을 '기쁨'이나 '슬픔'으로 맞게 분류했다. 그러나 프로 무용수들이 정서 내용에 아마추어들보다 훨씬 더 강한 반응을 보였다. 그렇다면 프로 무용수들은 움직임의 전문가일 뿐 아니라 혹시 정서의 전문가이기도 한 것인가? 우리의 이 연구는 다른 사람의 신체 언어를 의식적으로 인지하는 것이 춤 훈련을 통해 강화될 수 있다는 것을 간접적으로 보여 주었다. 따라서 춤추기와 정서를 움직임으로 비기는 것을 통해 우리의 공감 능력을 높여 줄 수도 있다.

춤을 통해 많은 메시지들이 전달되는데, 신체 언어만 이용해도 제대로 된 대화가 가능할 정도이다. 비록 그 춤이 다른 문화권에서 나온 것이라 해도. 2000년 메릴랜드 대학의 심리학자 아할리야 헤이마디Ahalya Hejmadi와 그 동료들은 춤을 통한 정서 표현에 대한 보편적인 이해도를 조사했다. 이를 위해 그들은 인도 춤을 이용했다. 인도에서는 2000년 전에 춤 기술을 다룬 문헌『나티야사스트라

『Natyasastra』에 춤을 추며 감정들을 묘사하는 방식이 정확하게 규정되어 있기 때문이다. 각각의 동작은 기록에 따라 엄밀하게 수행된다. 몸 전체·얼굴·표정·손을 이용해서 표현한다. 과학자들은 여자 무용수가 열 가지 인도 전통 춤의 감정을 표현하는 모습을 촬영해서 그 비디오 영상을 인도인과 미국인 들에게 보여 주었다. 실험 참가자들은 그 무용수에 의해 표현된 감정들이 무엇인지 확인해야 했다. 놀라운 점은 인도인과 미국인 모두 춤에 표현된 감정들을 완벽하게 알아낼 수 있었다는 사실이다.

그것이 어떻게 가능한가? 어떻게 해서 우리는 다른 문화권임에도 주변 사람들의 신체 언어를 이해하는가? 더구나 누가 가르쳐 준 것도 아닌데 말이다. 우리 뇌에서 어떤 일이 일어나기에 감정을 그토록 능숙하게 특정한 움직임과 연관 지어 생각하고, 그에 따른 감정을 알아낼 수 있는가?

나는 박사 논문을 쓰는 동안 수행한 한 연구 조사 과정에서 어떤 사람에 대한 우리의 첫인상이 그의 몸짓과 행동에 의해 결정되는 게 아닐까 하는 의문을 떠올렸다. 어떤 사람의 '개성'이 그의 행동에 반영되어 나타나는지, 남들은 이것을 알아보는지가 궁금했다. 이를 위해 나는 실험 대상자들에게 여러 가지 행동을 해 보게끔 했다. 걷기·달리기

·뛰어오르기뿐 아니라 탁구와 춤추기 같은 복잡한 동작도 시켜 보았다. 춤은 다시 '자유로운 춤'과 '안무에 따른 춤'으로 세분화했다. 안무에 따른 춤은 누구나 노래를 알고 춤을 출 수 있는 〈마카레나〉를 선택했다. 나는 그 모든 움직임들을 촬영한 다음 그것을 특색 없는 아바타로 옮겨 놓았다. 동작자의 겉모습이 아니라 오로지 움직임을 보고 판정하도록 하기 위해서였다. 나는 실험 대상자들에게 짧은 동영상에 등장하는 아바타의 모습을 보고 인격 특성을 판정하도록 시켰다. 예를 들면 그들에게 그 아바타들이 얼마나 협조적이고 신뢰할 만하게 보이는지 판단하게 했다. 또 다른 실험 대상자들에게도 마찬가지로 아바타들을 판정하도록 시키고 나서, 첫 번째 집단의 아바타에 대한 판정을 또 다른 집단의 판정과 비교해 보았다. 나는 '자유로운 춤'에서 일치하는 결과를 가장 많이 얻을 것이라고 굳게 믿었다. 누구나 제각각 개성적으로 춤을 추기 때문에 개인의 특성이 가장 잘 드러날 것이기 때문이었다. (이것이 나의 가설이었다.) 하지만 전혀 뜻밖의 결과가 나왔다. 인격 특성을 판정하는 데 '자유로운 춤'에서보다 〈마카레나〉에서 일치하는 결과가 더 많이 나왔다. 정해져 있는 안무 때문에 두 번째 집단의 실험 참가자들이 동작을 훨씬 잘 그려 볼 수 있게, 즉 춤추는 사람의 입장이 되어 생각해 볼 수 있게 되는 것 같았다. 그들은 그 동작을 직접 해 본 적이 있기 때문에 더 잘 판단할 수 있었다. 그것은 그들이 거울을 들여다보는 것과 비슷했다!

우리는 여기에 대한 과학적 근거를 1992년 신경과학계를 발칵

뒤집어 놓았던 우연한 발견에서 얻게 되었다. 파르마 대학의 리촐라티Rizzollatti 교수와 디펠레그리노di Pellegrino 교수는 여우원숭이가 어떤 물건을 움켜쥐려 할 때 어떤 신경세포들이 활성화되는지 알아내려고 했다. 그들은 한 원숭이에게 다양한 물건들을 집어서 하나씩 탁자 위로 옮겨 놓았다가 다시 내려놓도록 훈련시켰다. 그 원숭이의 뇌는 특정한 신경세포들의 활성도를 보여 주는 측정장치에 연결되어 있었다. 실험은 원숭이 앞에 다양한 물건이 놓인 쟁반을 내놓는 것으로 시작되었다. 원숭이는 물건을 하나씩 집어 탁자 위로 옮겨 놓았다. 이때 연구자들은 원숭이 뇌의 운동중추에 뚜렷한 반응이 보이는 것을 측정을 통해 알아낼 수 있었다. 그 원숭이가 물건을 모두 옮기고 나자 조수는 다음 쟁반을 준비했다. 그는 캐비닛에서 다른 물건 세 개를 꺼냈는데, 그가 그 물건을 집으려고 손을 뻗는 동안 벌써 원숭이의 뇌에서는 좀 전에 원숭이가 직접 그 동작을 수행했을 때와 똑같은 반응이 일어났다. 조수는 얼어붙은 듯이 측정장치를 바라보았고, 다시 가만히 자신을 바라보고 있는 원숭이를 쳐다보았다. 원숭이는 아주 얌전하게 앉아 있었고, 측정장치도 문제가 없어 보였다. 원숭이가 어느 사이 움직였단 말인가?

조수는 원숭이의 손을 보았다. 이 원숭이 녀석이 뭘 훔친 건가? 아니, 그러지는 않았는데……. 조수는 원숭이에게서 눈을 떼지 않은 채 다시 한 번 자신의 손을 자신과 원숭이 사이에 있는 쟁반 위의 물건 쪽으로 천천히 움직였다. 조수의 손가락이 호두를 움켜쥐는 순간, 원숭이 뇌 속의 신경세포들이 활성화되었다. 원숭이가 단지 조수의 움직임을 지켜보기만 했는데도 신경세포들이 반응을 보인 것이다! 다시 말하자면 원숭이의 뇌가 조수의 움직임을 반영해서 보여 준 것이다. 이 관찰 결과가 과학자들 사이에서 불러일으킨 흥분을 당신은 상상이나 할 수 있을까? 드디어 공감이나 직관과 같은 현상들에 대한 신경생물학적 해명이 나올 것으로 보였다!

이 연구자들은 움직임을 지켜볼 때 활성화되는 신경세포들을 '거울신경세포'라고 명명했다. 거울신경세포는 그 후 수많은 연구의 대상이 되었다. 거울신경세포가 어떤 것들을 할 수 있고, 어떤 유용성을 지니는지 하는 문제는 아직 완전히 해명된 것은 아니다. 과학자들은 거울신경세포가 신체 언어와 타인의 정서를 알아차리는 데 관여하고 있을 것으로 추정한다. 당신의 몸동작은 당신의 기분이 어떤지를 나에게 보여 준다. 나의 뇌가 당신의 상태를 내 몸속에 반영해서 보여 주고, 그 때문에 나는 당신을 이해하는 것이다. 우리는 이것을 분명히 경험한 적이 있다. 간단히 레몬 한 조각을 입에 넣고 상대방의 표정을 자세히 살펴보도록 하라. 상대는 마치 자신이 직접 그 시큼한 레몬을 깨문 것처럼 인상을 찌푸리고 있을 것이다. 말하자면 우리는 주변 사람들의 감정에 '감염'되는 것이다. 이 일은 우리가 태어날 때부터 일어난다. 거울신경세포는 우리 뇌의 기본에 속하기 때문이다. (거울신경세포는 만 네 살이 지날 때까지 완전히 발달한다.) 거울신경세포를 통해 우리 뇌에서는 우리가 그 동작을 직접 할 때와 같은 부위가 활성화된다. 우리가 남들의 신체 언어를 알아차리는 이유는 자신이 직접 그렇게 움직일 때 어떤 느낌이 드는지 알기 때문이다.

영국의 신경과학자 패트릭 해거드Patrick Haggard 교수는 우리 뇌가 어떻게 복잡한 동작들을 제어하는지에 관심이 있었다. 발레 애호가인 그는 발레같이 복잡한 무용이 뇌의 운동중추에 어떤 효과를 미치는지 생각해 보기 시작했다. 그는 무용수들과 수많은 대화를 나누어 본 후에, 발레 무용수들이 다른 댄서들을 지켜볼 때 교수 자신보다 훨씬 더 많은 것을 보는 것으로 추정된다는 사실을 알아냈다. 당시 그는 박사과정 중에 있던 베아트리스 칼보 메리노Beatriz Calvo-Merino와 함께 발레 무용수들과 카포에이라Capoeira 댄서들의 전형적인 춤동작을 촬영했다. 두 사람은 짧은 동영상들을 무용수들

카포에이라 댄스

과 아마추어들에게 보여 주면서 MRI로 그들의 뇌 활성도를 측정했다. 그 결과 자신의 춤 스타일과 같은 동작을 지켜보는 무용수들의 경우, 뇌의 거울중추에서 활성도가 뚜렷이 높아졌다. 또한 아마추어들의 경우보다 훨씬 더 강했다. 따라서 춤 훈련의 결과로, 무용수들은 특정한 동작들을 춤을 추지 않는 사람들과는 다르게 인지하는 것이다. 프로 무용수들은 그냥 지켜보기만 하든 무대에 올라 춤을 추든 머릿속으로는 늘 함께 춤을 추는 셈이다. 그 외의 수많은 연구들은 무용수들이 심지어 율동을 단순히 지켜보기만 해도 더 잘 이해한다는 사실도 입증했다.

여기서 흥미로운 점은 우리 뇌가 상대의 행동을 비추어 보는 것을 통해 그다음에 이어지는 행동을 더 빨리 알아낸다는 사실이다. 누군가가 무엇을 '주는' 것을 보면 우리 뇌에서는 '받는' 행동이 함께 코딩된다. 우리는 타인의 행동을 뇌에서 모의실험해 보는 것으로 그들을 이해한다. 이로 인해 우리는 서로 이해하고 협력하고 도움을 주는 것이 가능해진다.

우리는 이런 사회적 공존에서 심지어 한 발 더 나아간다. 만약 두 사람이 서로 잘 이해한다면 자신도 모르게 얼굴 근육의 움직임도 따라 하게 된다. 한 사람이 놀라서 쳐다보면 다른 사람 역시 그렇게 한다. 한 사람이 웃으면 다른 사람도 따라 웃는다. 만약 보톡스를 이용해 얼굴 근육을 마비시켜서 순응하지 못하게 하면 우리는 다른 사람의 감정을 알아차리기가 더 힘들어진다. 예를 들어 2011년 서던캘리포니아 대학의 데이비드 닐David Neal과 탄야 차트

란드Tanya Chartrand가 수행한 연구는 보톡스가 심지어 인물의 감정 활동 자체를 부진하게 만든다는 사실을 입증했다.

그런데 사회적 모방을 의식적으로 활용하면 매우 효과적인 구애 전략이 된다. 우리가 상대의 신체 언어를 모방하면, 상대는 그것을 통해 자신도 모르게 친밀감을 느끼며, 여기서 호감이 생겨난다. 이런 장면을 비디오로 찍어서 그것을 무음으로 틀어 보면 두 사람의 움직임은 종종 완벽하게 동작을 익힌 춤 같다는 느낌을 준다.

2001년에서 2009년 사이 나는 연극에 푹 빠져 있었다. 나는 한 실험 극단에서 처음으로 연극을 시작했다. 우리는 무대뿐만 아니라 길거리, 학생식당, 호숫가 등 어디에서든 연극을 했으며 무척 다양한 역할을 연기했다. "나는 크다. 내 안에는 수많은 내가 있다. (I am large. I contain mulititudes.)" 시인 월트 휘트먼Walter Whitman은 이렇게 말한 적이 있다. 그런 식으로 우리는 연극을 통해 우리 자신을 알아 가게 되었다.

이 극단에서 나는 수많은 댄서들을 만났다. 극단의 감독이었던 게르하르트는 춤으로 많은 실험을 했다. 우리가 연습하던 것 중에 '거울 보기'가 있었다. 우리는 서로 마주 보고 느리고 부드럽게 다른 인물의 움직임을 따라 하면서 시간을 동시에 맞추려고 노력했다. 마치 거울을 앞에 두고 마주 서 있는 것처럼. 프로 댄서인 베른하르트도 우리와 함께 이 연습을 했다. 어느 정도 시간이 지나자 우리는 정말로 동시에 움직이는 데 성공했다. 참으로 불가사의했던 점은 사전에 누가 리드를 하고 누가 따를지 정하지 않고서도 움직임을 따라 할 수 있었다는 사실이다. 거울 보기 연습을 하고 나자 우리는 상대와 매우 가까워졌다는 느낌이 들었다. 마치 우리가 춤을 통해 영혼으로도 결합을 이루어 낸 듯했다.

그 뒤, 신경과학자가 되고 나서야 우리가 동시에 움직이던 그 순간에 실제로 우리의 뇌 활동이 동시에 이루어졌다는 것을 알게 되었다. 상대방을 뇌 속에서 마치 나와 동일한 인물인 양 모의실험했던 것이다. 우리는 이것을 비단 거울 보기 춤을 출 때만이 아니라 일상에서도 끊임없이 하고 있다. 우리가 그렇게 하는 이유는 다른 사람들을, 그들의 감정과 느낌을 그들의 움직임을 통해 읽어 내고, 공감하고, 결국 이해하기 위해서이다.

이 '거울 보기'는 즉흥 연기 분야에서 유명한 연습 방법이다. 이 움직임은 우리 뇌가 비춰 보기와 예측하기를 조합해서 만드는 완벽한 동시화 속에서 일어난다. 바로 이 메커니즘 덕분에 우리는 커플 댄스를 출 수 있는 것이다. 한 사람이 리드를 하고 다른 사람은 거기에 호응한다. 그러다 보면 언젠가는 전체 움직임이 조화롭고 부드러워진다. 우리 뇌가 이것을 가능하게 해 주는 것이다!

그리고 춤출 때뿐 아니라 음악을 연주하거나 귀 기울여 들을 때도 이 효과가 위력을 발휘한다. 미국 스탠퍼드 대학의 우리 하슨Uri

Hasson은 서로 번갈아 가며 이야기를 읽어 주는 사람들의 뇌 활동을 조사했다. 이 실험은 이야기를 듣는 사람의 뇌 활동이 실제로 들려주는 사람의 뇌 활동을 그대로 반영해서 보여 준다는 점을 입증했다.

스윙 댄서들은 소위 '잭앤질Jack'n Jill'이라는 아주 특별한 방식의 춤 경연대회를 연다. 여기서는 리더와 팔로워가 추첨을 통해 임의로 결정되며, 전혀 모르는 두 사람이 서로 짝이 되어 춤을 추어야 한다. 낯선 파트너와 처음 시작할 때는 약간 어색하고 주저되기도 한다. 그러나 조금 지나면 머릿속에서 별안간 느껴지는 것이 있고, 그 후에는 거의 저절로 서로의 동작을 맞추게 된다. 이 방식은 엄청나게 재미있어서 웃음이 저절로 터져 나온다. 우리 뇌는 플로어에서 이미 서로 통했기 때문에 춤을 마친 후의 대화는 더욱 쉽게 풀리게 된다. (춤추기를 통해 유대가 이루어지는 것이다.)

쉘 위 댄스

우리는 플로어에서 춤추는 사람들을 지켜보는 동안, 재미 삼아 누가 서로 오래전부터 알던 사이이고 누가 이제 막 만났는지 짐작해 보았다. 찬찬히 살펴보기만 하면 별로 어렵지 않다. 심지어 두 사람이 앞으로 어떻게 진행될지도 어느 정도 알아낼 수 있다.

"학술대회가 끝나면 저 두 사람이 커플이 된다는 데 내가 내기를 걸죠!" 우리는 지금 막 함께 살사를 추고 있는 두 동료를 자세히 지켜보고 있었다. 여자는 오늘 아침 '거울신경세포'라는 주제에 관해 흥미로운 강연을 했으며, 남자는 많은 질문을 쏟아 냄으로써 뒤이어 진행된 토론을 잘 이어 갔다. 과학자들의 세계에서 동료로서의 관심으로만 보였던 것이 플로어에서는 눈에 띄게 달라 보였다. 그 두 사람 사이에 공기의 떨림이 확연히 느껴졌다. 플로어에는 거울신경세포 이상의 것이 작용하고 있었다!

여름이 되면 베를린에서는 숲 한가운데에 세운 천막에서 댄스파티가 열린다. 프로젝터가 천막의 벽에 정신없이 춤추는 사람들의 모습을 비추었다. 1970년대의 전설적인 방송 프로그램 〈솔 트레인Soul Train〉의 한 장면이었다. 게다가 그 시절에 나온 흥이 넘치는 음악도 울려 대고 있었다. 늦은 여름 밤, 자정이 지난 직후였다. 공기는 무덥고 후텁지근하고, 사람들의 얼굴은 벌겋게 달아올라 있었다. 음악에 맞추어 몸을 흔들지 않거나 춤추는 사람들의 열기에 휩쓸리지 않기란 불가능했다. 무리 가운데서 두 사람의 눈길이 서로 마주쳤다. 두 사람이 서로를 빤히 쳐다보았다. 두 사람 모두 춤을 추고 있었다. 리듬을 타고 움직이는 두 사람의 몸이 천천히 서로를 향해 다가갔다. 두 사람 사이에 가로놓인 몇 미터의 거리는 춤으로 해소되고, 그들은 마주 서 있었다. 양쪽 모두 상대의 이름은 모른 채 말없이 춤만 추었다. 그러나 눈은 자석에 끌린 듯이 서로를 향하고 있었다. 격렬한 움직임 속에서 시간은 잠시 멈춰 버린 듯이 보였다. 두 사람은 새나 물고기 떼처럼 거대한 생물체의 일부로 변한 듯했다. 그들은 거의 동시에 움직였다. 마치 파도가 치는 것처럼 남자가 여자 위로 떠오를 때도 있고, 여자가 남자 위로 떠오를 때도 있었다. 남자가 어떤 동작을 취하자 여자가 따라 했다. 여자가 미소를 짓자 남자도 따라 미소를 지었다. 그런 식으로 그들은 한마디 말도 나누지 않고 몇 시간 동안이나 춤을 추었다. 나중에 천막 앞에서 두 사람은 완전히 지쳐 있었지만, 이제는 이야기를 나눌 시간임을 알아차렸다. 하지만 이상하게도 말하는 것이 불필요하게 느껴졌다. 그들은 아주 오래전부터 알고 지낸 듯한 느낌이 들었다.

이것은 한 친구가 자신의 파트너를 만나게 된 이야기이다. 그렇게 춤을 추던 밤은 수년 전의 일이고, 두 사람은 그 후 부부가 되었다.

우리는 위대한 로맨스 영화에 나오는 장면들을 잘 알고 있다. 〈바람과 함께 사라지다〉의 스칼릿과 레트든 〈타이타닉〉의 로즈와 잭이든 그들은 춤을 추다가 별안간 댄스 파트너를 다른 눈빛으로 바라보게 되는 한 순간을 경험한다.

커플 댄스에서 매력적인 면은 두 사람이 말이 없이도 서로 잘 맞는다는 것이다. (자유로운 춤이든 무도장에서 추는 전통적인 커플 댄스든 상관없이 말이다.) 플로어에서는 배와 머리, 심장과 뇌 사이에서 흥미진진한 일들이 무수히 벌어진다. 커플 댄스는 멋진 대화와 비슷하다.

원시인들도 틀림없이 짝을 이뤄 춤을 추었겠지만, 유럽에서 추는 전통적인 커플 댄스는 그리 오래되지 않았다. 르네상스 시대

인 14세기와 15세기에 유럽 영주들의 저택에서 사교춤이 발전했다. 남자와 여자 들이 통로를 두고 서로 마주 서서 매우 엄격하게 정해진 스텝 순서에 따라 자리와 파트너를 바꾸었다. 사극 영화에서 파우더를 뿌린 가발을 쓰고 한 줄로 늘어선 남자들과 우아한 드레스를 입은 여자들을 보았을 것이다. 그들은 길게 늘어서서 몇 마디 말을 나눌 여유도 갖지 못했다. 바로크 시대에 와서야 본격적인 커플 댄스가 시작되었다. 1653년에 처음으로 루이 14세가 자신의 정부와 함께 미뉴에트 춤을 추었다고 전해진다. 이 춤에서 정말로 남자와 여자가 서로 짝을 이루어 춤을 추었다. 하지만 이런 춤들은 오늘날 우리가 알고 있는 파트너 춤과는 아직 한참 거리가 멀었다. 예를 들면 여자 파트너와 접촉하는 것은 부적절한 행동으로 여겨졌다. 꼭 접촉을 해야 하는 경우에는 겨우 손만 가능했고 나머지 부위는 예의범절에 어긋나는 행동이었다. 미뉴에트는 장장 100년에 걸쳐 명실상부하게 유행한 춤이었고, 부르주아 계층에서도 이 춤을 추기 시작했다. 그와 더불어 차츰 더 단순한 스텝의 춤들이 도입되었고, 일반 국민들도 허리나 팔을 접촉해야 할 경우 애써 점잔을 빼지는 않았다. 그렇다 해도 프랑스혁명 직전에 유행하기 시작한 왈츠는 엄청나게 도발적인 춤이었다. 왜냐하면 이 새로운 춤에서는 신체 접촉이 허용되었고, 사람들이 워낙 빨리 회전을 해서 여자들의 복사뼈가 드러나는 것을 살짝 쳐다볼 수 있었다. 그때로서는 파격적인 일이었다! 빈 회의가 열린 1814~1815년이 되어서야 이 춤은 사교계의 규범에 맞게 되었다. 이 때문에 오늘날까지도 '비엔나 왈츠'라고 불리는 것이다. 이 시기 이후로 신체 접촉이 허용되고 스텝 순서가 정해진 이 커플 댄스를 압도적으로 많이 추게 되었다.

오늘날까지도 결혼식의 개막은 비엔나 왈츠로 시작한다. 하지만 이 춤을 전혀 출 수 없는 신랑 신부들이 어찌나 많은지 춤 강습소는 그들을 위해 별도의 집중 강좌를 마련하고 있다. 이것은 예전에는 상상도 할 수 없는 일이었다. 예전에는 경제적 여유가 있는 사람이라면 누구나 춤 강습소에 다녔다. 남녀가 다른 학교에 다니던 시절에 춤 강습소가 또래의 남녀가 한 공간에서 만날 수 있는 유일한 장소였다는 이유만으로도 그랬다.

할아버지는 젊었을 때 토요일 아침마다 양철 주전자에 담긴 우유를 배달한 일을 항상 신이 나서 들려주었다. 초저녁에 열리는 춤 강습소에 갈 입장료를 마련하기 위해서였다. 그런 다음 목욕을 하고, 구두를 닦고, 할아버지의 어머니가 말리는데도 불구하고 옷장에서 일요일에 입는 나들이옷을 꺼내 입고서 춤 강습소까지 3킬로미터의 거리를 달려갔다. 그것이 할아버지가 보내는 일주일의 시간 중 가장 멋진 시간이었다! 할아버지가 춤을 배웠던 춤 강습소는 아직도 남아 있다. 그곳에서 대대로 가문의 춤이 이어져 내려왔던 것이다. 수많은 가족들이 그곳에서 계속 춤을 추었다.

대부분의 독일인들은 1600곳 정도 되는 춤 강습소 중 한 곳에서 춤을 배운다. 그곳에서는 매년 다양한 연령층의 사람들 약 200만 명이 강습을 받는다. 강습은 세 살짜리들의 댄서 조기교육과 어린이 춤, 1961년 이후로 확정된 세계 댄스 프로그램의 16가지 춤에서 노년층 춤에 이르기까지 다양하다. 성 혁명과 남녀평등 바람이 몰아친 1960년대에 커플 댄스는 유행에 뒤처지는 것이 되었다. 사람들은 대부분 혼자서 자유롭고 개성적으로 춤을 추었다. 커플 댄스는 진부하고 구시대적인 것으로, 춤 강습소에서 배우는 예법과 행동 규칙은 고리타분한 것으로 통했다. 앞서가는 춤 강습소들은 스포츠 댄스 코스를 제공하기 시작했다. 그리고 에어로빅과 브레이크 댄스나 힙합 코스들이 이어서 나왔다. 1980년대에 〈더티 댄싱Dirty Dancing〉 같은 댄스 영화와 더불어 커플 댄스에 대한 새로운 욕구가 깨어났고 커플 댄스가 다시 중요해지기 시작했다.

수많은 사교 모임에서는 전통적으로 커플 댄스가 빠지지 않는다. 결혼식이나 졸업 파티에서 왈츠를 추며 빙글빙글 돌고 블루스를 추면서 시시덕거리다 보면 모두가 머리가 어지러울 지경이 된다. 카니발 기간에도 사람들은 계속해서 춤을 춘다. 카니발 기간 중에 가장 유명한 무도회는 아마 빈의 신년 무도회일 것이다. 이 행사는 해마다 무도회 시즌 사교 모임의 정점을 이루며, 항상 빈의 국립 오페라 극장에서 거행된다. 신분이 높고 명성이 있는 사람은 누구나 그곳에 모습을 드러낸다. 무도회 전야제 때는 진행 요원들까지 7000명의 사람들이 국립 오페라 극장을 찾는다. 특별관람석의 품위 있는 좌석 하나 구하는 데 비용이 2만 500유로나 든다. 무도회

전야제에 참석하는 데 소형 자동차 한 대 값을 들이다니! 하지만 이곳에서보다 더 아름다운 무도회 드레스를 볼 수 있는 곳은 없다. 그래서 이 무도회는 매년 호화 잡지들의 주목을 받는다.

 텔레비전 방송도 이 전통적인 커플 댄스가 새롭게 인기를 끄는 데 어느 정도 기여를 했다. 댄스 라이브쇼 〈렛츠댄스〉는 민영 텔레비전 방송에서 가장 성공적인 쇼 중의 하나로 손꼽힌다. 2014년도 일곱 번째 시즌 결승전은 558만 명의 시청자가 지켜보는 기록적인 시청률을 기록했다. 이 프로그램의 콘셉트는 간단하다. 유명 인사들이 프로 댄스 파트너와 함께 나와 스탠더드 댄스와 라틴 댄스 분야에서 서로 시합을 벌인다. 텔레비전 시청자들이 누가 탈락하고 누가 계속 나올 것인지를 결정한다. 이것은 우아함과 서투름, 음악의 즐거움, 매혹적인 외모, 특별히 방송을 위해 디자인된 댄스 드레스를 보여 주는 프로그램이다. 그리고 누군가가 탈락될 때 느끼는 고소한 마음도 살짝 포함되는데, 이것이 이 쇼의 성공 비결이나. 하지만 명확한 메시지도 들어 있다. 즉, 정치인이건 매력적인 여자건 아니면 축구 선수건 누구나 춤을 배울 수 있다!

춤으로 데이트하기

우리가 사회적 모방과 거울신경세포에 관해 의견을 나누는 동안 플로어의 분위기는 달아오르고 있었다. 살사를 추던 우리의 두 동료는 그 사이에 스탠딩 블루스로 넘어가 있었다. 비록 밴드는 지금 막 사람들을 열광시키는 삼바 곡을 연주하고 있었지만 말이다. 음악은 그 두 사람에게는 방해가 되지 않는 듯했다. 남자의 손이 여자의 허리에 놓여 있었고, 여자는 눈을 감고 두 팔을 남자의 목덜미에 두르고 있었다. 그들은 조화롭게, 거의 동시적으로 움직였다. 비록 그들의 움직임이 음악의 비트에 완전히 맞지는 않았지만 전체적으로는 무척 어울리는 느낌을 주었다. "춤으로 서로를 더 잘 알게 되다니, 신기하지 않나요?"

이 책을 집필하기 위해 조사를 할 때 우리는 아주 많은 사람들과 춤에 관해 이야기를 나누었다. 흥미로운 점은 그들이 춤 강습자이든 교수든, 신경생물학자이든 양로원에서 지내는 노인이든 상관없이 대다수의 사람들은 춤을 추다가 가까워져 부부가 된 사람들을 알고 있다는 사실이다. 실제로 춤추기는 싱글에게는 누군가를 알게 될 멋진 기회가 되고, 부부에게는 예전의 낭만적인 감정을 되살릴 좋은 계기가 된다. 심지어 부부 관계 심리 치료사 중에는 춤추기를 빼놓을 수 없는 치료법으로 쓰고 있다.

어쩌면 당신은 지금 자신의 파트너와 추었던 마지막 춤에 대한 기억을 떠올리고 있을지도 모른다. 그 춤은 아마 많은 상상력을 동원하더라도 낭만과 조화와는 거리가 멀었을 것이다. 왜냐하면 파트너가 당신의 귀에 대고 "이렇게 하는 게 옳아요!" 하고 짜증을 내며 굼뜬 낙타 같은 당신에게 자꾸 우아하게 회전을 하도록 재촉하는 동안, 당신이 그의 발가락을 짓밟아 버렸을 것이기 때문이다. 이런데도 커플 댄스가 남녀관계에 유익하다고? 우리는 반드시 그렇다고 단언할 수 있다. 다만 이런 마법의 주문을 외워야 한다. 참아야 하느니라!

신체 접촉과 바짝 다가서는 것을 춤처럼 많이 요구하는 육체적 활동은 없다. 전통적인 춤 자세에서 파트너들은 서로 한쪽 손을 잡고, 남자는 팔을 여자 파트너의 허리에 두르고, 여자는 남자의 어깨에 손을 얹는다. 음악에 따라서는 파트너의 심장 뛰는 소리가 들릴 정도로 가까이 붙어서 춤을 추기도 한다. 어쩌면 그 때문에 자신의 심장도 더 빨리 뛰게 될지 누가 알겠는가? 결국은 춤에서도 신뢰가 중요하다. 로큰롤을 출 때 우리가 어깨를 넘는 점프에 응한다면, 그것은 긴장되는 순간이 될 수도 있다. 속이 울렁거린다. 왜냐하면 (그것이 잘못된다면) 그 결과는 고통스러울 것이기 때문이다. 그가 나를 붙들어 줄까?

뛰어오르기와 점프를 하지 않더라도 함께 추는 춤은 다가가고 멀어지는 놀이 방식이기 때문에 까다로운 과제다. 그것은 매우 자극적인 체험이 될 수도 있다. 처음 만나 춤을 추는 사람들에게뿐 아니라 수년 동안 사귀어 온 남녀관계에서도 그렇다. 가까이 다가서는 것과 파트너의 눈을 바라보는 것은 기적을 불러오기도 한다. 동아시아의 격언은 우리에게 일깨워 준다, '눈은 영혼으로 통하는 문'이라고. 이 말은 수많은 연구에서 진실임이 밝혀졌다. 즉, 대부분의 감정들은 눈동자의 크기로 아주 정확히 알아차릴 수 있다. 연구자들은 부부가 날마다 의식적으로 서로의 눈을 들여다보면 상대와 훨씬 더 가까워졌다고 느낀다는 사실을 밝혀냈다. 신경과학자들의 연구는 우리에게 그 어떤 신체 부위도 눈만큼 관찰하는 사람을 자극할 수 없다는 것을 보여 준다. 당신이 마지막으로 배우자의 눈을 몇 분 동안 들여다본 것은 언제인가? 기억이 나지 않는다면 함께 댄스 플로어로 나갈 때가 된 것이다.

춤은 매우 관능적일 수도 있다. 무엇보다 어떤 인물의 꾸밈없는 춤동작은 그의 감정을 드러내 주고, 그의 기력과 정신력에 관해서도 어느 정도 알려 준다. 춤으로 데이트하기라는 주제를 다룬 많은 연구들이 있는데, 이것은 춤동작이 종종 일종의 코드라는 것을 짐작하게 해 준다. 이 코드를 제대로 해독한다면 우리는 필연적으로 어떤 인물의 '내면의 가치들'에 관해 말을 통해 알아낼 수 있는 것보다 더 많이 알아낸다.

괴팅겐 대학의 베른하르트 핑크Bernhard Fink를 중심으로 한 연구팀은 누군가가 춤을 출 때 그 사람이 지닌 신체의 균형미가 그의 정신적, 육체적 안정성에 관한 정보를 제공한다는 사실을 발견했다. 남자의 춤동작은 여성 실험 참가자들에게 심지어 그들이 얼마나 강인한지에 관해서도 어느 정도 알려 준다. 심리학자 닉 니브 Nick Neave를 중심으로 한 연구자들은 남성 실험 참가자들에게 녹화되고 있는 카메라 앞에서 춤을 추도록 했다. 그 외에도 모든 참가자들이 그 연구를 위해 여러 가지 체력 테스트와 건강 테스트를 받도록 했다. 이 테스트에서는 특히 악수할 때의 강도가 측정되었다. 그런 다음 연구자들은 여성 참가자들에게 남성 참가자들이 춤을 추는 짧은 동영상들을 보여 주었다. 흥미롭게도 여자들은 가장 세게 악수를 하는 남자들의 춤을 선호했다. (여자들은 악수의 강도를 측정한 것에 관해서는 전혀 아무것도 몰랐다!) 그러나 여자들만 춤의 율동에서 누가 가장 강한 남자인지 알아낸 것은 아니다. 이 연관관계는 양성애자인 남자들도 알아차렸다. 그래서 연구자들은 춤이 어쩌면 생길지 모를 경쟁자들에게 보내는 코드화된 메시지도 담고 있을 것으로 추정했다. 크리스토포 매카티 Kristofor MaCarty와 그의 팀이 수행한 한 연구는 위의 실험에서 악수하는 힘을 측정한 것이 옳았다는 것을 확인했고, 그 외에도 생체역학적 컴퓨터 데이터를 이용해 여자들의 판정에서는 남자들의 상체의 움직임이 가장 중요하다는 사실도 밝혀냈다.

정말 어처구니없는 것은 핑크 교수와 그의 팀이 진행한 또 다른 연구의 결과다. 그들은 남성 무용수들의 손을 조사했다. 남자와 여자는 손가락 길이의 비율이 서로 다르다. 남자들의 경우 보통은 약지가 검지보다 더 길다. 여자들의 경우는 정반대이거나 두 손가락의 길이가 거의 같다. 이 성별에 따른 차이는 120년 전부터 이미 알려져 있다. 연구자들은 이 차이가 자궁에서의 테스토스테론 수치 때문이라는 사실을 확인할 수 있었다. 대체적인 규칙으로는 이렇다. 자궁에서의 테스토스테론 농도가 높을수록 나중에 검지의 길이가 약지에 비해 더 짧다. 그 사이에 이 약지와 검지의 비율에 관한 수많은 연구가 나와 있다. 모든 연구들이 검지에 비해 약지가 명확히 더 긴 남자들에게 남성성이 두드러진다는 것을 인정했다. 긴 약지는 (테스토스테론 수치가 높은 것은) 정자 수가 많고, 행동이 공격적이고, 지도자 자질이 있고, 페니스가 긴 것과 관련이 있다는 것이다. 그리고 여자들은 이것을 남자들의 춤에서 무의식적으로 알아차리는 것으로 보인다. 핑크의 연구에서 여자들은 손가락 길이 비율을 보지도 않고서 특별히 '남성형' 손가락을 가진 남자들의 춤동작을 더 남자답고, 우세하고, 매력적이라고 판정했다.

하지만 춤을 추는 여자들이 얼마나 매혹적인 느낌을 주는지는 그들의 신체의 균형미와 몸을 움직이는 방식뿐 아니라 그들이 언제 춤을 추는지에도 좌우된다. 핑크와 그의 연구진은 200명의 남자들에게 여자들이 가임 기간 중일 때 그리고 가임 기간이 지난 후에 촬영한 춤추는 실루엣 동영상을 보여 주었다. 남자들은 동일한 여자에 대해 가임 기간 중에 있을 때의 춤을 그렇지 않을 때보다 훨씬 더 낫다는 판정을 내렸다. 심지어 배란기 전에 있는 스트리퍼가 춤으로 더 많은 팁을 번다는 사실을 입증한 연구까지 있었다.

흥미롭지 않은가? 우리는 본능적으로 춤이라는 신체 언어를 통해 '평소의' 대화에서는 결코 알아내지 못할 사안들까지도 알아낼 수 있다. 그러니 당신이 다음에 춤을 추러 갈 때는 자신의 직감을 믿도록 하라. 당신에게 가장 매력적으로 여겨지는 남자가 또한 당신에게 가장 잘 맞는 남자일 것이다. 따라서 비틀즈의 노래〈그녀의 움직임엔 무언가가 있어 Something in the way she moves〉는 곧바로 한 인물의 중요한 생물학적 '내부' 가치들은 춤을 출 때 다른 성별에게 눈에 보이는 것보다 더 많이 전해진다는 것을 노래한다.

　이 때문에 진화생물학자들은 거꾸로 추론해서 이렇게 말할 것이다. 만약 어떤 이성의 춤동작에서 무언가가 우리의 마음에 들지 않는다면, 그것은 아마도 그 인물이 자신에게 맞지 않는 사람이며, 우리는 이 직감을 전적으로 믿어도 좋다고.

　아르헨티나 탱고에서는 남자들이 여자들에게 춤출 것을 권한다. 처음에 남자들은 자신이 선택한 여자를 멀리서 쳐다보기만 한다. 그녀가 시선을 맞받으면 남자는 천천히 다가간다. 그녀가 계속해서 시선을 피하지 않으면 남자는 인사로 가볍게 고개를 끄덕인다. 이것이 공식적으로 춤을 권유하는 방식이다. 그러니 누구를 쳐다볼지 주의하기 바란다! 그녀가 고개를 한 번 더 끄덕이면 이 권유를 받아들인 것이다. 그런 다음 그녀는 그를 따라 플로어로 나간다. 이 권유 절차는 종종 멀리 떨어져서 진행된다. 따라서 우리가 춤을 추기 위해 상대를 팔로 감싸 안을 때 처음으로 상대를 살펴보게 되고, 비로소 상대의 몸매와 전체적인 매력을 인지하는 것이다. 댄스 파트너와 실제로 가까이 있다면, 몸의 움직임 외에도 그 파트

너와 이번 한 곡만 춤출지 아니면 여러 번 춤출지를 결정하는 무언가가 더 작용한다. 바로 냄새다!

문화학자 잉에로레 에버펠트Ingelore Ebberfeld는 한 연구에서 15세에서 82세 사이에 있는 432명의 사람들에게 설문 조사를 했다. 조사 결과는 인상적이었다. 두 사람 사이에서 섹스까지 갈 것인가 하는 문제는 결정적으로 체취에 좌우되었다. 그러므로 문자 그대로 화학적 반응이 서로 맞아야만 하는 것이다! 이것은 우리들 모두가 자신의 냄새도 더 이상 맡지 않으려 하고, 일상생활에서 우리의 체취를 감추기 위해 온갖 노력을 기울인다는 점을 고려할 때 더욱 난처한 일이다. 이 문제에서는 바디로션·바디스프레이·향수·냄새 제거제가 도움이 되기는 한다. 하지만 우리가 춤을 출 때는(정말 열정적으로 신나게 춤을 출 때는) 땀을 흘리게 된다. 땀은 여러 가지 방향 물질들, 중요한 유전적 정보를 노출시키는 소위 페로몬들을 함유하고 있다. 수많은 연구들이 갓 흘린 땀은 성적 유혹에 직접적으로 영향을 미칠 수 있다는 사실을 입증했다. 연구자들은 땀에서 테스토스테론의 대사산물인 안드로스테론이라는 페르몬을 검출했다. 이 냄새에 여자들은 호흡과 맥박수가 빨라지는 반응을 보였다. 혈압이 올라가고 기분이 더 좋아지는 것이다.

하지만 땀은 흥분만 유발하는 것은 아니다. 땀은 잠재적인 여자 파트너에게 그 남자가 일생의 춤에 적합한 사람인지의 여부를 알려 주는 메시지도 보낸다. 몇몇 연구에서 여자들은 땀에 젖은 남자들의 티셔츠 냄새를 맡고 어떤 냄새가 그들에게 특별히 매력적으로 여겨지는지 또 어떤 냄새가 덜 매력적인지 밝혀야 했다. 사이언스 슬램 우승자 출신인 마부르크 대학의 야니나 오토Janina Otto는 그것을 이렇게 설명했다. "남자들의 땀은 80퍼센트의 여자들에게는 소변 냄새와 비슷하게 느껴진다. 선택받은 20퍼센트의 여자들에게는 바닐라와 꿀 냄새로 느껴진다." 여자들은 유전자 분석표에서 자신의 유전자와 심하게 차이가 나는 남자들의 땀을 좋은 냄새로 느낀다는 사실이 밝혀졌다. 그러니 자연은 최대한의 유전자 교환이 일어나도록 하고, 건강한 후손이 태어나도록 배려하는 것이다. 유전자가 대립 관계에 있는 사람들은 서로에게 끌린다! 따라서 당신이 타인의 땀 냄새를 맡고 싶어진다 해도 놀랄 필요는 없다. 그것은 좋은 징후이기 때문이다. 당신이 남들의 냄새를 맡고 싶지 **않다**면, 그것이 오히려 당신에게는 경고가 될 수 있다. 신기한 일이 아닌가?

춤을 출 때 당신은 단지 자신의 감을 믿기만 하면 다른 사람에 관한 유전자 적합성 정보를 즉각 얻을 수 있다. 따라서 대부분의 댄스 드레스가 겨드랑이를 터 놓고, 가슴과 목덜미 부분을 깊이 파 놓았다는 점에는 특별히 친절한 면이 있는 것이다.

리더와 팔로워

음악 소리에 우리는 또다시 박자에 맞춰 함께 몸을 흔들기 시작했고, 분명 더 이상 그냥 앉아 있고 싶은 기분은 아니었다. 동선이 미소 지으며 말했다. "지금 당신은 내가 탱고를 추자고 눈으로 권유하기를 바라세요?"

"설마요! 춤이나 추자고요!"

우리는 플로어로 나가서 처음으로 함께 춤을 추었다. 처음에는 약간 어설픈 느낌이었는데, 각자가 어떻게 할지 정하고 싶어 하는 것 같았다.

"내가 리드를 할게요!" 동선이 속삭이며 말했다.

그러자 손발이 척척 맞아 돌아갔다!

커플 댄스는 항상 역할이 배정된 놀이이기도 하다. 전통적인 커플 댄스에서는 이끄는 사람과 따라가는 사람이 있다. 전문용어로는 '리더Leader'와 '팔로워Follower'라고 한다. 예전에는 성별에 따라 구분이 되었고, 오늘날에도 (특히 스탠더드 댄스에서는) 수많은 지침에 아직 남성과 여성으로 구분되어 있는 것을 보게 된다.

비록 이 시대에는 더 이상 양쪽 파트너가 성별이 달라야 한다거나 또는 어느 쪽이 리드를 한다고 정해져 있지는 않지만, 그래도 흔히 커플 댄스에서 리더 역은 남성이다. '리드하기'와 '따르기'는 양측 모두에게 높은 주의력을 요구한다. 왜냐하면 이상적인 경우라면 파트너가 부드러운 몸의 신호를 통해 다음에는 어떤 동작, 어떤 스텝이 이어진다는 자극을 주기 때문이다. 리드하는 사람이 신호를 주면 파트너는 어떤 동작으로 거기에 응대한다. 리드를 따르는 사람은 잘 진행될 수 있도록 파트너의 신체 언어에 세심하게 주의를 기울여야 한다. 그러나 리드하는 사람도 춤이 어떻게 진행될지 결정하기 위해서는 상대의 입장이 되어 생각해 보아야 한다. 이것은 파트너와 그의 신체 언어에 관심을 집중하는 것을 의미한다. 따라서 커플 댄스에서 가장 중요한 것은 파트너와 주의 깊게 접촉하는 것이다. 우리가 그 파트너와 춤을 많이 출수록 그를 더욱 잘 알게 된다.

몸으로 하는 이 소통은 매우 흥미로울 수 있다. 나는 망설이며 탱고 춤 권유를 받아들인 어느 날 밤을 기억하고 있다. 그 댄스 파트너는 소심하고 얌전하다는 느낌을 주었고, 나는 춤도 똑같이 그렇지 않을까 염려했다. 하지만 춤이 시작되자 뜻밖이었다. 그는 곧장 내뻗는 런지 Lunge 스텝을 요구해서 우리의 상체는 서로 바짝 맞붙게 되었다. 그는 이 동작으로 나에게 '내가 보스야' 하고 말하려는 것처럼 보였다. '어림없지!' 나는 이렇게 생각하며 장난스럽게 멈춰 있는 것으로 응수했다. 탱고를 출 때는 남자가 '리드'하기는 하지만, 그것이 남자가 모든 것을 결정한다는 의미는 아니다. 남자가 동작을 제안하면 여자는 그 동작에 호응할 수도 있고 아니면 나름의 방식으로 해석할 수도 있다. 이 때문에 아르헨티나인들은 '리드하기'나 '따르기'라는 용어는 별로 좋아하지 않는다. 이상적인 경우라면 탱고는 몸으로 하는 대화이기 때문이다. 그래서 이따금 사소한 승강이를 불러올 수도 있다. 나는 보통은 춤출 때 흔쾌히 상대가 리드하게 한다. 직장에서만 해도 결정을 해야 할 일이 충분히 많기 때문이다. 하지만 그때 파트너의 마초 근성 때문에 나는 심한 반발심을 느꼈다. 그의 다음 번 요구는 깊이 쪼그려 앉는 스쿼트Squat 동작이었다. 그때 나는 한쪽 다리를 직선으로 펴서 뒤로 뻗고 몸을 지탱하고 있는 다리는 그의 다리 사이로 굽혀야만 했다. 반격을 가할 시간이군! 음악의 다음 박자에 맞춰 몸을 뒤로 살짝 쏢음으로써 나는 그와 몸이 가까이 닿는 것을 명확히 거부했다. 나는 뒤로 뻗은 다리를 천천히 당겨 그의 발에서 멀찌감치 떨어진 곳에 놓았다. 그는 그 자세 그대로 엉거주춤 기다릴 수밖에 없었다. 그는 몸을 움직일 수 있게 되기가 무섭게 재빨리 그의 발을 내 발 바로 옆에 놓는 바리다Barrida로 대응했다. 그가 나의 다리를 막고, 내 몸을 자기 쪽으로 당기고 허리로 나의 발을 꼼짝 못하게 하는 것으로 힘겨루기는 끝이 났다. 나는 어쩔 줄 몰라 하며 한쪽 다리로 서서 그에게 완전히 내맡겨져 있었다. 음악은 이 대목에서 아주 조용하게 흘러나왔지만 나의 심장은 방망이질 치고 있었다. 소심하고 얌전하기는 무슨!

남자들은 춤을 배우는 것이 종종 힘들다고 느낀다. 이는 무엇보다 대부분의 커플 댄스에서 남자에게 리더의 역할이 주어지기 때문이다. 그러나 춤의 초심자로서 그들은 사실은 리드할 판단력이 전혀 없다. 다리와 팔, 그리고 몸통을 꼭 맞는 스텝과 회전에 일치시키는 것이 대부분의 남자들에게는 버거운 과제이기 때문이다. 그들은 사실상 자신의 스텝과 회전에 어느 정도 능숙할 때에야 비로소 노련하게 리드할 수 있는 것이다. 거꾸로 말하자면 리드에 뛰어난 사람은 자신의 파트너가 스스로 불가능하다고 여기는 춤동작도 할 수 있도록 유도할 수도 있다. 뛰어난 리더는 파트너가 스텝을 알 필요조차 없을 정도로 매끄럽고 자연스럽게 리드한다.

탱고에는 소위 '탱고 마라톤'이 있다. 탱고에 빠진 사람들이 주말에 만나 밤새도록 기진맥진할 때까지 춤을 추고, 잠깐 눈 붙이고 나서 또 무작정 춤을 이어 간다. 한 지인은 최근에 탱고 마라톤을 할 때 가끔씩 어느 순간 한계점을 지나왔다는 느낌이 들었다고 했다. (그 시점 이후에 자신은 모든 생각을 내리고 그저 움직이고 있을 뿐이라는 것이다.) 황홀경에 빠지는 느낌처럼 말이다. 춤동작 하나하나가 말이고, 그들은 대화를 나눌 때처럼 몸으로 말을 주고받는다는 것이다. 그럴 때는 스텝 순서나 자세와 리드와 팔로우에 관한 이론은 사라져 버린다고 했다. 그들은 더 이상 생각하지 않고, 모두가 함께하는 평등한 한 순간에 놓여 있을 뿐이라는 것이다.

이와 관련해서 스윙은 흥미로운 춤이다. 스탠더드 댄스에서든, 탱고나 살사에서든 리드하고 리드를 따르는 인물들의 동작은 '보완적'이다. 여성의 스텝과 남성의 스텝은 예컨대 리더가 두 걸음 앞으로 나서고 팔로워가 같은 걸음을 물러남으로써 서로 보완해 준다. 하지만 스윙에서는 스텝이 종종 거울에 비치는 모습과 같다. 리더와 팔로워가 거의 언제나 같은 스텝을 밟으며 춤을 추는 것이다. 다만 거울에서처럼 좌우가 바뀐 모습일 뿐이다. 이 때문에 리드하기와 따르기는 흥미롭게도 양쪽으로 다 가능하며 명확히 규정되어 있지 않다. 그럴수록 사람들은 더 자유롭게 즉흥 동작을 취할 수 있으며, 스윙은 바로 거기에서 생명력을 얻는다. 나는 음악에 빠져들면 멋지게 즉흥 동작을 보일 수 있다. 그럴 때 나는 뛰어오르고 빙글빙글 돌기 시작하며, 모든 것이 춤과 잘 어울릴 때는 내가 여자 파트너를 어떻게 리드해야 좋을지에 관해서는 한 순간도 따져 보지 않는다. 이런 몰입 상태에 빠지면 상황은 '거울 보기'를 할 때와 비슷하다. 누가 리더이고 누가 팔로워인지 더 이상 알지 못하게 되는 것이다. 그냥 그렇게 돌아간다. 여기에 필요한 것은 댄스 파트너에 대한 약간의 공감 능력이 전부다.

그러나 결국에는 음악에 맞춰 함께 움직이는 것에서 얻게 되는 즐거움이 중요하다. 춤추는 법을 배우기 위해서는 인내심과 유머 감각이 필요하다. 프랑스의 철학자 앙리 베르그송Henri Bergson은 이미 1900년에 웃음은 우리에게 유대감을 안겨 준다고 말했다. 2013년에 튀빙겐 대학의 디르크 빌트그루버Dirk Wildgruber를 중심으로 한 연구팀은 그 말이 진실임을 확인해 주었다. 그들은 함께 웃을 때 우리 뇌에서는 타인의 입장을 이해하는 데 중요한 부위들이 활성화된다는 사실을 밝혀냈다. 춤 강습 코스에서 함께 웃으면 우리가 춤 파트너와 더 가까워지는 것만이 아니다. 웃음은 학습과 기억을 담당하는 뇌 부위들을 자극하고, 심장을 더 빨리 뛰게 만들며, 그렇게 해서 신선하고 산소가 풍부한 피를 공급해 준다. 이 모든 것이 학습효과를 높이도록 도와준다. 하지만 중요한 것은 우리가 함께 어울려서 웃는 것이지 누군가를 비웃는 것은 아니다. 신경과학 연구들은 누군가를 조롱하거나 따돌리는 것은 비유적인 의미에서만 고통을 주는 것이 아니라 실제로도 뇌에서 통증과 괴로움을 담당하는 부위들이 활성화된다는 사실을 입증했다. 그러니 당신 파트너의 서툰 삼바 동작을 비웃지 말고 차라리 당신이 방금 플로어에서 힘차게 회전한 것을 기뻐하며 함께 웃도록 하라. 혹, 당신이 어쩌다가 춤을 잘못 추었을 때 자신에 대해 웃는 것은 괜찮겠지만 말이다.

가끔씩 우리가 음악에 빠져드는 순간이 찾아오기도 한다. 좋아하는 음악이 흘러나오면 우리는 별생각 없이 무작정 춤을 춘다. 내게도 그런 기억이 있다. 음악은 나에게서 참으로 멋진 춤을 이끌어 냈고, 나는 그 상황에 푹 빠져 있었다. 나의 춤은 격정적이고 참신했으며, 사람들은 매료된 눈길로 나를 바라보았다. 심지어 나를 손으로 가리키는 사람들도 있었다! 나는 모든 이들의 시선을 한 몸에 받았고, 모두가 나의 춤추는 모습을 미소를 띠며 흐뭇하게 지켜보았다. 나의 여자 파트너도 즐거워서 깔깔거리며 웃을 정도였다. 나 역시 기분이 최고였다! 나는 그야말로 '춤의 왕King of the dance floor'이었다! 적어도 춤이 끝날 때까지는. 어느 순간 내가 멋지게 점프를 하던 중에 갑자기 바지가 찢어진 것을 알게 되었다. 그것도 바로 사타구니 근처여서 나의 알록달록한 팬티가 엉덩이 쪽에서 생생히 보이는 것이었다. 나는 아직까지도 그날 저녁 '춤의 왕'이었던 자신을 떠올리면 나에 대해 큰 소리로 웃지 않을 수 없다.

심리학자 에바 분더러Eva Wunderer와 클라우스 A. 슈네빈트Klaus A. Schneewind는 2008년에 수행한 한 연구에서 650쌍의 부부들에게 훌륭한 배우자 관계를 위한 가장 중요한 조건을 설문지를 통해 물어보았다. '함께 취미 생활하기'가 5위에 올랐는데 관용·신뢰·사랑·소통

바로 다음 순서였다. 함께 춤을 추는 부부는 자기 자신과 자신의 몸뿐 아니라 파트너의 몸도 매우 의식적으로 경험한다. 그것 말고도 함께 새로운 것을 습득하는 것은 재미를 안겨 준다. 처음에는 어쩌면 춤의 안무가 대단히 복잡하게 여겨질 것이고, 서로 상대의 발을 밟지 않는 것조차 힘들 것이다. 하지만 춤을 하나씩 배울 때마다 동작은 더 잘 맞아 들어간다. 틀림없다! 여기에 신경전달물질인 도파민이 개입된다. 도파민은 우리 몸에서 만들어지고, 학습하고 기억할 때 핵심적 역할을 하는 물질이다. 수많은 연구들은 우리가 성공을 경험할 때 도파민이 더 많이 분비되고, 그것은 우리의 감정에 긍정적인 영향을 미치며 무엇보다 새로운 의욕을 느끼게 해 준다는 사실을 입증하고 있다. 성공을 하면 행복해지며 새로운 자극을 얻는다. 함께 춤추는 법을 배우면 따분할 겨를이 없을 것이다.

밴드는 아르헨티나 탱고 곡을 연주하고 있었다. 그것은 조용히 흐르는 탱고 음악으로 강렬하지는 않았다. "동선, 탱고 출 수 있나요?" 동선의 흔들리는 눈빛만으로도 대답은 충분했다. "그렇다면 이제 내가 리드를 떠맡을 멋진 기회군요!"

비록 탱고가 가장 고도의 몰입을 요구하는 춤이라고 할지라도 그저 음악에 맞춰 파트너와 함께 움직이면 되는 것이다. 우리가 살펴보았듯이 우리 뇌는 상대의 움직임을 이해하거나 심지어 그것을 모방해야 할 때 아주 잘 돌아간다. 따라서 지금 동선의 뇌에서는 거울신경세포들이 활성화될 것이 틀림없다.

"당신은 충분히 할 수 있어요! 운이 따른다면 다음 스테이지에는 스윙 곡이 나올지도 모르고요."

사실은 우리가 무슨 춤을 추고 어떻게 추는지는 전혀 상관없는 일이기도 하다. 중요한 것은 우리가 춤을 춘다는 사실이다!

3

그룹 댄스

친구를
부르는 춤

"춤은 우리 자신의 몸을 재료로 활용하는
유일한 예술이다."

— 테드 숀 Ted Shawn

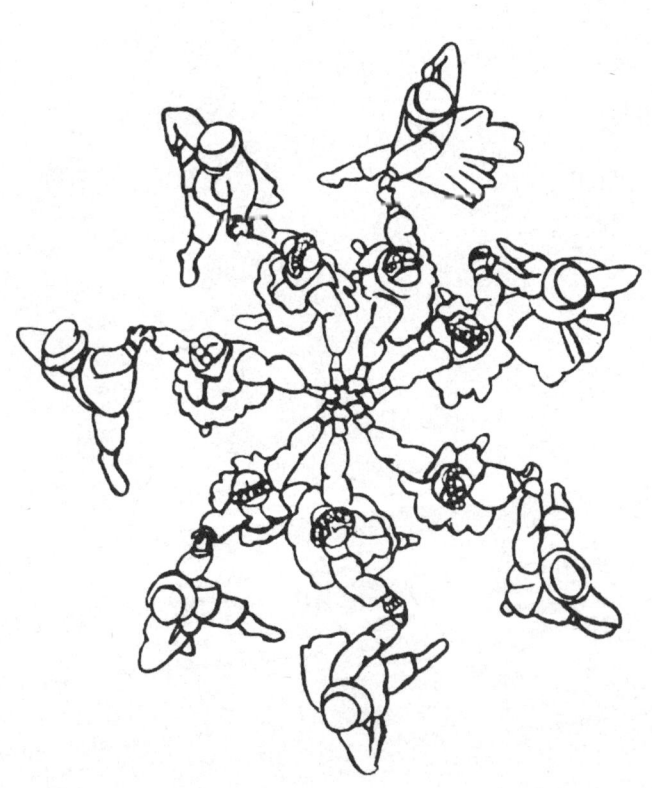

오늘은 '사회적 두뇌'에 대해 학문적 논쟁을 벌였다. 여기서 협력과 사회적 접촉, 그리고 그때 우리의 머릿속에서 무슨 일이 일어나는지를 다루었다. 인간이 가장 사회적인 존재인 것은 논란의 여지가 없다. 비록 사람들이 식당에서 음식을 빨리 먹겠다고 새치기 전쟁을 할 때는 거기에 대한 심각한 의문이 일기는 하지만 말이다. 우리는 댄스 플로어가 있는 바에 가는 도중에도 의견을 교환했다. 우리가 협상을 벌이고 타협을 이루고, 그렇게 해서 집단으로 활동할 수 있도록 만들어주는 것이 대체 무엇인지에 관해서였다.

오늘은 공연이 예정되어 있었다. 플로어에는 민속 의상을 입은 젊은 남녀들이 원을 그리며 서서 기다리고 있었다. 별안간 음악이 울려 퍼지기 시작했다. 요란하고, 격정적이고, 흥겨운 음악이었다! 그것은 4분음 2박자 곡이었고, 우리는 거기에 맞춰 박수를 쳤다. 그러는 동안 첫 번째 무용수가 나머지 단원들을 시곗바늘 반대 방향으로 이끌면서 플로어로 나왔다. 이들이 움직이기 시작하는 것만으로도 얼마나 많은 활력과 즐거움을 발산하는지, 그것은 무척 인상적이었다.

내가 우리로 되는 순간

홀로 지내는 것을 좋아하는 사람은 없다. 대부분의 사람들은 경험을 통해 알 것이다. 사회적 공존이 우리에게 얼마나 중요한지 수많은 연구들이 보여 주고 있다. 우리가 행복해지기 위해서는 타인들을 필요로 하며, 자신이 어떤 집단에 소속될 때 기분이 좋고 안전하다고 느낀다. 이 공동체 의식은 우리에게 안락한 느낌을 주고, 새로운 목표를 이루도록 의욕을 높여 준다.

2015년도 『차이트』지의 한 설문 조사에서 대상자의 80퍼센트 이상이 일체감을 매우 소중하게 여긴다고 밝혔다. 부부로서 가족으로서의 우리, 팀을 이루거나 단체에 소속된 우리라는 느낌 말이다.

우리는 남들이 우리와 비슷하게 느끼면 기분이 좋다. 우리와 힘든 일, 신나는 일 혹은 감동적인 일을 함께 체험했던 사람들에게 우리의 뇌는 가산점을 준다. 우리는 자동적으로 그들에게 더 호감을 가지게 된다. 우리는 그들을 더 유쾌하다고 여기고, 그들을 더 많이 신뢰하고, 그들과 대화하는 것을 더 좋아한다. 이것은 연구를 통해 밝혀진 사실이다.

스윙 댄서들은 종종 공공장소에서 재미있는 이벤트를 벌인다. 이런

플래시 몹 flash mob을 우연히 지켜보게 되는 사람들에게는 참으로 신기한 경험이 될 것이다. 플래시 몹은 순식간에 즉흥적으로 일어나는 것처럼 보이기 때문이다. 가령 1930년대 스타일로 멋지게 차려입은 한 남자가 지하철을 타더니 마치 우연인 것처럼 한 여자 승객에게 함께 춤을 추자고 권한다. 그녀는 물론 준비된 각본대로 자리에서 일어나 웃옷을 벗는다. (그 안에는 댄스 드레스를 입고 있다!) 사람들이 놀라워할 틈도 주지 않고 사방에서 리듬악기, 기타, 바이올린을 든 사람들이 나타나서 즉시 재즈를 연주한다. 그다음 역에서 더 많은 댄서들이 승차하고, 지하철 찻간은 스윙 댄스의 무대로 변한다!

이것은 지켜보는 승객들에게만 멋진 순간은 아니다. 댄서들도 이런 깜짝 이벤트를 계획할 때 벌써 어린아이 같은 기쁨을 함께 나눈다. 그들 중에는 단지 인터넷에서만 아는 사이로 그 전에는 만난 적이 전혀 없는 경우도 있다. (그런데도 별안간 모두가 대단하고 신나는 집단 이벤트의 일부가 된다.) 이런 행동을 하고 나면 사람들은 깊은 유대감을 느낀다.

공동체 의식은 진화를 통해 생겨난 것이며 그 때문에 우리 내면에 단단히 뿌리박혀 있다. 인간이 정착 생활을 하게 되면서 공동체가 점점 중요해졌기 때문이다. 사람들은 공동으로 밭을 경작하고, 수확물을 나누고, 노인들과 약자들을 돕고, 가족들과 씨족들을 적으로부터 지켜 주었다. 일체감이 생존에 반드시 필요한 것이 되었다. 이 결속력을 강화하고 또 외부와 경계를 짓기 위해 제의식과 전통이 생겨났다. 세계 모든 문화권의 집단에서 춤추기가 발전했다. 음악이나 특정한 리듬에 맞춰 공동으로 몸을 움직이는 이 형태는 인간의 진화에서 매우 중요했다. 춤추기는 집단 내에서의 사회적 유대를 다져 주고, 다른 씨족이나 부족과 구분해 주는 동질성도 부여했다.

만약 당신이 축구나 럭비 경기를 즐겨 본다면 뉴질랜드 마오리족의 제의식 춤인 하카Haka 댄스를 알고 있을 것이다. 뉴질랜드인들은 이 전통적인 전쟁 춤을 상대팀을 겁주기 위해 오늘날까지도 이용하고 있다. 하지만 오늘날에는 더 이상 전투적인 대결이 아니라 바로 축구나 럭비 경기에서 벌어진다. 2017년 뉴질랜드의 매시 대학과 일본의 쓰쿠바 대학의 유스케 구로다Yusuke Kuroda와 그 동료들의 비교 연구는 하카 댄스를 추고 난 후에 나타나는 명확한 심리 효과를 증명했다. 하카 댄스를 춘 사람들은 자부심이 더 높아지고, 더 쾌활해지며, 기분이 상쾌해지는 것을 느꼈다.

특히 아프리카에서는 이런 부족 춤들이 오늘날까지도 보존되며 대를 이어 전수되고 있다. 예를 들어 기니에서는 마사이속 전사들의 부족 춤인 아두무Adumu가 있다. 이 춤을 출 때 마사이족 젊은이들은 발꿈치가 땅에 닿지 않도록 하면서 쉴 새 없이 최대한 높이 뛰어오른다. 이 춤은 주변에 둘러선 사람들의 노래에 맞추어 며칠 동안이나 진행된다. 가장 높이 뛰어오르는 자는 전사의 지위에 오른다. (어쩌면 과거에는 그 부족에서 가장 아름다운 신부도 얻었을 것이다.) 이 춤은 전형적인 통과의례로, 이것을 마친 청소년은 성인으로 인정받으며 공동체에 구성원으로 받아들여진다. 이런 성년식은 여

러 문화권에서 발견되는데, 이것이 결속력을 강화시키고 다음 세대 구성원들을 그 부족에 통합시키기 때문이다. 서구 문화권에서도 오늘날까지 사교계에 처음 등장하는 젊은 여성들을 위한 무도회가 벌어진다. 여기서 젊은 여성들이 사교계에 데뷔하는 것이다. 미국에서 특히 이런 댄스파티가 매우 인기가 높다. 젊은 여성들의 사교계 데뷔 무도회 중 가장 볼 만한 것은 텍사스 주와 멕시코의 국경도시인 라레도에서 벌어지는 '콜로니얼볼Colonial Ball'이다. 이 행사는 1898년에 시작되었으며, 오늘날에도 이름에 걸맞게 역사적으로 고증이 된 복장을 하고 춤을 추며, 오래되고 엄격한 예절 규칙도 따르고 있다.

그룹 댄스도 초기에는 일상생활을 모사했지만 시간이 흐름에 따라 더 복잡해졌다. 많은 춤들이 이야기를 전해 준다. 춤은 전형적인 작업 동작을 모사하거나 관습들을 신체 언어를 통해 표현한다. 여기서 흔히 춤의 명칭도 생겨났다. 도공 춤, 땜장이 춤……. 부분적으로 춤들은 제의식의 특성을 가지거나 치유에 이용되었다.

민속춤은 생겨난 곳의 특정한 옷차림, 즉 복장도 춤의 일부로 포함되어 있다. 어떤 민속춤은 널리 알려져서 전 세계적인 명성을 얻는 것도 있다. 슈플라틀러Schuhplattler 춤은 알프스 지방에서 점차 인기 있는 관광상품이 되었다. 우리는 스페인을 생각하면 플라멩코Flamenco 댄스가 떠오르고, 브라질에서는 카포에이라 댄스가 나오고, 북아메리카에서는 스퀘어댄스Square dance가 나왔다는 것을 알고 있다. 어떤 민속춤은 진짜가 아니라 전통을 흉내 내서 만든 것도 있다. 그리스의 시르타키Sirtaki가 아마 가장 유명한 사례일 것이다. 이 춤은 1964년 〈그리스인 조르바Zorba The Greek〉라는 영화에서 처음으로 소개되었고, 대부분 원을 그리며 추는 전통적인 그리스 춤들과는 공통점이 별로 없는 편이다. 영화의 주인공인 앤서니 퀸이 복잡한 민속춤들을 제대로 소화하지 못해서 간단하게 만든 새로운 춤이라고 전해진다. 하지만 많은 사람들이 이 춤을 그리스의 민속춤으로 여기고 있다. 그럼에도 시르타키는 그리스의 모든 섬들과 부분적으로는 육지에서도 추고 있는 시르토스Sirtos 춤에 전통의 뿌리를 두고 있다. 'Sirtaki'는 언어상으로도 'Sirtos'의 축소형이다. 진정한 민속춤(토착인들이 추는 춤)은 매우 깊은 감명을 줄 수도 있다.

어느 여름날 저녁 스페인 남부의 한 극장이다. 극장 안은 어둡다. 맨 뒤쪽의 비상구 표시등만 희미하게 불을 밝히고 있다. 별안간 속이 빈 마룻바닥 위로 발 구르는 소리가 한꺼번에 울려 나온다. 나는 '울려 나온다'고 표현했다. 더 정확히 말하자면 방금 어떤 플라멩코 무용수가 춤을 시작하면서 우리 관객들이 앉아 있는 목재 기단을 '뒤흔들었다.' 그것은 너무나 강렬해서 숨, 말, 심장박동까지 거의 멎을 지경이다. 무대는 우리에게서 5미터 이상 떨어져 있는데 말이다!

그 무용수는 탭댄스를 추면서 또다시 기단을 마구 흔든다. 이번에 그는 곧바로 스타카토 박자로 우리를 몇 번이나 숨이 멎을 지경으로 몰아간다. 그런데도 여전히 무대는 칠흑같이 깜깜하다. 마침내 지평선에서 빛이 보인다. (태양이 떠오른다!) 그것은 무대조명일 뿐이지만, 한 소녀가 노래를 부르기 시작하자 그녀의 목소리가 무대조명을 태양으로 만든다. 그 목소리는 아름다우면서도 고통에 찬 음조로 처음에는 아주 낮다가 점점 더 강해진다. 목소리가 무대배경의 아침노을 속으로 높이 울려 퍼진다. 우수에 차 있는 듯하면서 동시에 즐거운 것 같

다. 분명히 관객들 중 많은 사람들이 스페인어를 알아듣지 못하지만 그것은 아무 상관이 없다. 그 의미는 모두에게 각자 나름의 방식으로 이해된다. 이제는 기타 연주자가 노래 부르는 소녀에게 화답한다. 그녀가 노래를 멈추는 순간에 그가 연주를 시작한다. 그들은 대화를 주고받는다. 기타 소리와 노랫소리. 그것은 그 순간의 아름다움, 밤, 아침, 그리고 낮, 너와 나에 관한 내용이다. 어둠 속에서 신발 뒤축의 요란한 소리로 우리의 숨을 멎게 한 그 무용수는 이제 극장 안과 우리들 모두의 가슴을 가득 채우는 노랫소리에 맞춰 자기 몸을 중심으로 천천히 돌면서 미끄러지듯 움직인다. 그녀가 빙빙 돌 때 두 팔도 함께 둥글게 움직인다. 이제 신발 뒤축을 구르는 소리는 들리지 않는다. 무대 옆의 어두운 곳에서 여자 무용수의 우아한 모습이 나타나고······.

불꽃이 번쩍이는 모습을 상상해 보기 바란다. 불꽃이 어둠 속에서 나타나서 번개처럼 번쩍이다가 불을 일으키는 장면 말이다. 그 모습을 생생히 그리고 있는가? 그렇다면 당신은 이제 무슨 일이 벌어졌는지 알 것이다. 그 불꽃은 피와 살로 된 것이었다. 불꽃은 플라멩코 춤을 추는 여자 무용수였다······.

플라멩코는 유럽 남부에서 기나긴 밤에 유랑 민족들의 이야기를 소재로 탄생했다. 오늘날의 안달루시아 지역에 있던 칼리프의 아랍식 춤의 물결치는 팔동작과 몸동작에 영감을 받아, 단지 춤·음악·노래를 넘어선 예술 형식으로 생겨난 것이다. 플라멩코는 이 모든 것을 합친 것이며, 인생에 대한 이야기를 들려준다. 그래서 플라멩코 춤을 공연하는 술집의 별실에서나 결혼식 때는 진정한 플라멩코 마라톤이 벌어질 수도 있다. 처음에는 보통 조용하게 시작하지만 차츰 슬퍼지다가 마침내 거친 광란의 분위기로 상승한다. 여기에 진심으로 우러나는 감정이 중요하다.

이러한 일체감은 결국 사람들에게 새로운 움직임의 동기를 주고, 이는 건강을 증진시키는 데 도움을 줄 수도 있다. 그들의 문화는 많은 미국 흑인들에게는 그들의 동질감과 공동체 의식을 불러오는 중요한 원천이다. 2008년 미국의 케이스웨스턴리저브 대학의 캐롤린 머록Carolyn Murrock과 그 동료들은 특별히 아프리카 춤 강습 프로그램이 평소에 아무런 운동도 하지 않는 미국 흑인 여성들을 더 많이 움직이게 하는지 알아보기 위한 실험을 했다. 아프리카 춤 강습 프로그램이 효과가 있어서 18주 후에 그들은 실험 참가자들의 신체 상태가 나아졌다는 것을 확인할 수 있었다. 2014년 버지니아 대학의 캔디스 C. 존슨Candace C. Johnson과 그의 동료들도 마찬가지로 아프리카의 춤을 기반으로 해서 문화적으로 새롭게 만들어진 건강관리 프로그램을 이용해 실험을 했다. 그들은 미국 흑인 여성들이 헬스 운동을 어느 정도로 이용했는지 그리고 그들의 건강 의식이 향상되었는지 조사했고, 실제로 그들도 이 문제와 관련해서 성과가 있었다고 보고했다.

세계적으로 오늘날까지 전해지는 무수히 많은 민속춤들이 있다. 이 춤들을 다루는 것은 다른 나라의 문화와 관습에 관심을 가질 좋은 기회가 된다. 2011년 쾰른의 독일 스포츠 전문대학의 한 연구에서는 중학생들에게 국제적인 민속춤에 관한 수업을 했다. 수업 초반에 학생들은 상당히 심한 편견을 가지고 있었고, 타 문화를 배우려는 관심을 그다지 보이지 않았다. 수업이 끝날 때 그들에게 다시 한 번 설문 조사를 했고, 학생들 대다수가 춤이 타 문화를 배우고 편견을 떨치기에 좋은 기회라고 밝혔다. 따라서 춤은 인종 통합을 촉진할 수 있는 멋진 교육 수단이 될 수 있다. 베를린의 한 스윙 댄스 모임은 그리스의 난민촌을 돌면서 춤을 가르쳐 주기도 한다. 춤을 추는 것은 난민 아이들과 어른들에게 (특히 아이들에게!) 근심 없는 순간들을 체험하고, 타 문화 출신의 사람들과 어울리는 즐거운 시간을 보내고, 다시금 일상의 상태를 느껴 보는 데 도움을 준다. (평소에는 그들에게 주어지지 않는 어떤 것들이다.)

  다양한 춤 전통에 관심을 갖는 것은 각 문화들을 이어 주는 다리가 될 수도 있다. 우리는 공통점을 발견하고 차이들에 대해 존중한다. 그리고 어떤 사람이 터키 출신이든 시리아, 러시아 혹은 독일 출신이든 상관없이 춤을 추는 데는 언어가 필요하지 않다. 춤 자체가 바로 언어이기 때문이다. 이 때문에 우리들에게 춤추기는 비록 그들의 언어를 모르더라도 사람들을 사귈 수 있는 최고의 수단이 된다.

시간과 함께하는 순간

그 민속공연단은 관객들의 열렬한 갈채를 받고 답례를 했다. 그런 다음 무용수들이 흩어져서 관객 쪽으로 걸어 나왔다. 대체 무슨 일이 벌어지려는 질까? 무용수들은 각자 관객을 한 사람씩 붙들어 손을 잡고 주변 사람들의 박수를 받으며 댄스 플로어로 이끌고 갔다. 이제 모두를 위한 그리스 민속춤이 시작되었다! 우리 두 사람도 그들에게 붙들렸고, 우리는 어쩔 줄 몰라 그저 쑥쓰럽게 웃기만 했다. 처음에는 온통 뒤죽박죽이었다. 음악은 줄기차게 계속 연주되었다. 우리는 서로 팔을 끼고 있었고 옆 사람이 하는 대로 따라 했다. 왼발, 오른발, 왼발, 오른발. 모두가 다 함께. 어깨를 맞대고 팔을 끼고서. 점점 더 빠르게. 그런데 별안간 명확히 느껴지는 것 같았다. 누군가가 동시에 우리들 모두의 스위치를 켜 놓은 것처럼, 우리는 그리스 무용수들과 동시에 움직였고, 따라서 무리 전체가 동시에 움직였다. 그것은 그리 어렵지도 않았다. 우리들 전체가 움직임을 결정했기 때문에 박자가 조금도 흐트러지지 않았다. 그것은 아주 멋진 느낌이었고 믿을 수 없을 정도로 신나는 일이었다.

민속춤 중 상당수가 그룹 댄스다. 예를 들면 살사 루에다 Salsa Rueda

나 미국의 스퀘어댄스가 그렇다. 하지만 스텝 댄스Step dance나 그레이드 댄스Garde dance 같은 편성 댄스Formation Dance들도 마찬가지다. 여러 사람들과 어울려 춤을 추면 많은 장점이 있다. 한 파트너에 고정되지 않고, 따라서 개별 인물에 의존하지 않게 된다. 다른 사람이 혹시 병이 나더라도 우리는 따로 남겨지거나 속수무책으로 멀거니 서 있지 않는다. 우리는 더 큰 집단의 일원인 것이다. 이 때문에 많은 사람들이 춤 스텝을 더 쉽게 익힐 수 있다. 누구나 똑같은 것을 추고, 누구도 리드해야 할 필요가 없고, 춤 또한 강력한 원동력과 활력에 의해 지탱되기 때문이다. 스퀘어댄스를 출 때 땅을 세게 구르면 공간 전체가 흔들린다. 각자는 이 움직임의 일부이며 자신의 움직임은 또 다른 새로운 의미를 얻는다. 우리 자신과 우리 몸을 남들과의 일체감 속에서 체험하기 때문이다. 다 함께 춤을 추는 것은 다른 어떤 활동보다 사람들을 융화시킨다. 우리가 누군가와 춤을 추었다면 그 사람과 많은 것을 공유하게 된다. 따라서 여기서도 다시 일체감이 생긴다.

수년 동안 함께 자신과 열정을 나눈 사람들은 거의 가족 같은 느낌이 든다! 나와 함께 춤추었던 친구들을 생각해 보면 한 번도 함께 춤을 춘 적이 없는 친구들과는 전혀 다른 모습으로 기억에 각인되어 있다. 아마 우리가 춤을 출 때 많은 정서들을 서로 공유하기 때문인 것 같다. 나는 열세 살 때 동갑내기 여자 친구 나디네를 무대에서 처음으로 만났다. 우리는 서로 한 마디 말도 나누기 전에 함께 춤부터 추었다. 그녀는 나와 다른 그룹이었는데, 우리는 춤 안무를 따로 익혀서 처음으로 다 함께 모여 춤을 추었던 것이다. 나디네와 나는 즉시 서로 호감을 느꼈고, 님들의 율동 속에서 서로의 모습을 알아보고 흐뭇해했다. 요즘도 나디네는 나에게 친자매처럼 여겨진다.

함께 춤을 출 때 우리는 즐거움과 행복감, 그리고 특별한 동류의식을 느낀다. 당신은 혹시 인기 있던 디스코 춤 중 몇 가지를 기억하는가? 어떤 춤을 오래도록 따라 추었나? 그것이 우리들 모두가 〈람바다〉로 알고 있는, 1980년대에 브라질의 그룹 카오마Kaoma가 부른 볼리비아 노래의 번안곡인가? 아니면 1990년대의 로스 델 리오Los del Río의 〈마카레나〉인가? 혹은 2002년에 나온 라스 케첩 걸스 Las Ketchup Girls의 〈케첩송The Ketchup Song〉이나 2011년에 브라질에서 나온 미셸 텔로Michel Teló의 〈널 놓아 주지 않을 거야Ai se eu te pego〉 또는 2012년에 발표한 싸이의 〈강남스타일〉이었는가? 이런 춤 스타일들은 세계 곳곳에서 나왔고, 전 세계에서 디스코 춤을 추는 사람들이 같은 박자로 다리를 움직였다. 당신은 의견을 교환하지 않고서도 그냥 똑같이 따라 할 수 있다. 당신이 한 번도 만나 보지 못한 사람들과 어울려서도 가능하다. 어쩌면 휴가 때 마요르카섬에 가서 AIDA 크루즈선의 디스코장에서, 아니면 슐레스비히홀슈타인주의 시골의 어떤 클럽에서 말이다. 짜릿한 느낌! 여러 사람들과 그룹 댄스를 추는 것은 항상 신나는 공동체 경험이다.

그룹 댄스에서 중요한 것은 무엇보다 '동시성synchronicity'이다. 이 말은 그리스어에서 나온 것으로 '시간을 함께 맞춘다'는 뜻이다. 우리가 동시적으로 움직인다는 것은 남들과 함께 같은 시간에 동일한 행동을 한다는 뜻이다. 마치 하나의 커다란 유기체처럼 움직이는 것이다. 우리 인간들은 동시에 함께하는 행동을 좋아한다. 서로 발맞추어 행진을 하거나 축구장에서 함께 노래를 부르거나 혹은 스퀘어댄스에서 춤을 추며 공간을 가로질러 가거나, 우리가 일치단결해서 어떤 역할을 수행하는 순간에는 나와 우리의 경계를 잃어버린다. 강한 연대감이 생겨나는 것이다.

런던 칼리지의 조리너 폰 치머만Jorina von Zimmermann과 대니얼 리처드슨Daniel Richardson은 골드스미스 대학의 귀도 오그스Guido Orgs와 그의 동료들과 함께 2017년과 2018년에 춤과 동시성이라는 주제에 관해 흥미로운 연구 결과를 발표했다. 그들은 서로 알지 못하는 한 그룹의 사람들에게 자유롭게 춤을 추도록 했다. 춤추는 동안 참가자들은 서로 다른 인물들이 춤을 출 때 얼마나 동시적으로 움직이는지를 파악하는 측정 장치를 팔목에 차고 있었다. 춤동작이 동시적이 될수록 참가자들은 서로를 더 좋아했고, 의견을 나눌 때 그 인물들의 말에 더 쉽게 동의했다. 대체로 그룹의 움직임과 가장 동시적으로 움직였던 인물들이 그 그룹에 대한 소속감을 가장 많이 느꼈다. 함께 춤을 춘 사람들은 더 사교적으로 변하고, 서로를 더 좋아하며, 별안간 비슷한 견해를 가지게 된다.

2014년 옥스퍼드 대학의 진화생물학자인 브로닌 타르Bronwyn Tarr와 동료들은 춤추기가 어떻게 동류의식이 없었던 곳에서 동류의식을 생겨나게 하는지 밝혀낼 수 있었다. 우리가 자신의 움직임과 동시에 다른 인물에게서 그와 동일한 움직임을 지각하면 우리 뇌에서는 소위 '상호활성화coactivating'가 일어난다. 즉 평소에는 서로 무관하게 활동하는 '나'와 '너'를 지각하는 부위들이 동시에 활성화되는 것이다. 이 동시적인 활성화는 우리 뇌에 우리 자신에 대한 지각과 다른 인물에 대한 지각 사이의 경계를 불분명하게 하는 효과를 보인다. 우리 뇌의 입장에서는 나와 너가 동시적인 춤추기를 통해 하나로 변하는 것이다! 로빈 던바Robin Dunbar 교수와 그의 팀뿐 아니라 다른 연구팀들의 연구들도 이 효과는 동시적으로 움직일 때만 나타나며, 비동시적으로 움직일 때는 일어나지 않는다는 사실을 입증했다. 동시적인 춤추기는 말 그대로 우리를 녹여 한 덩어리가 되게 해 준다. 그러니 무리를 지어 춤을 추다 보면 우리는 언제부턴가 자신이 그들과 하나라고 느끼기 시작하고……, 우리는 더 이상 '나'가 아니라 '우리'가 된다.

스탠포드 대학의 심리학자 스콧 윌터무스Scott Wiltermuth와 그의 동료들은 다양한 협력 테스트를 통해 동시적인 제의식은 안정적인 집단과 공동체를 이루게 해 준다는 사실을 입증했다. 이들은 실험 참가자들의 일부에게 공동의 활동을 수행하도록 시켰다. 그들은 함께 어울려 춤을 추고 노래를 불렀다. 또 한 번은 박자에 맞춰 행진도 했다. 그 직후 다양한 상황에서 그들의 단체 행동을 점검했다. 동시적으로 행동한 집단의 참가자들은 그 후에 다른 사람들에 대해 개인 참가자들보다 명확히 더 충실한 태도를 보였다. 동시적인 단체 움직임은 그 외에도 개인이 남들과 다르게 행동하거나 남들을 희생시켜 이득을 보지 않도록 해 주었다. 여기에도 다시 거울신경세포가 영향을 미치고 있다. 결국 동시적 행동은 우리에게 공감 능력을 요구하고 그로써 상호 간의 이해를 촉진시키는, 서로에 대한 모방이기 때문이다. 버지니아 대학의 조너선 하이트Jonathan Haidt는 심지어 그룹 댄스나 노래 같은 서로 조율된 행동을 통해서도 우리가 오직 동시적 행동을 통해서만 얻을 수 있는 그런 정도의 만족감이 생긴다는 가설도 세웠다. 네이메헌에 있는 대학의 바실리 클루카레프Vasily Klucharev는 2009년에 이미 순응하기(일치, conformity)가 뇌 속의 보상 네트워크를 활성화시킨다는 사실을 증명하였다.

그라츠 대학의 심리학자 얀 슈투파허Jan Stupacher는 2017년에 시행된 연구에서 음악이 동시적 움직임의 사회적 효과를 더 강화시킬 수 있는지 조사했다. 그 결과, 음악의 박자에 맞춰 움직일 때 가장 강력한 사회적 결속이 생겨난다는 것을 보여 주었다. 2012년에 루치아노 파딩가Luciano Fadiga를 중심으로 한 연구에서는 연주자들이 악기를 연주하는 동안 지휘자의 박자에 동시적으로 맞춰 움직일 때 교향악단의 음악이 청중들에게 더 아름답고 조화롭다는 평가를 받는다는 사실이 드러났다. 이 동시성은 흥미롭게도 청중들이 교향악단의 움직임을 볼 수 없을 때도 그들에게 좋게 받아들여졌다.

함께 춤추기

오늘날에 이르러 과학적으로 증명된 사실들이 춤추는 사람들에게는 오래전에 이미 명백히 알려져 있었다. 그래서 유치원에서부터 양로원에 이르기까지 단결과 팀 정신이 필요한 곳에서 사람들은 종종 의식적으로 춤을 춘다. 그러나 사회적 어려움과 갈등이 빚어지는 집단에서 작은 기적을 일으키는 멋진 프로젝트들이 생겨나기도 한다.

또한 무리를 지어 춤을 추면 다양한 부수적 효과가 생겨날 수 있다. 옥스포드 대학의 브로닌 타르Bronwyn Tarr와 그의 동료들은 난이도가 다르게 모두가 동시에 움직이는 춤동작의 작용을 조사했다. 연구자들은 264명의 브라질 학생들을 세 사람씩 나누어 서로 다른 네 가지 범주에 투입하였다. 첫 번째 그룹은 엄청나게 힘든 노력을 들여 모두 동시에 춤을 추었다. 두 번째 그룹은 자리에 앉아서 모두 동시에 춤을 추었고, 세 번째 그룹은 체력을 다해 각자 따로 춤을 추었다. 마지막 네 번째 그룹은 앉아서 각자 따로 춤을 추었다. 연구자들은 학생들에게 자신의 그룹 구성원들과 얼마나 친밀하게 느끼는지 질문했다. 다른 한편으로 점점 더 압력이 강해지는 혈압 측정기를 이용해 학생들의 개인적인 통증의 느낌을 조사해서 기록했다. 엄청나게 힘든 노력을 들여 동시에 춤을 추고 난 후에는 학생들이 느끼는 통증에 대한 민감도가 명확히 줄어들었고, 그것은 노력의 강도만으로 설명되지 않는다. 이것은 연구자들의 관점에서는 엔도르핀 수치가 높아진 것을 암시한다. 엔도르핀은 우리 몸에서 생성되는 모르핀으로 통증을 완화시키거나 심지어 통증을 억제하는 작용을 한다. 엔도르핀은 허기를 조절하고, 우리의 기분에도 관여하며, 성호르몬의 생성에도 영향을 미친다. 엔도르핀은 뇌에서 만들어지는데 위급한 상황에서 쇼크 상태가 될 때 활성화된다. 이것이 사람들이 사고를 당한 후에 자신이 부상을 입었다는 사실을 전혀 기억하지 못하는 이유들 중 하나가 된다. 그러나 긍정적인 체험을 하거나 운동을 할 때도 엔도르핀이 분비되는데, 이 때문에 잘못 전해져서 '행복 호르몬'으로 불리기도 하는 것이다.

과학자들은 사람들의 동시적인 움직임도 마찬가지로 엔도르핀의 분비를 증가시키는 작용을 하며, 이 때문에 다시 자기 주변에 있는 사람들에 대해 긍정적인 태도를 보이는 것이라고 가정한다. 동시적인 그룹 댄스는 그 구성원들을 더 사교적으로 만드는 셈이다.

"따라서 춤은 우리의 뇌에 직접적으로 영향을 미치는 거죠!" 줄리아가 무리 지어서 춤을 추는 것이 어떤 작용을 하는지 다시 한 번 요약해서 말했다. 그것은 매력적인 일이다. 우리는 이곳 바에서 바로 그룹 댄스가 엔도르핀을 활성화시키고 팀을 이룬 구성원을 융화시킨다는 사실을 보여 줄 수는 없었다. 그렇다 하더라도 아무튼 그 호르몬의 효과를 알게 된 것은 유익했다. 민속춤이 끝난 후로 우리들 모두는 기분이 좋아졌고 생각 없는 십 대들처럼 키득거리며 있었다. 우리는 녹초가 되어 있었는데 스피커에서는 매우 친숙한 멜로디가 흘러나오고 있었다. "Young man theres no need to feel down, I said young man pick yourself off the ground……." 우리 동료들은 어느새 거의 모두 플로어에 나와 있었다. 일체감을 높이기에 적절한 시점이기도 했다. 우리는 후렴 부분에서 그룹 댄스를 시도해 성공했고, 〈Y.M.C.A〉 노래에 맞춰 춤을 추며 팔을 함께 위로 뻗은 사람들 속에 웃으면서 서 있었다.

… 4

내 몸을 위해
춤추기

춤은
생명의 묘약

춤을 추면, 마치 내가 날아다니는 것 같은,
내 몸 구석구석을 돌아다니는 전류 같은 기분이 든다.

— 영화 〈빌리 엘리엇〉 중에서

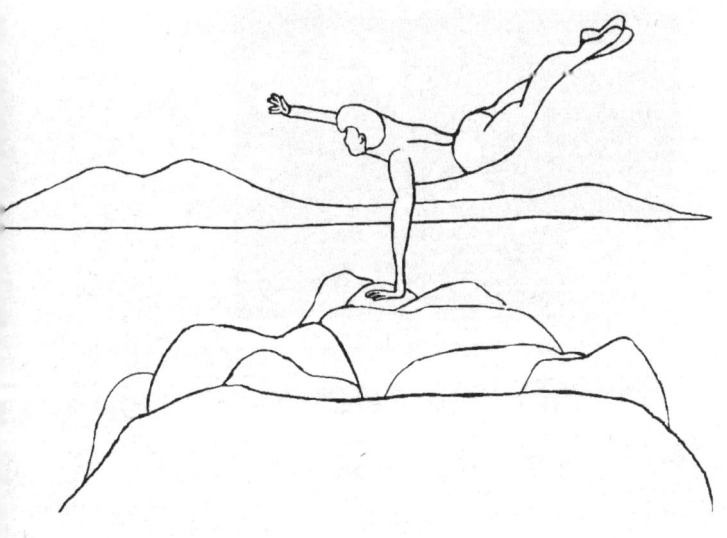

어제는 늦은 밤까지 춤을 추었다. 아니, 오늘 아침까지라고 하는 게 맞겠다. 지금 우리는 세미나실에 앉아 있다. 밀려오는 졸음과 비스듬히 들어오는 햇빛에 눈을 깜빡이느라 정신을 집중하기 힘들다.

"자, 이제 다들 일어나 볼까요!" 강연을 하는 신경과학 전공 교수가 모두에게 스트레칭을 제안한다.

"여러분은 가만히 앉아 있고 싶죠? 하지만 금방 끝날 겁니다. 팔을 머리 위로 올려 보세요!"

그녀가 먼저 시범을 보인다.

"이제 위로 쭉 뻗어 보세요. 옆으로도요. 좋습니다. 그렇게 하면 돼요. 다시 한 번 위를 쳐다보고 목을 빼 보세요!"

벌써 무릎과 등에서 우두둑 소리가 난다. 어제 춘 그리스 춤의 유별난 동작 때문인지 장딴지 근육이 당긴다. 그래도 스트레칭을 하자 무엇보다 몸이 풀리고 부드러워졌다. 이어서 웃음이 터져 나왔고, 사람들은 졸음이 달아난 눈으로 주변을 돌아본다. 모두 자리에 앉았고 강연은 다시 시작된다.

춤이라는 움직임

운동이 '어떤 식으로든' 건강에 좋다는 사실은 오늘날 논란의 여지가 없다. 컴퓨터 앞에 몇 시간씩 앉아 있는 것은 결코 건강에 좋지 않다. 주말 내내 긴 소파에서 빈둥거리며 텔레비전을 보았거나 접이식 의자에서 일광욕을 하며 독서를 했다면 왠지 무언가 잘못한 것 같은 죄의식을 갖게 된다. 우리는 어딜 가든 몸을 움직여야 한다는 말을 듣기 때문이다. 운동하라. 당장 시작하라. 하지만 그럴 이유가 도대체 뭐란 말인가?

우리의 교수는 전에 춤을 추었기 때문에 신체 활동이 몸과 영혼을 위한 묘약이라는 사실을 잘 알고 있다. 춤은 일차적으로 신체 활동이고 효과적인 전신 운동이다. 춤은 몸의 컨디션을 좋게 하고, 민첩함과 협응력을 높여 준다. 댄스 플로어에서는 땀을 흠뻑 흘리기 때문에 규칙적으로 춤을 추면 지구력도 향상된다. 또한 운동량도 잘 조절할 수도 있다. 느긋하게 블루스Blues를 출 수도 있고, 빠른 박자의 자이브를 추면서 헐떡일 수도 있다. 운동경기로서의 춤은 심지어 고도로 집중해야 하는 기록 향상 훈련이기도 하다. 운동은 우리의 심장 기능을 좋게 하고 장기적으로 혈액순환을 향상시켜 주는데, 그 어떤 약물보다 혈압을 낮춰 주는 작용이 뛰어나다. 수축기 혈압은 적어도 10~15mmHg이 내려갈 수 있고, 이완기 혈압은 5~8mmHg 정도 내려갈 수 있다. 하지만 우리가 플로어에서 비트에 맞춰 돌아다닐 때 심장만 세차게 뛰는 것이 아니다. 우리의 호흡도 엄청 빨라진다. 이것은 다시 우리 몸에 산소 공급을 원활하게 해 준다.

우리가 몸을 움직이면 처음에는 인식하지 못하지만 장기적으로 몸에 유익한 효과가 나타난다. 춤을 출 때는 가장 먼저 다리 근육에 부담이 온다. 밤새 춤을 춰 본 사람이라면 알 것이다. 단지 춤만 추었을 뿐인데도 다음 날 근육통이 오기도 한다. 춤을 출 때는 우리가 생각하는 것보다 훨씬 많은 근육들이 사용되는데 춤을 추는 데는 자세를 잡아야 하기 때문이다. 댄스클럽의 플로어에 있든, 수평봉 옆에서 발레를 하든, 혹은 어떤 파트너와 룸바를 추든 상관없이 엉덩이 근육·복근·상체 근육에 힘을 줄 때에야 제대로 춤이 된다. 춤추기는 따라서 배·다리·엉덩이 훈련이며 등까지도 함께 받쳐 준다.

나의 발레 선생님은 내 마음에 끊임없이 다음과 같은 모습을 심어 주었다. "줄리아, 내가 너를 머리카락을 쥐고 천장 쪽으로 끌어올린다고 상상해 봐." 나는 어린아이답게 그 모습을 생생하게 상상할 수 있었고, 요즘도 가끔씩 책상 앞에서 구부정하게 앉아 있다가도 발레 선생님 말이 생각나 순식간에 등과 어깨와 목덜미를 팽팽하게 펴게 된다.

정기적으로 춤을 추는 사람은 몸의 자세도 바르게 된다. 춤출 때 우리는 똑바른 자세를 유지하는 동시에 상당한 협응이 필요한 다양한 동작들을 연결시킨다. 우리는 몸으로 회전을 하고 때로는 한쪽 다리로만 서거나 파트너의 팔에 몸을 기대기도 한다. 이것은 균형 감각과 자신의 몸에 대한 지각을 단련시킨다. 그동안의 연구에 따르면 근육이 우리에게 정확한 움직임을 가능하게 해 줄 뿐 아니라 우리 몸에서 많은 작용을 한다는 사실이 밝혀졌다. 코펜하겐의 한 연구팀은 신체 활동을 할 때 골격근이 특정한 전달물질, 소위 '마이오카인Myokine'이라는 물질을 만들어 낸다는 사실을 발견했다. 이 연구는 아직 초보 단계에 있으며, 마이오카인이라는 물질이 정확히 어떻게 작용하는지는 아직 제대로 규명되지 않았다. 마이오카인 중 가장 많이 알려진 것은 인터류킨Interleukin 6이다. 이것은 면역체계를 강화시키고 염증을 막아 주는 역할을 한다. 그 밖에도 당대사에 개입하며 심지어 근세포들이 혈액으로부터 당을 받아들이도록 한다. 이 때문에 마이오카인이 당뇨병을 막아 주는 것이다. 브레시아 병원과 볼로냐 대학의 펠리체 만제리Felice Mangeri와 그의 동료들은 2014년 '발란도BALLANDO'라는 프로그램으로 실험을 했다. 그들은 매주 두 번 2시간씩 라틴 댄스 연습을 하는 것이 당뇨병 환자들의 건강을 증진시켰다는 사실을 입증했다. 실험 참가자들의 건강 지수가 향상되고 당뇨병과 관련된 문제들이 줄어들었다. 그뿐 아니라 이렇게 개선된 상태가 3개월에서 심지어 6개월 후에도 지속되었다. 일반적인 당뇨병 건강 프로그램에서는 그렇지 않왔다.

규칙적으로 춤을 추면 몸 전체의 근세포들이 강화된다. 기구를 이용한 근육 트레이닝에서처럼 일면적이 아니라 근세포들의 자연스러운 움직임이 강화되는 것이다. 이로써 근육이 강해지고 힘을 쓸 때 근육이 더 적절하고 빠르게 반응할 수 있다. 춤추기는 또한 협응력도 단련시킨다. 우리의 근육과 기관 들은 얇은 흰 막에 감싸여 있는데, 이것은 결합조직으로 기능하며 근막fascia이라 불리기도 한다. 이것은 보통 여러 해 동안 지속된다. 이 근막에는 다른 어떤 조직보다도 많은 신경 섬유들이 퍼져 있어서 그곳에 수많은 통각수용체nociceptor들이 자리하고 있다. 특히 춤을 출 때의 재빠른 동작은 근막을 유연하게 유지하기에 유익한 훈련이다. 힘줄과 인대도 리듬감 있는 움직임을 통해 혈액순환이 더 원활해져서 유연성이 뚜렷이 향상된다. 이것은 다시금 우리의 관절에 무리가 가지 않도록 해 준다. 사람들은 종종 조깅을 하다가 무릎을 다치거나 테니스를 치다가 팔꿈치를 망가뜨리고는 한다. 하지만 춤을 출 때는 이런 일이 거의 일어나지 않는다. 이 때문에 몇몇 학자들은 춤은 다른 운동에 비해 뚜렷한 장점이 있다고 말한다. 우리는 춤을 출 때 점프를 하고 회전을 하며, 팔을 들어 올리고, 몸을 기울이고, 등을 굽힌다. 어떤 운동에서 움직임의 폭이 이토록 클까? 이렇게 해서 춤은 어느 한쪽만 힘을 쓰는 일을 피하게 된다.

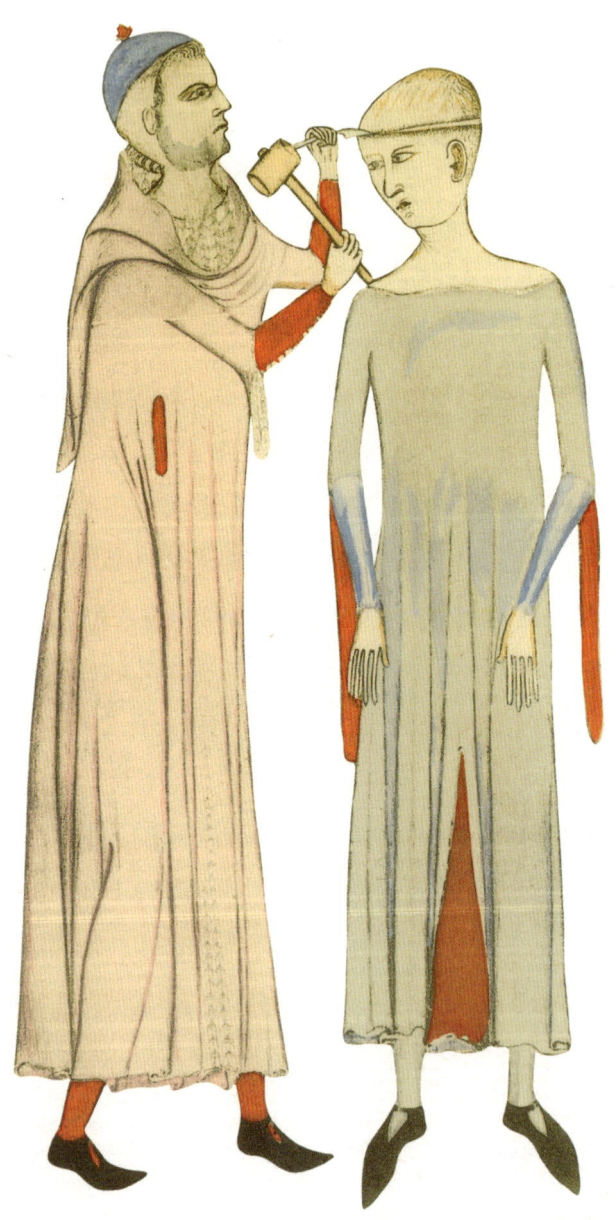

아주 특별한 신경

중세 시대 최초의 의사들은 몸의 기능에 관해 더 많이 알아내기 위해 몰래 시체를 해부했는데 그럴 때 매번 특정한 신경과 마주쳤다. 오늘날 우리가 '미주신경vagus'이라고 부르는 것이다. 미주신경은 뇌신경 열두 가닥 중 열 번째 신경이며, '이리저리 돌아다니다'라는 뜻의 라틴어 'vagari'에서 나온 것으로 이름이 모든 것을 말해 준다. 미주신경은 말하자면 우리 몸속을 '이리저리 돌아다니며' 수없이 많은 가지들을 뻗고 있다. 미주신경은 뇌간에서 생겨 나와 척수를 관통해 지나가며 몸속의 거의 모든 기관들과 연결되어 있다. 미주신경은 말을 할 수 있게 해 주는 성문이 있는 머리 부위를 관통해 지나가며, 우리의 얼굴 표정을 담당하는 안면신경과 안면근과 연결되어 있다. 미주신경은 척수에서부터 뻗어 나와 심장과 폐에 도달하며, 우리의 면역 체계에 너무나 중요한 비장과 소화관으로 가지를 뻗고 있다. 또한 우리 몸의 자세와 움직임을 담당하는 대근육들 중 다수와도 연결되어 있다. 미주신경은 우리의 기관들 전체를 조절하는 데 본질적으로 중요한 역할을 하며, 이 기관들의 긴장을 완화시키고 기능에 충실한 상태로 만들어 준다. 이 때문에 미주신경은 '요양 신경'이라고도 불린다. 미국의 연구자 스티븐 포지스Stephen Porges 같은 의사에게 미주신경은 작은 기적으로 통한다. 미주신경은 혈당의 원활한 조절, 뇌졸중과 심장병 위험 감소, 적절한 혈압과 건강한 소화와 관련 있기 때문이다. 미주신경이 활성화되면 장내 세균에 유리한 작용을 하며, 염증을 막는 데 도움을 주고, 감정의 균형을 잡아 주어 스트레스를 막는 데도 유익하다.

이 미주신경을 어떻게 활성화시킬 수 있을까? 인터넷에 많이 올라오는 스트레칭이나 요가 같은 동양의 수련법은 우리 몸의 생체 시스템과 특히 미주신경을 자극하는 지점들이 있다는 것을 보여 준다.

그리고 당신도 짐작했겠지만 춤이 미주신경을 활성화시키는 데 무척 유효하다. 예컨대 우리는 몸을 뒤로 젖히거나 앞으로 숙일 때 허리 부분의 등뼈에서 중요한 신경 결부가 소화관에 닿기 때문에 소화가 촉진된다. 우리가 몸을 뒤로 한껏 젖히면 흉골 밑의 신경 다발이 자극되며, 그렇게 해서 자극이 몸 전체에 있는 기관들로 퍼져 나간다. 몸에 '깨어나라!'는 신호가 전달되는 것이다. 심장이 자극을 받으면 혈액순환이 좋아진다. 몸을 뒤로 젖히면 숨도 더 깊이 들이쉬게 된다. 이렇게 해서 신선한 산소가 허파꽈리를 거쳐 혈액에 도달하고, 다시 신소는 혈액을 타고 제세포에 도달해 그곳에서 신진대사를 위해 소모된다. 세포에서 생겨난 이산화탄소는 혈액에 의해 다시 폐로 운반되고 그곳에서 다시 호흡을 통해 밖으로 내보내진다. 그 밖에도 혈액은 세포에 영양소를 공급하고, 전달물질과 호르몬을 운반해 주며, 신장이나 장을 통해 분리된 찌꺼기를 처리해 준다. 춤을 출 때 몸의 움직임이 심장박동과 호흡의 횟수를 높여 주기 때문에 이 과정은 더욱 촉진된다. 근육 훈련을 할 때와 그 외의 수많은 종류의 스포츠와는 달리 춤에는 팔을 머리 위로 뻗는 것이 종종 포함된다. 팔이 머리 위로 올라가면 폐가 펴지고, 그 다음에 숨을 들이쉴 때 공기가 폐의 가장 깊숙한 부위까지 도달한다. 이것 역시 우리가 호흡을 더 효과적으로 할 수 있게 해 준다. 위 부위까지 깊이 심호흡을 하면 배와 흉곽 사이에 있는 일명 호흡 근육이라 불리는 횡격막이 이완된다. 이 근육이 경직되어 있으면 우리는 정서적으로 불쾌감을 느끼게 되는데, 무언가가 잘못되었다고 생각되며, 꼼짝 못하게 갑갑한 상태로 느끼는 것이다. 그럴 때는 춤을 추고 호흡을 해 보라! 그것이 진정한 구원이 될 수도 있다.

춤의 모든 움직임은 우리의 미주신경에 훌륭한 자극이 되며, 미주신경은 다시금 우리 몸을 진정시키고 완화시키는 작용을 한다. 한번 시험해 보기 바란다!

흥미롭게도 몸을 뒤로 젖히고 팔을 위로 치켜든 동작은 전 세계의 춤 그림에서 발견된다. 문화권과 시대, 춤의 종류와 상관없이 말이다. 사람들이 이 동작을 좋아하는 것으로 보인다. 혹시 무의식적으로 그 동작이 건강에 좋다는 것을 느끼기 때문은 아닐까? 직접 한번 해 보는 것이 좋겠다.

의자에 앉아서 두 손을 허벅지 양쪽 옆 의자 모서리에 올려놓아 보자. 그런 다음 자신이 좋아하는 향기를 들이마신다고 상상해 보자. 이렇게 두세 번 호흡을 하면서 즐겨 보자. 어깨의 긴장이 풀릴 때까지 계속 차분히 숨을 쉬어 보자. 그런 다음, 두 손으로 의자를 가볍게 눌러 자리에서 일어나라.

이제 숨을 들이쉴 때는 가슴에서 아름다운 빛이 난다고 상상하

자. 아니면 가슴 부분에 아주 멋진 목걸이가 있다고 상상해도 좋다. 당신은 이 빛이나 장신구를 사람들에게 보여 주려고 한다. 그래서 흉곽을 마치 이제 막 피어나는 꽃이나 되는 것처럼, 빛이 천정 쪽으로 비치도록 움직인다. 조용히 계속 숨을 쉬도록 하라. 이제 두 팔을 나뭇가지처럼 머리 위로 높이 뻗으면서 이 동작을 더욱 강조하라. 이 익숙하지 않은 동작과 깊이 들이쉰 호흡 때문에 약간 어지러울지도 모른다. 그렇더라도 곧 괜찮아질 것이다.

잘했다! 당신이 방금 한 것은 발레 동작이며 아마 당신의 횡격막은 상당히 이완되었을 것이다. 이 동작에 따르는 멋진 효과도 있다. 몸을 뒤로 젖힐 때 위를 쳐다보면 시신경도 자극이 된다.

우리가 전 세계 수많은 춤에서 발견하는 또 다른 동작은 골반 벌리기다. 한편으로 이것은 확실히 성욕을 자극하는 신호이다. 벌리는 동작을 할 때 생식기가 강조되기 때문이다. 하지만 이 동작은 이 관능적인 요소 외에도 원기를 회복하게 하는 기능도 있다. 즉, 골반저와 생식기에 혈액순환이 촉진되고, 허리의 유연성이 강화되는 것이다.

춤을 출 때는 일상에서는 잘 하지 않는 동작들을 하게 된다. 혹시 집에서 규칙적으로 뒤로 걸어 다니는가? 스탠더드 댄스와 발레 같은 춤에는 뒤로 걷기를 동작 레퍼토리에 넣어 두었다. 이 동작이 우리에게 유익한 이유는 우리가 앉을 때 (대다수의 사람들은 하루의 대부분을 앉아 있는다.) 골반 주변부가 앞으로 구부러지기 때문이다. 이것은 등뼈에 압력을 가하고 결국에는 등의 통증을 유발한다. 뒤

로 걷게 되면 이것을 보완해 준다. 다리를 뒤로 뻗을 때 골반 주변부는 다시 원래의 상태로 돌아오고 등에 지워지던 커다란 부담이 줄어든다. 뒤로 걷기에는 또 다른 효과도 있다. 베이징에 있는 스포츠 과학 연구소의 야 하오Ya Hao와 얀 첸Yan Chen은 일곱 살짜리 아이들이 날마다 뒤로 걷기를 하면 8주 후에는 확실히 마음의 안정을 찾게 된다는 사실을 연구를 통해 입증하였다. 매일 하던 훈련을 중단한 지 3개월이 지나서도 이 효과는 지속되었다.

이탈리아의 몰리세 대학의 다비데 비지아노Davide Viggiano와 그 동료들은 집중력 장애ADHD가 있는 청소년들이 10분 정도 뒤로 걷기가 포함된 두 달 동안의 훈련 프로그램을 마친 후 그들의 주의력이 뚜렷이 개선되었으며, 객관적인 테스트에서 충동성이 명확히 줄어들었다는 사실을 밝혀냈다.

따라서 뒤로 걷기는 당신이 춤을 출 때 덤으로 받는 주의력 훈련인 셈이다.

나는 탱고 춤을 춘다. 한 가지 춤에 종종 15분까지 걸리는데, 탱고 무도회의 밤에 나는 평균 여섯에서 열 가지 춤을 춘다. 여성인 나의 춤 동작은 대부분의 시간 동안 뒤로 움직인다. 이제서야 내가 탱고를 추게 된 후 주의력이 좋아진 까닭을 알겠다.

자, 이제부터 하루에 한 번 30초씩 뒷걸음질로 화장실을 가든지, 아니면 간단히…… 춤을 추러 가라! 춤에는 뒤로 걷기가 포함돼 있으니까.

내 머릿속의 음악

힘들었지만 그래도 흥미로운 하루를 보냈다. 주변에서 오는 자극들을 처리하고 우리의 경험과 연결시킬 때 머릿속에서 어떤 일이 일어나는지 알아보는 것은 흥미진진하다. 온종일 〈Y.M.C.A.〉라는 노래가 우리를 따라다녔다. 우리는 이 재미있고 따라 하기 쉬운 1970년대 노래를 휘파람으로 부르고, 콧노래로 흥얼거리고, 노래로 불러 젖혔다. 저녁 식사 후에 우리는 어느새 바로 가는 길로 접어들었고, 음악에 관해 이야기했다. 우리에게 음악은 취미 이상이며 일상에서 빼놓을 수 없는 것이다. 우리 두 사람 다 어디에서나 음악을 듣는다. 운동할 때, 쉴 때, 부엌에서 요리할 때. 그리고 당연히 춤을 출 때도. 음악 없는 춤은 상상도 할 수 없기 때문이다.

 음악은 수많은 기억과 감정을 불러일으킨다. 음악은 뇌에 직접적으로 작용한다. 음악을 들으면 다양한 기능을 가진 뇌의 서로 다른 부위들이 활성화된다. 이런 식으로 해서 연상 작용과 정서가 일어난다. 우리를 소름 돋게 하고 울고 싶게 하는 슬픈 음악을 들을 때면 우리를 춤추게 만드는 쿵쾅거리는 음악을 들을 때와 다른 신경 네트워크가 활성화된다.

 음악이 어떻게 우리 뇌에 도달하고, 어떤 부위를 활성화시키며, 그로써 우리 몸에서 어떤 일이 일어나는지는 매우 복잡하며 아직도 활발한 연구의 대상이다.

 뇌 안의 작용들을 측정할 수 있는 뇌 영상 기법이 처음 개발되었을 때 과학자들은 음악가의 뇌는 일반적인 사람들의 뇌와 다르게 보인다는 사실을 확인했다. 하지만 음악가가 태어날 때 이렇게 다른 음악가의 뇌 구조를 가지고 태어나고 그 때문에 음악가가 되는 것은 아닐 것이다. 오히려 음악으로 인해 차츰 뇌에 변화가 일어났

을 것이다. 사람들은 점차 음악을 연주하거나 단지 듣기만 해도 뇌 구조를 효과적으로 변화시킬 수 있다고 받아들였다. 우리가 주의 깊게 음악에 귀 기울이면 우리 뇌에서는 신경세포들이 새로이 연결되고 그것을 통해 학습 과정이 진행된다. 이 때문에 우리는 어떤 악곡의 처음 몇 박자를 듣고서도 벌써 그 음악을 스스로 배열할 수 있게 된다. 무도회에서 춤추는 사람들을 지켜보면 이것을 충분히 관찰할 수 있다. 밴드가 노래를 연주하기 시작하고 몇 초 되지 않아도 춤추는 커플은 알아차린다. "아아, 4분음 4박자군. 라틴 음악이야. 템포와 강세를 들어 보니 차차차인데." 그리고 춤은 시작된다! 이 순간까지도 우리는 여기서 어떤 작은 기적이 일어나고 있는지 의식조차 하지 못한다. 우리는 순식간에 고도로 복잡한 어떤 것을 깨닫는 것이다. 우리의 뇌 속에는 아이튠즈, 미디어텍도 명함을 내밀지 못할 거대한 '음원 자료실'이 있기 때문이다. 우리의 뇌 속에는 독일 밴드 람슈타인Rammstein, 러시아 출신 여가수 헬레네 피셔Helene Fischer, 남티롤 지방의 악단 카스텔루터 슈파첸Kastelruther Spatzen도 프로그램 속에 들어 있다. 우리가 언젠가 들은 적이 있는 모든 음악과 관련된 경험·음향 패턴·리듬 들이 뇌 속에 저장되어 있는 것이다. 이 자료실은 우리가 살아가는 동안 끊임없이 확장된다. 밴드가 연주를 시작하면 우리는 해석자는 물론이고 노래조차도 알 필요가 없다. (우리는 눈 깜짝할 사이에 뇌 속의 음원 자료실을 불러와 비교해 보고 춤을 추기 시작한다.)

음악은 우리 뇌에 엄청난 자극이 된다. 음악이 호르몬의 관리에 개입하며, 갖가지 의약품보다 더 효과적으로 스트레스를 낮춰 준다는 연구는 수없이 많다. 음악은 집중력을 높여 주고 말하기 능력을 촉진한다. 음악을 연주하는 아이들은 심지어 외국어도 더 쉽게 배운다! 우리가 몸소 음악을 연주하거나 집중해서 음악을 들을 때만 음악의 긍정적인 효과를 얻는 것은 아니다. 음악이 배경에서 흐르고 있는 것만으로도 충분하다.

그러나 무엇보다 음악은 우리에게 소위 행복 호르몬들이 혼합된 칵테일을 제공하기 때문에 우리를 행복하게 해 준다. 음악은 우리에게 활기를 불어넣고, 우리가 춤을 출 때 자신이 현재 무척 힘겹게 애쓰고 있다는 사실을 잊게 해 준다.

피아노 음악을 들을 때면 언제나 나의 첫 발레 수업이 떠오른다. 나는 다시 다섯 살로 돌아가 발레 연습실의 거대한 목재 문을 열 때 코로 밀려오던 익숙한 발레 슈즈의 가죽 냄새와 비누 냄새를 느낀다. 내 몸에 꼭 끼는 사랑스러운 트리코 발레복의 부드러운 면의 감촉도. 그러면 나는 커다란 창문들이 있었지만 언제나 어두컴컴했던 플렌스부르크의 그 발레 연습실에 다시 가 있다. 그곳에는 크고 검은 주철 받침이 달린 목재 수평대가 놓여 있다. 그것은 내 키보다 훨씬 더 높았다. 그 연습실을 얼마나 사랑했던지! 눈을 감고 피아노 음악에 귀 기울이고 있으면 (그리고 그 음악이 많은 물건이 놓여 있지 않은 방에서처럼 약간 울리기만 하면) 나는 다시 그곳에 가 있다. 마치 시간여행을 하는 것처럼.

춤의 긍정적인 효과에 기여를 하는 것은 음악만이 아니다. 춤추기를 여가 활동으로 추천할 만한 이유는 춤출 때 보통은 혼자가 아니기 때문이다. 우리가 민속춤 동아리에 들거나 춤 강습소에 가거나 혹은 토요일 저녁 클럽에 가건 간에 우리는 다른 사람들과 만나고, 새로운 사람들을 알게 되고, 함께 웃는다. 특히 조용히 물러나 사는 사람들에게는 춤추기가 종종 중요한 사교 활동이다. 여기에는 우리가 춤출 때 종종 서로 몸을 가볍게 접촉한다는 사실도 추가된다. 그것은 직장에서나 전차 안에서처럼 우연한 접촉이 아니라

의식적이고 거의 언제나 매우 조심스러운 접촉이다. 댄스 파트너는 우리의 손을 잡고 플로어로 데려간다. 여성이 파트너의 어깨에 손을 올리면 파트너는 자신의 셔츠를 통해 온기를 느낀다. 때로는 살짝 쓰다듬기만 하고, 꼭 부둥켜안기도 하며, 점프가 특별히 잘 통했을 때는 잘했다고 어깨를 두드리기도 한다. 우리는 춤을 출 때 신체 접촉을 하며 서로 동시에 움직인다. 그런 신체 접촉과 다정한 보살핌이 순전히 불필요한 것이라고 믿는 사람은 잘못 생각하는 것이다. 인간이 건강을 유지하려면 날마다 여덟 번의 포옹이 필요하다고 하니까 말이다! 사랑이 깃든 신체 접촉은 생명 활동에 필요한 여러 물질들을 발산하도록 해 준다. 이 물질들은 우리의 사회적 유대를 촉진하고, 기분을 좋게 해 주고, 우리의 면역 기능을 높여 준다.

나는 지금 단골 카페에 앉아 이 글을 쓰고 있다. 카페는 손님들로 가득 차 시끌벅적하다. 작은 여자아이가 아빠에게 바짝 붙어 있다. 아이는 안아 달라며 아빠의 팔을 잡아당긴다. 아빠가 아이를 감싸 안자 그제서야 아이는 마음이 놓이는 듯 보인다. 아빠가 친구와 이야기를 나누는 동안 그 아이는 안전한 아빠의 품에 안겨 세상을 내다본다. 바삐 오가는 웨이터들을 쳐다보고, 커다란 모자를 쓴 할머니에게는 생긋 웃음을 짓는다. 그리고 큼지막한 케이크가 옆으로 지나가자 아이의 눈이 휘둥그레진다. 아빠는 이따금씩 아이의 머리를 부드럽게 쓰다듬어 준다. 아이는 그 가벼운 접촉을 전혀 알아차리지 못하는 것 같다. 하지만 그 순간에 인간의 몸에서는 가장 강력한 생물학적인 효과가 나타난다. 그 효과는 어쩌면 우리를 인간답게 해 주는 것 중의 하나일 것이다. 우리는 인간 사이의 접촉 없이는 절대 살아남을 수기 없다.

1950년대에 미국의 과학자 해리 할로Harry Harlow는 감촉의 중요성을 구명해 보려고 했다. 실험에서 할로는 어미를 잃은 새끼 원숭이 우리에 두 개의 '가짜 엄마' 인형을 함께 넣었다. 하나는 철사로 만들었지만 젖이 나오는 '가짜 엄마'였고, 또 하나는 부드러운 천을 씌운 '가짜 엄마'였지만 젖은 나오지 않았다. 새끼 원숭이들은 단지 젖을 먹기 위해서 철사 인형에게 갔지만, 부드러운 천을 씌운 가짜 엄마 곁에 머무는 것을 더 좋아했다. 이 실험은 잔인했는데 어미 없이 자라난 새끼 원숭이들은 늘상 불안해했고, 신경질적이었고, 나중에는 둔감해졌을 뿐 아니라 얼마 지나지 않아 죽어 버렸기 때문이다. 철사 인형과 함께 있던 새끼 원숭이가 먼저 죽고, 다음으로 천 인형과 함께 있던 새끼 원숭이가 죽었다. 할로는 죽은 새끼 원숭이들의 면역 체계가 무너진 것을 확인했다. 새끼 원숭이들은 사소한 질병에 감염되어 죽었던 것이다.

할로의 조사 이후로도 많은 연구들을 통해 포유동물들 사이의 가벼운 접촉과 쓰다듬기에 아주 중요한 생체적 기능이 있음을 확인할 수 있었다. 2007년 프랑스의 사회심리학자 니콜라 게구엔 Nicolas Guéguen은 자신의 조수들에게 한 클럽에서 여자들에게 춤을 권유하게 하는 실험을 했다. 여자들은 춤을 권유받을 때 가벼운 접촉이 일어나면 더 흔쾌히 플로어로 따라 나간 것으로 밝혀졌다. 이 전략을 이용해 65퍼센트의 여자들이 플로어로 유인되었다. 접촉이 없을 때는 43퍼센트의 여자들이 따라 나왔다. 이 사실을 알아두는 것은 유익하다. 이 방법을 악용하는 파트너도 분명 있기 때문이다. 말하자면 모든 신체적 접촉은 상대의 마음까지 사로잡는다. 그 이유는 신체적 접촉이 우리 뇌에서 생화학적 반응을 불러일으키기 때문이다. 우리에게 기분 좋은 느낌이 들게 해 주는 전달물질이 분비된다. 도파민과 친밀감을 느끼게 하는 호르몬인 옥시토신은 그중 두 가지이다. 촉각은 우리가 자궁 속에 있을 때 발달하는 최초의 감각이다. 촉각이 발달한 다음에 비로소 미각·청각·시각·

후각이 발달한다. 우리 인간들은 접촉을 필요로 한다. 접촉이 없으면 우리는 신체적으로나 정신적으로나 고통을 느낀다. 춤추기는 바로 접촉을 주고받을 수 있는 멋진 기회이다.

내 몸을 스스로 지각하기

낮 동안 에어컨이 가동되는 강연장에 있으니 피곤하다. 강연장은 햇빛이 거의 들지 않는다. 그로 인해 바깥세상은 밋밋한 느낌을 준다. 오늘 강연에서는 지각에 관한 내용이 아주 많았다. 우리의 감각과 우리가 보고, 듣고, 냄새 맡고, 맛보고, 느끼는 것에 관해서이다. 우리는 당연히 더 많은 것들을 지각한다. 이곳 댄스 플로어에서는 음악이 우리를 딴 세상으로 데려가고, 우리의 마음은 설렘과 행복감이 슬금슬금 밀려들어 와 서서히 내면에 가득 퍼지고 변화가 일어난다.

몸의 움직임과 음악과 접촉, 이 모든 것이 우리에게 영향을 미친다. 춤추기에서 특별한 점은 춤을 출 때 우리의 모든 감각이 활성화된다는 것이다. 귀는 음악을 듣는다. 눈은 파트너의 눈을 들여다보고, 밴드를 쳐다보거나 플로어를 주시한다. 코는 파트너의 냄새나

드라이아이스가 만들어 내는 안개의 약간은 화학적인 냄새를 들이마신다. 파트너가 우리를 리드하면 파트너의 손의 감촉을 느낀다. 우리는 플로어를 빙글빙글 돌아다닌다. 그리고 아마 우리의 입도 움직일 것이다. 왜냐하면 노래를 하거나 키스를 하거나 말을 속삭이기 위해……. 우리의 감각은 예민해져 있고, 우리는 그 순간에 집중한다.

춤은 마치 우리 몸속에서 일어나는 심리적, 그리고 생화학적 작용들과 연관되어 있다. 그 작용들을 조절하기도 하고, 그에 영향을 받기도 한다. 우리가 그 순간의 그루브에 즐겁게 따르는 동안 우리 몸속에서는 작은 기적들이 일어난다.

뇌는 우리의 감각에 대한 반응으로 몸 전체에 전달물질을 내보낸다. 세포들은 복원되고 스트레스 호르몬은 줄어드는 것이다. 몸의 움직임과 음악은 우리에게 편안함과 만족감을 주는 엔도르핀을 만들어 낸다. 이 상태는 마라톤을 하는 사람들이 잘 아는데, '달리기의 쾌감Runner's High'이라고도 불리는 도취감과 비슷한 상태가 된다. 도파민이 분비되어 의욕이 증진되고, 세로토닌으로 신체의 활력이 높아진다. 이 물질들은 우리에게 '몰입의 순간'을 안겨 준다. 모든 것이 순조롭게 척척 들어맞는 것이다. 그러면 행복감이 생겨난다.

헝가리계 미국 과학자 미하이 칙센트미하이Mihaly Csikszentmihalyi는 1990년에 나온 자신의 저서 『몰입의 즐거움Flow』에서 철학자, 과학자, 예술가 들이 어떻게 몰입의 순간을 경험하며 진정한 행복과 신체적 건강 상태에 도달했다고 말하는지에 관해 설명한다.

당신은 댄스 영화 〈빌리 엘리엇Billy Elliot〉을 기억하는가? 영화에는 입학시험을 보는 빌리에게 엄격한 여자 심사관이 춤을 출 때 무엇을 느끼는지 묻는 장면이 나온다. "저는 주변의 모든 것들을 잊어버려요. 모든 것이 사라져 버리고, 그럴 때는 제 몸속에서 마치 불길이 이는 것 같아요. 마치 내가 날아다니는 것 같은, 내 몸 구석구석을 돌아다니는 전류 같은 기분이 들어요." 몰입의 느낌을 이보다 잘 표현할 수는 없으리라.

우리는 몸속에서 일어나는 작용들을 지각할 수 있다. 두근두근 심장이 뛰거나 배가 고파 위에서 꼬르륵거리는 것을 느낀다. 땀이 나거나 홍조가 서서히 머리 쪽으로 올라가는 것도 느낀다. 자기 몸이 내보내는 신호를 인지하는 이 능력은 '내수용기 감각introception'이라 불린다. 이 감각은 주로 우리의 건강 상태를 판단한다. 여기서 흥미로운 점이 있다. 이 감각이 얼마나 민감한가는 어느 정도 개인에 따라 차이가 난다. 내수용기 감각은 개인적인 경험과 학습 체험에도 좌우되기 때문이다. 이런 이유에서 우리는 내수용기 감각에 영향을 미칠 수 있고, 감각을 강화할 수도 있다. 여기에도 다시 춤추기가 개입된다. 왜냐하면 여러 연구들이 춤추기가 우리 몸에 대한, 그리고 우리 자신에 대한 지각을 향상시키는 데 기여한다는 사실을 입증하기 때문이다. 이것은 생리학적 의미에서 일종의 의식의 확장이다. (더구나 약물은 전혀 사용하지 않고서 말이다!)

휴고 크리츨리Hugo Critchley와 버드 크레이그Bud Craig, 마노스 차키

리스Manos Tsakiris 같은 교수들과 연구진은 우리 몸속의 생체 작용에 대한 지각은 우리가 자신의 감정을 얼마나 잘 지각하느냐와도 관련 있다는 사실을 밝혀냈다. 내수용기 감각을 통한 지각 능력이 뛰어난 사람들은 남들에 대해 더 잘 공감하고, 더 섬세하며, 곤경에 처한 타인들을 도와줄 가능성이 더 높으며, 전반적으로 삶을 관리하는 데서도 더 나은 것으로 보인다.

이 연구 결과들은 자신의 몸을 지각하고 지금 몸속에서 무슨 일이 벌어지는지에 대한 감수성을 발달시키는 것이 얼마나 중요한지를 보여 준다.

우리의 연구를 통해서도 춤을 추는 사람들의 일종의 '정서 감각'인 내수용기 감각 능력이 춤을 추지 않는 사람들보다 더 높다는 사실을 확인할 수 있었다. "춤을 추는 사람들은 제6감을 가지고 있다!" 한 기자는 우리의 연구를 다룬 기사의 제목을 이렇게 달았다. 이것은 클럽에서 몸을 사리지 않고 로큰롤을 추는 많은 실력자들을 생각할 때 믿기 힘들지도 모른다. 그러나 우리는 춤을 추는 자신을 관찰함으로써 몸과 몸이 원하는 것을 더 잘 알게 되고, 감정과 욕구를 더 잘 파악하게 된다. 크고 활달한 동작을 하는가 아니면 작고 소심한 동작을 하는가? 쿵쾅거리며 스텝을 옮기는가 아니면 플로어를 미끄러지듯이 움직이는가? 그럴 때 우리는 어떤 느낌을 받는가? 이따금 우리는 춤을 출 때 비로소 자신이 얼마나 뻣뻣하고 긴장되어 있는지 깨닫는다. 춤추기는 우리가 관심을 갖거나 간절히 바라는 것이 무엇인지에 대한 통찰력을 넓혀 줄 수 있다.

우리는 춤을 출 때 끊임없이 일어나는 느낌들을 머릿속으로 그려 보면서, 느낌을 알아내는 훈련을 하기 때문이다. 그래서 춤은 하나의 정신적인 카타르시스로 간주되기도 한다.

우리에게는 자신의 몸이 현재 어디서 무엇을 하는지를 뇌에 전해 주는 지각기관이 있다. 이 몸에 대한 지각을 통해 움직임은 우리 뇌의 운동중추에 '인상'을 남긴다. 이 지각도 춤추기를 통해 향상될 수 있다. 이 지각은 춤추는 사람들에게는 그야말로 '제6감' 비슷한 것이다.

2008년 신경과학자인 코린 졸라Corinne Jola는 런던 대학에서 이 주제에 대해 프로 댄서들과 아마추어들을 투입하여 실험을 진행했다. 실험 참가자들은 다섯 개의 점이 표시된 탁자 앞에 앉았다. 그들은 탁자 아래에서 한 손의 검지를 이용해 어떤 점의 위치를 추측해야 했고, 또 그 위치를 최대한 정확히 맞혀야 했다. 이때 연구자는 조건을 변경했다. 첫 번째 실험에서는 그 연구자는 실험 대상자들의 눈을 가리고 나서 다른 손의 검지를 탁자 위의 해당 위치로 옮겨 주었다. 실험 참가자들이 오로지 자신의 몸에 대한 지각에만 의지하도록 하기 위해서였다. 두 번째 실험에서 참가자들은 찾아야 할 점을 볼 수 있었고, 세 번째 실험에서는 추가로 다른 검지도 이용할 수 있었다. 이 실험의 결과는 놀라웠다. 프로 댄서들은 아무것도 보지 않을 때 더 나은 성과를 올렸다. 프로 댄서들은 점들을 볼 수 있을 때도 자신의 몸에 대한 지각에만 의지했고, 그렇게 해서 두 감각을 모두 이용한 아마추어들보다 성과가 더 떨어졌다.

따라서 프로 댄서들에게는 몸에 대한 지각이 심지어 직접 눈으로 보는 것보다 더 중요해 보인다. 취미로 춤을 추는 사람들에게도 희소식이 있다. 아마추어 댄서들조차 디스코폭스 댄스로 자신의 몸에 대한 지각을 향상시킬 수 있는 것이다.

똑똑한 뇌를 만드는 춤

음악을 듣다가 동선은 우울해졌다. 가족과 멀리 떨어져 있다 보니 가족 생각이 난 것이다. 동선은 아들 태오의 이야기를 하면서 휴대폰으로 사진들을 보여 주었다.

"정말, 귀엽군요!" 사람들이 말했다. 우리 같은 신경과학자들에게 특별히 흥미로운 사진이 한 장 있었다. 그 어린 사내아이의 머릿속에서 어떤 일이 벌어지고 있는지 눈에 보이다시피 했으니까. 그것은 정원에서 찍은 사진인데 태오는 높은 의자에 앉아 있었다. 태오의 엄마는 마침 꽃다발을 묶고 있었고 꼬마는 그 일을 도와주고 싶은 듯 보였다. 탁자 위에는 다른 장미들이 놓여 있었고, 태오 주변의 바닥에도 장미가 흩어져 있었다. 사진에서 그 꼬마는 꽃 한 송이를 손에 들고 엄마에게 내밀고 있었다. 태오의 얼굴에는 의기양양한 빛이 역력했다. 마침내 해냈어!

　제2장에서 살펴보았듯이 우리는 몸의 움직임을 통해 우리를 둘러싼 세상을 탐구하고 이해한다. 우리가 무언가를 성공적으로 해낼 때 느끼는 그 짧은 즐거움은 우리 뇌에 방금 수행한 움직임이 '제대로' 되었다고 알려 주는 학습 신호다. 즉, 이런 자세(테이블 곁에 앉아 있기), 이 물체(장미꽃), 그리고 이 물체에서 떨어진 거리(약 30센티미터)에서 장미꽃을 손에 쥐기 위해 정확히 팔을 뻗고 손으로 잡는 것이 필요하다. 이 연결 순서는 일종의 스위치로서 기억 시스템에 저장되고, 이것은 다시금 우리 뇌의 운동 시스템과 연결된다. 이렇게 되면 그다음 장미꽃은 잡기가 한결 쉬워져서 집중을 덜 해도 곧바로 잡을 수 있게 된다. 뇌는 '시행착오'를 통해 배우는 것이다. 걸려 넘어져 보지 않고서는 계단을 오를 수 없다. 얼굴에 가득 누텔라를 묻혀 보지 않고서는 숟가락으로 얌전하게 식사를 할 수 없다. 공이 골대를 지나가 보지 않고서는 골인을 할 수 없다.
　신생아의 뇌는 1000억~1500억 개의 뉴런이라 불리는 신경세포들로 이루어져 있지만 아직 이 세포들은 서로 안정적으로 연결되어 있지 않다. 이것은 조립하지 않은 이케아 책장과 비슷한 상황이다. 구성 부품들은 이미 준비되어 있지만, 나사는 아직 봉지에 들어 있고, 가로 판들은 포개어져 있고, 세로 지지대는 등을 맞대고 있다. 모든 것이 아주 가까이 함께 모여 있지만 올바른 자리를 찾아야 하고, 용도의 기능에 맞게 조립되어야 한다.

학습은 맨 처음에는 일단 우리 뇌가 경험들에 대해 보이는 반응일 뿐이다. 이 경험들을 통해 신경세포들 사이에 새로운 연결이 생겨난다. 단 하나의 신경세포가 수백 개의 다른 신경세포들과 연결될 수도 있다. 뇌에서는 이렇게 해서 복잡한 신경 회로가 생겨난다. 이렇게 신경 회로가 생겨나는 과정은 호수에 살얼음이 어는 모습과 같다고 상상하면 된다. 처음에는 낱개의 얼음 조각들이 만들어지고, 그 후에 서서히 더 큰 얼음 덩어리들이 생겨난다. 이것은 처음에는 좁고 기다랗게 연결되다가 마침내 안정적으로 연결된다. 그러면 우리는 그 위에서 걸어다닐 수도 있고, 한 곳에서 다른 곳으로 재빨리 미끄러져 갈 수도 있다. 신경세포들의 사정도 이와 비슷하다. 만약 당신이 무언가를 배웠다면 신경세포들의 연결들이 생겨났을 것이다. 하지만 얼음과의 차이는, 얼음판은 단단하고 유연성이 없지만 신경 회로는 지극히 유연하다는 것이다. 신경세포들은 계속 새로운 연결을 이어 갈 수 있다.

우리가 동일한 경험을 자주 할수록 (다시 말해 우리가 손을 뻗어 장미꽃을 자주 줄수록) 이 연결들은 더욱 안정적으로 변한다. 과학자들은 그 밖에도 다음과 같은 사실을 입증할 수 있었다. 즉 학습 경험에 여러 감각들이 관련될수록 그 경험은 더 쉽게 저장된다. 어떤 형태의 몸의 움직임도 우리 뇌세포들을 신경 회로로 연결되도록 해 준다. 특히 태어나서 처음 몇 해 동안은 아이의 근육운동과 인지의 발달 사이에는 매우 밀접한 연관성이 존재한다. 몸을 움직이고 동작을 이용해 탐구할 수 있는 가능성을 더 많이 얻는 아이들은 나중에 더 뛰어난 기억 능력을 보여 주며, 문제를 더 빨리 창의적으로 풀어 내고, 집중력도 더 뛰어나다. 그러나 우리 어른들에게도 통용되는 사실이 있다. 우리가 몸을 많이 움직일수록, 움직임을 이용해 경험을 더 많이 하고, 그것을 관찰할수록 우리의 인지능력도 더욱 향상된다. 하지만 우리가 어른이 되어서도 새로운 신경 회로를 더 만들어 낼 수 있을까?

대학에서 공부하는 동안 나는 처음에는 춤은 쳐다보고 싶지도 않았다. 사고를 당한 후 춤추기에 대한 기억은 나에게 정신적으로나 신체적으로 참기 힘든 고통을 안겨 주었기 때문이다. 클래식 음악을 듣는 것조차 마음이 괴로웠다. 하지만 내 몸은 운동을 필요로 했기 때문에 날이 갈수록 불편해졌다. 확실히 그랬다. 나는 창의력이 떨어지고 사고 과정이 느려지는 것을 실감할 수 있었다. 나는 더 이상 예전처럼 수월하게 문제를 풀 수 없었다. 춤 연습을 하지 않자 나의 생각은 무뎌졌으며 나의 뱃살처럼 흐물흐물해졌다. 하지만 어떤 종류의 운동을 선택해야 한단 말인가? 수영을 시도해 보았지만 그것은 늘 젖어 있는 느낌이 들었고, 조깅은 너무 일면적이었으며, 헬스클럽에서의 체력 단련은 너무 단조로웠다.

어느 날 안달루시아 출신의 동료이자 친구인 크리스티나가 대학에 새로 생긴 강습 프로그램을 들고 나타나 내 앞에서 몸을 이리저리 흔들었다. "이제 줌바Zumba 댄스 코스가 개설되었어." 이것이 그녀가 몸을 이리저리 흔들어 대던 이유였다. 첫 시간을 마치고 벌겋게 달아오른 얼굴로 땀투성이가 되어 바닥에 드러누워 있을 때, (앉아 있기란 사실상 불가능하다!) 나는 크리스티나에게 한없는 고마움을 느꼈다. 그것은 발레도 아니었고, 고상한 신체 예술도 아니었지만 그래도 춤이었다! 우리는 음악에 맞춰 몸을 움직였고, 땀을 흘리고 나니 확실히 행복해졌다! 몇 주가 지나자 나는 규칙적으로 줌바 댄스를 하는 것이 집중력을 향상시켰다는 것을 깨달았다. 그리고 나는 다시 한 번 아이디어를 떠올리고, 영감을 얻는 순간을 맞게 되었다.

줌바 댄스는 콜롬비아 출신의 댄서이자 안무가에 의해 1990년대에 만들어진 피트니스 댄스 스포츠이다. 이것은 에어로빅, 라틴 춤동작, 피트니스 연습을 스포츠에 적합하게 뒤섞어 놓은 춤으로, 열광적인 라틴 음악에 맞춰 추는 것이다. 줌바 댄스를 출 때 귀는 강렬한 리듬을 듣고, 눈은 트레이너의 동작을 유심히 지켜보며, 각자 그것을 따라 하려고 노력한다. 빠른 라틴 리듬에, 정확한 스텝 순서에 정신을 집중하고, 팔과 다리가 꼬이지 않게 하고, 전체의 커다란 모습을 보기란 여간 힘든 일이 아니다. 리듬을 알아듣기 위해서 뇌는 시간과 규칙성에 대한 느낌을 활성화시켜야 한다. 그와 동시에 서로 몸을 부딪치지 않게 연습실의 다른 사람들도 주시해야 한다. 이 때문에 연습생들은 어쩔 수 없이 말은 하지 않고 동료들과 소통을 해야 한다. 아주 많은 능력들이 한꺼번에 요구되는 것이다. 협응력·직관·논리·시간 감각·공간지각·음악적 감수성……, 헤아릴 수 없이 많다.

이 모든 것은 뇌의 구조를 명백히 변화시키는 새로운 연결 회로 connectivity를 불러온다. 아이든 어른이든 마찬가지이다. 우리 뇌가 새로운 도전에 적응하는 이 능력은 평생 유지된다. 이것은 '신경가소성neuroplasticity'이라 불린다. 예전에는 나이가 들면 뇌세포가 사멸된다고 믿었지만, 오늘날에는 신경가소성이 나이가 들 때까지 학습을 가능하게 해 준다는 사실이 알려져 있다.

의사이자 방송 사회자이자 베스트셀러 저자인 에카르트 폰 히르슈하우젠Eckart von Hirschhausen 박사는 2015년 자신의 방송 프로그램

〈히르슈하우젠의 인간에 관한 퀴즈〉에서 자기 몸을 대상으로 실험을 감행했다. "춤을 추면 나의 뇌에서는 어떤 변화가 일어날까?" 이 의문이 자연과학자인 그를 자극했다. 그는 자신의 뇌 활동을 측정하기 위해 두 번이나 뇌 스캐너 속에 들어가 누워 있었다. 그 사이에 그는 춤 강습을 받았는데 생전 처음 접하는 춤을 익혔다. (웨스트코스트스윙 댄스였다.) 그는 30년 넘게 춤 강습소에는 발을 들여놓은 적이 없었다. "처음에 나는 늘 나의 발이 어디에 놓여 있는지도 몰라서 늘 발끝만 보았다. 그런데 어느 순간 나는 내 발조차도 뇌가 조종하고 있다는 사실을 기억했고, 그 다음부터는 꼿꼿이 머리를 세운 채로 내 댄스 파트너의 발을 밟지 않은 척 할 수 있었다." 히르슈하우젠은 그 힘든 과제를 이렇게 설명했다. 그러나 그는 어느 한 순간에 깨닫게 되었고, 마치 다른 일은 전혀 해 본 적도 없었다는 듯이 춤을 추었다. 그러나 정말 흥미로운 사실은 뇌 스캔의 결과에서 나왔다. 춤 강습을 받기 전 그의 뇌에서는 단지 음향과 시각 담당 부위들만 활성화되어 나타났다. 그는 음악을 듣고 춤을 마음속으로 생생히 그려 본 정도였다. 강습을 마치고 나자 커다란 차이가 나타났다. "나는 음악을 더 이상 냉담한 관찰자의 입장에서 상상하지 않았다. 강습을 받고 나자 나의 뇌는 자동적으로 박자를 동작 패턴으로 전환시켰다. 춤을 떠올리는 것만으로도 머리에서 발끝까지 모든 신경 회로들이 활성화되었다. 좀 더 구체적으로 말하면 음악을 듣고 춤을 상상하는 것만으로도 나의 뇌는 내 발끝 어느 근육에까지 신호를 보내야 하는지 정확히 알게 되었다. 뇌의 추체로pyramidal tract에서 발끝 근육까지 새로운 연결 회로가 생긴 것이다."그는 자신의 저서 『기적이 기적을 불러온다Wunder wirken Wunder』에서 이렇게 서술했다. 춤추기가 어떤 작용을 일으켰다는 것을 명확히 알아볼 수 있었다. 에카르트 폰 히르슈하우젠은 시청자들에게 전과 후의 비교 실험을 통해 자기 뇌의 신경가소성을 보여 주었다.

따라서 정신적으로 좋은 컨디션을 유지하려면 뇌에 이렇게 요구해 볼 만하다. 즉, 우리가 단지 취미로 춤을 춘다 해도 춤은 우리의 인지와 지능 발달에 긍정적인 효과를 가져올 수 있다. 춤추기는 우리 뇌를 전체적으로 사용하게 만들기 때문이다. 다양한 감각 인상들이 수용되고 근육운동과 관련된 작용이 더욱 강화된다.

지능이 좋다는 것은 무엇보다 문제를 창의적으로 풀 수 있다는 것을 의미한다. 그렇게 되려면 신속한 판단과 뛰어난 정신적 유연성이 필요하다. 춤을 출 때 우리는 매 순간마다 어떤 결정을 내려야 한다. 체중은 어느 쪽으로 두고, 다리와 팔은 어디로 향하고, 어떤 스텝을 밟아야 하나? 이런 것들을 통해서 우리는 뇌를 촉진시키게 된다.

신경가소성은 특별히 인터벌 트레이닝interval training, 즉 힘든 훈련과 휴식을 규칙적으로 번갈아 함으로써 강화된다. 춤은 일종의 인터벌 트레이닝이다. 우리는 쉬지 않고 동일한 것을 하는 것이 아니라 어떤 순간에는 점프를 하고, 다음에는 다시 뛰어다니고, 또 걷고 음악이 멈춘 동안에는 그냥 서 있기도 하기 때문이다. 춤추기의 유익한 점은 우리가 특정한 동작을 되풀이한다는 것이다. 1950년대에 인지과학자 도널드 헵Donald Hebb은 동시에 활성화되는 신경세포들의 연결은 강화된다는 사실을 확인했다. 그는 이 현상을 "함께 활성화되는 것은 함께 연결된다What fires together wires together."라고 표현했다. 다른 말로 표현하자면, 우리가 투스텝 혹은 왈츠의 왼 방향 회전을 자주 연습할수록 스텝 순서를 외우고 동작을 익히기가 더욱 쉽다. 보훔의 루르 대학의 후버르트 딘제Hubert Dinse를 중심으로 하는 신경과학자들은 2013년에 춤 연습은 신체의 건강 상태를 호전시켜 줄 뿐 아니라 주의력과 반응 능력도 높여 준다는 사실을 입증하였다. 일주일에 1시간씩만 훈련한다 하더라도 가능하다! 여러 과학자들의 또 다른 연구들도 최근 몇 년 동안 춤이 기억력을 향상시키고 심지어 창의력도 높여 준다는 사실을 밝혀냈다. 그러므로 춤추기는 춤을 잘 추게 해 줄뿐더러 서로 다른 여러 영역들도 촉진시킨다.

하지만 춤을 배우려면 시간이 든다. 신경세포의 긴밀한 연결망은 하룻밤 사이에 만들어지지 않는다. 우리는 무언가를 끝없이 되풀이함으로써 배운다. 처음에는 무엇보다 남들을 따라 하면서 배운다. 어린아이가 성장하는 시기에는 쉴 새 없이 모방이 일어난다. 어린아이는 외부의 자극을 모방하기도 하고, 아니면 외부의 자극이 아이의 몸에 어떤 효과를 미치기도 한다. 즉, 아빠가 웃으면 아기도 곧 따라 웃는다. 할머니가 손짓을 하면 아기도 손짓으로 화답한다. 형이 껑충 뛰면 어린아이는 처음에는 엎드려 있을지 모르지만 언젠가는 형과 앞다투어 뛰어오르기를 한다.

심지어 우리가 수학 같은 추상적인 것을 배울 때도 처음에는 남들의 사고 과정을 따라 하다가 마침내 '이해하게' 된다. 여기서도 다시금 "함께 활성화되는 것은 함께 연결된다"라는 말이 통용된다. 우리의 신경세포들이 자주 함께 활성화되고 하나의 네트워크로 연결되었다면 이제 우리는 독자적으로 대수학의 새로운 과제를 풀 수 있다.

캠브리지 대학의 탱고를 즐기는 심리학자 니키 클레이턴Nicky Clayton과 그의 동료들은 모방 능력은 춤추기에서도 기본이 되는 인지능력이라고 설명한다. 춤을 추기 위해서는 우리는 자신이 보고 듣는 것들을 동작과 연결시킬 수 있어야 한다. 따라서 우리는 우리 몸을 이용해 다른 사람의 리듬을 모방할 수 있어야 하는 것이다. 남들과 동시에 몸을 움직이고 일치시킬 수 있어야 한다. 그런데 이 능력은 동물의 세계에서는 유래를 찾아보기 힘들다. 기껏해야 새들이나 이것을 할 수 있다. 하버드 대학의 한 연구는 유튜브에 올라온 5000건 이상의 동영상들을 분석해서 어떤 동물 종이 서로 다른 곡들에 맞춰 실제로 리듬에 딱 맞게 동작을 취할 수 있는지 알아냈다. 하나의 예외의 경우가 있기는 했지만 (그것은 어린 코끼리였다.) 정말로 '춤출' 수 있었던 동물들은 하나같이 조류였다. 이 연구자들은 그 이유가 인간을 제외하고는 오로지 조류만이 소리를 흉내 낼 수 있기 때문일 것으로 추측했다.

또 다른 연구들도 춤추기 능력·모방 능력·언어·사회적 행동 사이에는 직접적인 연관성이 있다는 사실을 알아낼 수 있었다. 어떤 동물 종이 행동 방식이나 소리를 따라 할 능력이 많을수록 사회적 행동인 의사소통 능력은 더욱 복잡하며, 춤과 비슷한 움직임이 더욱 많이 발견된다. 하지만 오직 인간만이 춤으로 어떤 것을 표현할 수 있는 능력을 가지고 있다. 새들은 소리를 흉내 내고 몸으로 리듬을 따라갈 수 있지만, 우리 인간들은 춤을 통해 이야기를 들려주고 우리의 감정을 보여 준다. 그 이유는 아마도 우리 뇌가 크고 또 신경세포들을 새롭게 연결함으로써 학습을 할 수 있는 가능성이 무수히 많기 때문일 것이다.

그 어떤 종과도 달리 우리는 몸을 밀리미터에 이르기까지 정확히 움직이고, 또 그 모든 것을 기억 속에 학습된 움직임의 연속 시퀀스로 저장할 능력이 있다. 우리의 세밀한 근육운동은 유일무이하다. 지극히 미세하고 가는 무늬의 작업도 해낼 수 있는 금은 세공사를 생각해 보라! 우리와 가장 가까운 관계인 침팬지 역시 손을 오므려 조그만 조각들을 집을 능력은 있지만, 장신구를 만드는 침팬지를 본 적이 없을 것이다. 금은 세공사의 미세한 작업은 침팬지들에게는 불가능하다. 그리고 동물의 세계에서 결코 찾아볼 수 없는 이 세밀한 근육운동은 우리의 손가락의 움직임에만 국한되어 있는 것이 아니다. 우리의 안면근육도 지극히 미세한 움직임, 소위 미세 표정을 지을 수 있으며, 우리의 몸은 발레리나처럼 발끝으로 서기 같은 고도로 복잡한 근육운동 능력도 보일 수 있다. 인간은 놀라운 작품이다.

춤을 출 때 우리 몸에서 일어나는 갖가지 일들이 무척 흥미롭지 않은가! 음악이 우리의 전달물질을 배합하는 장치를 작동시켜 우리의 기분을 좋게 만들거나 우리 내면에 기억을 일깨우는 동안 춤동작은 우리의 근육을 단련시킨다. 춤은 우리도 모르는 사이에 우리를 변화시키며, 그것은 MRI를 통해 입증될 수 있다.

우리는 이미 몇 시간째 이야기를 나누고 있다. 댄스 플로어가 비어 가는데도 우리는 아직도 바의 높다란 의자에 앉아 있다.

"이론은 이제 됐어요! 우리의 신경가소성을 위해 뭔가 해 보기로 해요!"

그리고 우리는 날이 밝을 때까지 춤을 췄다.

5

건강을 위해
춤추기

약보다 춤

댄서가 발을 구르는 곳이면
어디서든지 먼지에서
생명의 샘이 생겨난다.

— 루미 Rumi

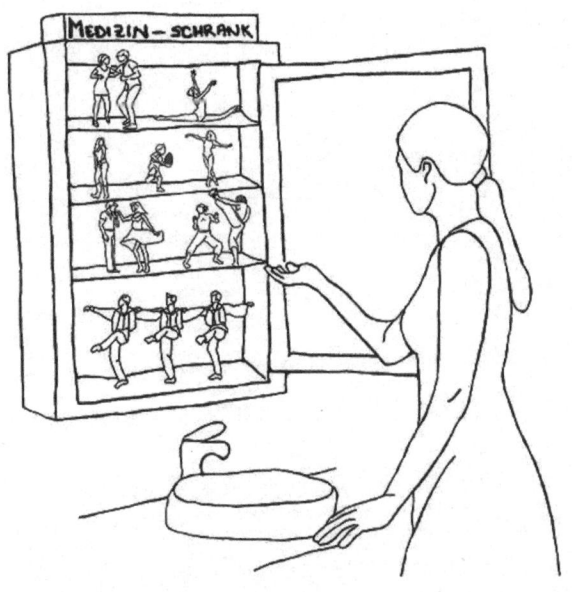

학술대회의 다섯 번째 날이 되었다. 오늘 우리는 내수용기 감각과 움직임에 관해 아주 많은 이야기를 했다. 우리가 기분이 좋지 않을 때는 대체 무엇이 잘못되는지에 관해서도. 우리가 학문에 몰입하는 낮과 춤을 추는 밤이 멋진 보완 관계에 있다는 느낌이 날이 갈수록 분명해진다. 비록 그 때문에 잠을 약간 설치기는 하지만. 그럼에도 오늘은 정신이 또렷하고 컨디션이 좋다는 느낌이 들었다. 어제저녁에 감기 기운이 있다고 하소연했던 동료가 이 기분을 멋지게 정리해 주었다. "나는 춤으로 감기를 이겨 냈나 봐요. 다시 몸이 좋아졌어요!"

심장을 춤추게 하기

미하일 바리시니코프Mikhail Baryshnikow는 유명한 라트비아계 미국인 발레 무용수다. 그는 자신의 열정만큼 춤에 전념할 수 없었던 구소련에서 탈출한 후, 특히 1970~1980년대에 왕성하게 활동했다. 1998년 초에 바리시니코프는 뉴욕 시티 센터에서 〈하트비트 엠비HeartBeat:mb〉라는 프로그램을 선보였다. (유튜브에서 찾아볼 수 있다.) 이 솔로 공연에서 '음악'은 자신의 심장박동 소리였다! 복잡한 심전도검사EKG 장치를 이용해 바리시니코프는 춤을 추는 동안 자신의 심장박동 소리를 스피커를 통해 관객에게 들려주었다. 바리시니코프는 말 그대로 자기 자신의 음악에 맞춰 춤을 춘 셈이다. 그 자신의 심장 리듬이 그를 숨이 헐떡일 정도로 몰아갔지만, 때로는 그를 차분하게 이끌기도 했다. 이 공연은 대성공을 거두었다.

안무가 크리스 제니Chris Janney는 자신의 개인적인 이야기에서 안무의 영감을 얻었다. 그의 아버지가 심근경색으로 사망했고, 이 춤의 안무는 그 문제와 맞서는 방법이었다. 크리스에게 심장은 영혼의 거처였고 지금도 그렇다. 생물학이 현재 우리에게 알려 주듯이 그의 생각이 전혀 터무니없는 것은 아니다. 우리의 심장이 어떻게 활동하고 얼마나 건강한지는 우리가 어떤 기분인지와 많은 관련이 있다.

페르시아의 철학자 루미Rumi는 말했다. "춤추는 사람이 발을 구르는 곳이면 어디서든지 먼지에서 생명의 샘이 생겨난다." 춤추는 사람들을 지켜보는 사람은 거의 언제나 엄청난 생기와 기쁨을 느낀다. 춤은 심장에서 나오는 움직임이기 때문이다. 우리가 맨 처음 듣는 소리는 엄마의 심장박동이다. 자궁 속의 태아일 때 우리는 항상 규칙적으로 반복해서 뛰는 심장의 소리를 들을 수 있다. 이 때문에 많은 아기들이 나중에 엄마의 품에 안겨 잠들고, 그곳에서 다

시 익숙한 리듬을 듣게 되면 마음을 놓는다. 마음을 편안하게 해주는 많은 악곡이나 자장가가 대략 1분에 60~70회의 박자가 나오도록 작곡되어 있는데, 어른의 심장박동을 따르는 것이다.

비상시에 응급조치를 취하는 사람 역시 음악을 떠올리도록 되어 있다. 비지스Bee Gees의 노래 〈스테인 얼라이브 Stayin' alive〉는 심장마사지를 할 때 적절한 리듬을 찾는 데 도움이 된다. 여러 연구에서 1분에 100~120회의 빠르기로 누르기 동작을 하는 것이 의식을 잃은 사람의 정지된 심장에 피를 통하게 하는 최상의 방법이라는 것을 입증했고, 〈스테인 얼라이브〉도 100BPM(분당 비트 수)으로 되어 있다. 사이언스 슬램 우승자이자 장래의 심장학자인 요하네스 힌리히 폰 보르스텔Johannes Hinrich von Borstel은 강연에서 〈하이웨이 투

헬Highway to hell)를 머릿속으로 따라 하면서 심장 마사지를 하라고 제안했다. 심장 마사지를 116BPM으로 하는 것이 더 적합하다는 것이다. (다만 그러는 동안에 그 노래를 혼자 큰 소리로 부르는 것은 포기해야 할 듯싶지만…….)

우리의 심장은 우리의 리듬을 이끌며 맥박을 조정한다. 몸속에서 일어나는 변화에 따라 심장은 번개같이 반응한다. 어떤 일에 성공해서 기뻐할 때 심장박동은 우리가 버스를 놓치지 않기 위해 갑자기 달리기 시작할 때만큼 빨라진다. 또 어떤 나쁜 일이 생겨서 슬퍼할 때는 차분히 숨을 쉬며 명상을 할 때처럼 느려진다. 때로는 생각만으로도 우리의 심장을 세차게 뛰게 할 수 있다. 사랑에 푹 빠져 본 사람이라면 누구나 이것을 알고 있다. 심장은 우리를 어떤 상황에든 적절히 어울리게 해 주며, 우리가 그 상황의 리듬에 따르도록 해 준다.

심장의 리듬에 따라 몸속에서는 여러 신진대사 작용들이 활발해지는 한편 다른 작용들은 잔잔하게 억제된다. 이것은 심장에 달린 조그만 근육인 동방결절에 의해 일어난다. 이 우묵한 동방결절은 탁월한 지휘자다. 동방결절은 호르몬·신경전달물질·면역 체계를 활성화시키거나 억제시킬 수 있다.

심장은 우리의 엔진이며, 우리가 잠을 자든 컴퓨터 앞에서 작업을 하든, 마라톤을 하든 춤을 추든 상관없이 쉴 새 없이 가동되어야 한다. 우리가 살아가는 동안 심장은 30억 회 정도 뛰며 2억 5000만 리터의 피를 우리 몸에 순환시킨다. 이 정도의 성능을 보이는 정밀한 펌프는 아마 세상 어디에도 없을 것이다. 그러나 우리가 이 엔진에 충분히 주의를 기울이는 것이 더욱 중요하다. 심장과 순환기 질환은 독일에서 가장 높은 사망 원인이 되고 있다.

심장은 우리 몸의 모든 근육들과 똑같이 우리가 단련시킬 수 있는 근육이다. 규칙적인 지구력 훈련을 하면 심장은 더욱 튼튼해지고 더 커지며 피도 더 잘 공급해서 심장의 능력을 뚜렷이 높여 준다. 단련된 심장은 수축은 적게 하면서도 더 많은 피를 몸에 공급함으로써 효율이 높아진다.

지구력 운동이라는 말에서 조깅·사이클·수영이 머리에 떠오를지 모르지만 춤추기도 충분히 거기에 포함시킬 수 있다. 빠르고 규칙적으로 반복되는 움직임이 맥박·호흡·심장박동을 빠르게 해서 우리의 지구력을 증강시키는 것이다. 그렇게 하면 거의 모든 근육들이 그 일에 가담하는 장점이 생긴다. 춤을 출 때 우리의 심장(기분)은 환하게 밝아진다! 이 표현이야말로 춤을 출 때 일어나는 일을 아주 잘 반영한다.

한편 음악은 춤의 효과를 더욱 강화시킨다. 파비아 대학의 루치아노 베르나르디Luciano Bernardi는 여러 연구를 통해 음악의 빠르기뿐 아니라 음량도 심장과 순환계에 직접적으로 영향을 미친다는 사실을 확인했다. 소리가 점점 더 커지는 소위 크레셴도 음악은 심장박동이 빨라지도록 자극한다. 악곡의 소리가 점차 작아지는 데크레셴도 음악은 심장박동을 진정시키는 작용을 한다.

2016년에 발표된 연구에서 다프네 메롬Dafna Merom 교수와 웨스턴

시드니 대학의 그의 동료들은 40세 이상인 4만 8000명의 사람들을 대상으로 여가 활동에 관한 설문 조사를 했고 그들을 12년의 기간에 걸쳐 관찰했다. 여기서 뚜렷한 결과가 하나 나왔다. 여가 시간에 춤을 추었던 사람들은 심근경색이나 뇌졸중에 걸려 사망할 위험이 확실히 낮았다.

따라서 정기적으로 춤을 추면 그 사람의 건강은 다른 종류의 운동에서보다 더 많은 효과를 얻는다. 그 이유는 무엇일까? 위의 오스트레일리아 연구진은 춤추기가 근육과 순환계를 바쁘게 돌아가게 할뿐더러 춤이 우리 뇌에 미치는 효과를 통해 우리의 호르몬 체계에도 긍정적인 영향을 주기 때문이라고 판단한다.

내가 함께 춤추기 좋아하는 스윙 댄서가 있다. 어느 날 나는 그녀의 비밀을 물어보았다. "당신은 마치 춤이 당신의 인생이나 되는 듯이 춤을 추는군요!" 그녀는 웃으면서 이렇게 대답했다. "춤은 정말이지 나에게는 진정한 생명의 묘약이에요. 심장학자인 내가 보기에 춤추기보다 심장에 더 좋은 운동은 없는 것 같아요. 많은 환자들에게도 춤추기를 배우라고 권합니다. 내 경험으로 판단할 때 환자들이 매주 규칙적으로 춤을 추러 가는 것은 효과적으로 심장을 튼튼하게 만드는 방법이에요."

심장병이 있는 사람들에게도 춤추기는 놀라운 재활 운동인 것으로 보인다. 이탈리아의 안코나 병원에 근무하는 의사 로무알도 벨라디넬리Romualdo Belardinelli와 그의 동료들은 심근경색으로 이송된 130명의 환자들을 세 그룹으로 나누어 연구를 진행했다. 한 그룹은 러닝머신과 자전거 타기를 하는 전통적인 회복 프로그램을, 다른 그룹은 매주 세 번씩 21분 동안 왈츠를 추는 춤 강습 프로그램을 받게 했으며, 나머지 한 그룹은 아무런 프로그램도 받지 않게 했다. 그 결과 전통적인 운동을 한 그룹과 춤을 춘 그룹은 건강 수치가 높아진 것으로 나왔다. 두 그룹 모두 심장박동 수와 호흡 횟수가 높아졌으며 산소 포화도가 향상되었다. 춤을 춘 환자들은 8주 동안의 프로그램을 받고 나자 컨디션이 더 나아졌고, 동맥의 유연성도 더 높아진 것으로 보였다. 그 밖에도 춤추기는 환자들에게 더 폭넓은 영향을 미쳤다. 그들 모두의 기분이 훨씬 더 좋아졌으며, 수면과 성생활도 개선되었다고 보고했다.

지구력 훈련은 심장병 환자들에게 중요한 역할을 하지만, 그들(물론 그들뿐만 아니라 우리 모두!)에게 계속 훈련을 하도록 동기를 부여하는 것이 어려울 때가 있다. 심장병 환자의 70퍼센트가 일반적인 재활 프로그램을 중단한다. 하지만 춤추기를 중단하는 사람들은 확실히 적다. (춤추기가 훨씬 더 재미있기 때문이다!) 심장병을 개선하는 다른 운동들과 달리, 운동을 위해 꼭 끼는 운동복을 억지로 껴입거나, 야외로 나가거나, 비좁은 수영복 탈의실에서 떨어야 할 필요가 없다. 춤은 거실에서도 출 수 있다! 그냥 좋아하는 음악을 틀어 놓기만 하면…….

춤을 출 때 심장과 근육만 단련되는 것은 아니다. 우리의 면역 체계도 강화된다. 정기적으로 춤을 추는 사람은 병에 덜 걸린다! 우리의 면역 체계는 쉬지 않고 일하고 있다. 우리 몸은 추울 때만 병원균의 공격을 받는 것이 아니라 일 년 내내 바이러스·박테리아·곰팡이 포자와 대결하기 때문이다. 그러므로 건강에 도움이 되도록 식사를 하고 잠을 충분히 자서 면역 체계를 강화시켜야 한다. 물론 운동도 우리의 면역 체계에 도움을 준다. 많은 과학적 연구에 따르면 적당한 운동을 하면 순환기가 원활하게 돌아가고, 심장이 혈관을 통해 더 많은 피를 내보내고, 그렇게 해서 면역 세포들도 활성화된다는 것이 밝혀졌다. 이른바 B림프구의 수가 증가한다. 이 혈액세포는 항체 생성을 담당하며, 이 때문에 우리의 면역 체계에 있어 결정적으로 중요한 역할을 한다. B림프구가 많을수록 더 많은 항체들이 만들어지고, 우리 몸은 질병을 더욱 효과적으로 막아 낼 수 있다. 뿐만 아니라 운동을 하면 킬러세포들의 수도 증가한다. 킬러세포는 면역 체계를 담당하는 세포로, 변형된 체세포를 찾아내어 파괴한다. 그런 체세포는 병원균에 감염된 세포일 수도 있지만 암세포일 수도 있다.

춤추기의 또 다른 긍정적인 면은 스트레스 해소이다. 무수히 많은 조사들이 이미 스트레스가 면역 체계에 미치는 영향을 다루었고, 모두가 같은 결론에 도달했다. 즉, 지속적인 스트레스는 급성 감염과 만성 질병 모두에서 면역 체계를 손상시킨다는 것이다. 스트레스를 받는 상태에서는 바이러스·박테리아·그 외의 병원체와 제대로 싸울 수 없으며, 이 때문에 우리는 스트레스를 받을 때 더 빨리 병에 걸리는 것이다. 우리 모두가 알고 있는 사실이다.

스트레스를 받고 있다는 하나의 징후는 혈액 내의 높은 염증 지표이다. 2003년 사우스캘리포니아 의과대학의 데이나 킹Dana King 과 그 동료들은 이 문제와 관련해서 몸에 긍정적인 효과를 불러일으키기 위해서는 춤이 매우 바람직하다는 사실을 입증했다. 그들은 연구를 하는 과정에서 4072명의 사람들에게 취미에 관해 질문했는데, 여가 활동으로 춤과 조깅을 한다고 밝힌 사람들이 나머지 연구 대상자들보다 더 낮은 염증 지표를 보였다. 정원 가꾸기·수영·자전거 타기·역도 같은 취미들은 염증을 낮추는 데 효과가 별로 없는 것 같았다.

척추와 관절을 유연하게 하는 춤

그리스에서의 점심시간. 뷔페 앞에는 사람들이 길게 늘어서 있다.

"줄리아, 당신을 처음 보았을 때 당신이 예전에 발레를 했다는 데 내가 바로 내기를 걸 수 있을 정도였어요. 당신은 유난히도 꼿꼿한 자세를 하고 있으니까요."

"그래요, 어쩐 일인지 발레 자세는 아직 내게 남아 있어요. 내가 다섯 살 때 이미 춤을 배우기 시작했으니까요. 어렸을 때 내가 늘 바닥에 다리를 꼬고 앉아서 우리 부모님은 내가 X자 다리가 되거나 구부정한 자세가 될까 봐 염려하셨다고 해요. 두 분은 내가 춤을 시작하면 좋겠다고 생각하셨고, 그래서 나는 발레를 하게 된 거죠."

척추는 우리 몸의 중요한 부위다. 척추는 우리를 똑바로 서게 해 주고, 우리 몸을 지지해 주고, 우리 몸무게를 지탱해 준다. 등뼈의 척추관 속으로 우리 신경계의 핵심인 척수가 지나간다. 인간의 경우 척추는 24개의 척추골 마디로 이루어져 있다. 그 사이에는 척추골을 서로 부드럽게 연결시켜 주는 완충장치로 추간판이 들어 있다. 추간판은 척추를 유연하게 해 주고, 어느 방향으로든 구부리거나 펼 수 있게 해 준다. 척추는 길이가 아주 길며 두 부분에서 휘어져 있어서 옆에서 보면 S자처럼 보인다. 이렇게 휘어진 것은 달리고 뛸 때 충격을 흡수하기 위한 것이다.

척추골 사이로 신경들이 뻗어 나와 있는데, 이것은 신경섬유로 된 나뭇가지처럼 우리의 온몸에 퍼져 있다. 우리가 등을 움직이면 이 신경들이 자극되고, 그렇게 해서 우리 몸의 모든 기관들, 근육들, 결합조직에 뻗어 있는 말초신경계 전체가 자극된다. 우리 뇌는 척수를 통해 말하자면 우리 몸의 마지막 구석까지 연결되어 있는 것이다.

우리가 정기적으로 몸을 움직이지 않으면 등은 뻣뻣해진다. (그리면 신경조직의 신호 전달이 서서히 둔해진다.)

척추가 얼마나 중요한지는 그 기능이 제대로 발휘되지 않을 때 비로소 깨닫게 된다. 등의 통증에 시달려 본 사람이라면 누구나 알 것이다. 그럴 때는 조금만 움직여도 극심한 고통을 느끼게 된다. 2012년에 시행된 한 설문 조사에서 독일인들의 절반 이상이 적어도 1년에 한 번은 등의 통증에 시달린다고 밝혔다. 원인으로는 스트레스와 경직된 근육에 의한 경우가 많다. 이것은 정말이지 눈으로 확인해 볼 수도 있다. 우리는 스트레스를 받고 압박감에 시달리면 마치 무거운 짐을 지고 가는 것처럼 몸을 구부리고 걷게 된다. 그럴 때 어깨는 앞으로 축 처지고 척추는 구부정해져 있다. 날마다 컴퓨터 앞에 앉아 있는 것도 우리의 등에 좋지 않다. 직장에서 앉아서만 지내는 사람은 자신의 척추에 지속적으로 과도한 부담을 지우는 것이다. 얼핏 엉뚱하게 들릴지 모르지만, 등에 통증이 올 때는 일단은 모든 움직임이 고통스러운데 그럴 때 가장 좋은 약은 운동이다. (의사 처방이 있을 경우에 말이다.) 하지만 누가 등에 통증이 오는데 운동으로 스스로를 괴롭힐 기분이 나겠는가? 우리는 오히려 진통제를 먹고 찜질 주머니를 가지고 소파에 드러눕는 편을 택하고, 그렇게 해서 우리의 등은 더더욱 나빠진다.

등 통증의 경우에 또 다른 문제점은 우리가 통증을 피하기 위해 취하는 통증 완화 자세이다. 이 자세는 우리 몸의 움직임의 구조에 영향을 미친다. 우리의 골반과 등이 더 이상 제대로 흔들리지 않는 것이다. 그러면 또 다른 통증도 유발된다. 당신은 등의 통증을 춤을 춤으로써 없애려 해 본 적이 있는가?

춤에서는 자연스럽고 반듯한 자세가 중요하다. 여기서 중요한 것은 '자연스러운'이다. 하지만 우리는 정말 통증이 오기 전까지는 그런 자세를 굳이 취하지 않는다.

춤을 출 때 (그리고 전반적으로도) 더 좋은 자세를 만들기 위해서는 비유를 써서 말할 필요가 있다. 이미 살펴보았듯이 근육운동과 언어와 관련된 명령은 동일한 뇌 부위에서 담당하고 있으며, 우리는 그것을 하나씩 차례로 이행할 수 있다. 춤을 가르칠 때 뛰어난 강사라면 단지 "어깨를 내리고 가슴을 내밀어요"라고 말하지 않고 비유적인 지시를 내릴 것이다. 오스트레일리아의 발레 교사이자 전직 발레 무용수인 재닛 카린Janet Karin도 그렇게 말한다. "아주 멋진 향수 냄새를 맡고 있다고 상상해 보세요!" 혹은 "당당하게 서 보세요!" 만약 당신이 이런 지시를 따른다면, 당신은 곧장 뇌 속의 근육운동 시스템에 따리 깊이 생각해 보지 않고서도 자세를 수정하게 된다. 우리들 모두는 자신이 당당할 때 어떤 느낌이 드는지 내면화해 놓았다. 혹은 좋은 향기가 코에 도달할 때 우리가 어떤 느낌이 드는지도 내면화해 놓았다. 우리의 얼굴 표정은 부드러워지고 주름살이 펴진다. 우리의 어깨는 긴장이 완화되어 아래로 내려간다. 우리는 편하게 숨을 쉬고 그러면 흉곽과 호흡 근육인 횡격막도 이완된다. 그러니 '무릎을 바짝 굽히는' 대신 '바닥 깊숙이 가라앉도록' 하라. '발끝으로 서서 걷는' 대신 '마치 누가 머리를 당기는 것처럼 우뚝 서도록' 하라. '팔을 옆으로 벌리는' 대신 '새처럼 날개를 펼치고 날도록' 하라.

춤에서는 자주 이런 비유가 동원되며, 그때 떠오르는 모습들은 당신의 뇌가 근육에 올바른 명령을 내리도록 해 준다. 당신은 필요한 근육들을 일일이 통제하려고 노력할 때보다 훨씬 더 자연스럽고 몸에 무리가 가지 않게 동작을 수행한다.

오스트레일리아에 있는 브리즈번 대학의 잔 길디Jan Gildea와 그의 팀은 한 실험을 했다. 그들은 실험에서 등에 통증이 올 때 이런 식의 비유적이고 정신적인 상상을 이용해 치유 효과를 불러올 수 있을지를 구명해 보려고 했다. 이를 위해 그들은 등 통증에 시달리는 발레 무용수들을 불러들였다. 길디는 실험 대상자인 무용수들이 몸을 움직일 때 물리적인 흔들림을 측정할 수 있는 장치를 매달았다. 그는 한 그룹의 무용수들에게는 그들의 근육을 어떻게 수축시키고 이완시켜야 하는지에 관해 엄밀한 지시를 내렸다. 다른 그룹에게는 "나무처럼 우뚝 서라" 혹은 "부드러운 동작을 취하라" 같은 말을 했다. 두 번째 그룹의 무용수들의 동작 기교가 급격히 나아졌으며, 이 훈련을 받자 통증도 사라졌다.

연구 결과에 의하면 무엇보다 벨리댄스가 독특한 상체 훈련으로 인해 등에 특별히 유익한 것으로 알려져 있다. 댄서가 특이하게 몸통을 움직일 때 요추 부위에 통증을 일으키는 바로 그 근육들이 사용되는 것이다. 2017년 센트럴플로리다 대학의 타비사 카스트리욘Tabitha Castrillon과 그 동료들은 등 아래쪽에 만성적인 통증을 느끼는 여성들을 위한 벨리댄스 재활 프로그램에 관해 보고했다. 6주 후에 이미 실험 대상자들은 건강 상태가 호전되었고, 통증의 민감도도 줄어들었으며, 그로 인해 통증이 올지 모른다는 불안감도 낮아졌음을 보여 주었다. 바로 이 두려움 때문에 많은 등 통증 환자들이 불가피하게 몸을 아끼는 자세를 취하게 되고, 그렇게 해서 더더욱 등을 움직일 수 없게 되는 것이다.

당신이 집안 청소를 하며 〈강남스타일〉에 맞춰 춤을 추거나, 춤 강습소에서 탱고 음악이나 다른 어떤 음악에 맞춰 춤을 추든 상관없이, 시간이 지나면 일상에서도 자연스럽고 똑바른 자세를 취하는 것이 훨씬 쉬워질 것이다. 당신이 춤을 출 때 단련하는 무수히 많은 근육·인대·힘줄 들이 당신의 척추를 잘 받치기 때문이다. 상체 전체의 근육이 긴장과 이완을 번갈아 하는 것으로 추간판은 탄력 있게 유지되며, 이것은 다시금 우리의 척추를 계속 움직이기 쉽게 해 준다.

내가 기억하기에 우리 할머니는 늘 무릎이 아팠다. 부모님은 특효약을 사러 차를 타고 멀리까지 가셨고, 커다란 안경을 쓰고 나에게 책상 서랍에서 곰 모양의 젤리를 꺼내 주던 수많은 전문가들과 상의를 하셨다. 나는 쫄깃한 젤리를 입에 넣고 우물거리며 벽에 붙은 무릎과 다른 신체 관절을 보여 주는 색색깔의 복잡한 그림들을 보며 감탄했다. 나는 의사들이 하는 말을 제대로 이해하지는 못했지만, 관절이 복잡한 문제인 것은 분명해 보였고, 사람들이 문의 경첩처럼 관절에 기름칠을 잘하는 것이 좋겠다고 생각했다. 나는 할머니가 계단을 오를 때 아프지 않도록 튜브에 든 그 윤활유를 선물해 드리고 싶었다. 이제 나는 튜브에 넣어 파는 그런 만병통치약은 없다는 것을 안다. 하지만 만약 할머니가 내 곁에 있다면 나는 할머니께 춤을 추시라고 말할 것이다.

춤은 당연히 척추뿐만 아니라 그때 움직이는 모든 관절에도 영향을 미친다. 다리와 발의 관절, 목 관절, 견갑골과 쇄골 전체와 또 허리 관절이 여기에 해당한다.

이런 점에서 미주리주 세인트루이스 대학의 과학자들이 춤이 관절통에 유익하다는 사실을 알아낸 것은 놀라운 일이 아니다. 그들은 한 양로원을 찾아갔는데 거주자 대부분이 여성이며 평균 연령이 80세가 되는 곳이었다. 그곳에서 관절통을 앓고 있으며 관절이 굳고 통증이 있다고 하소연하는 37명을 조사했다. 연구자들은 이들을 두 그룹으로 나누고, 한 그룹은 12주 동안 매주 한두 번씩 느린 리듬에 맞춰 45분 동안 춤을 추게 했다. 다른 그룹은 대조군으로 이용되었다. 3개월이 지나자 춤을 추는 그룹에서는 관절통 진통제 요구량이 39퍼센트나 줄어들었다. 이것만이 아니었다. 그들은 좀 더 빠르게 달릴 수도 있었다. 게다가 춤추는 날에는 무척이나 신났으며 기분도 좋아졌다.

 따라서 여기에서도 통용되는 사실이 있다. 이미 통증에 시달린다 해도 몸을 움직이는 것을 중단해서는 안 된다. 예전에는 의사들 대부분이 관절을 될수록 가만히 놓아두라고 조언했다. 관절에 깁스를 하고, 부목을 대고 심지어 운동은 완전히 중단하라고 권하기도 했다. 오늘날 우리는 보다 많은 것을 알게 되었다. 여러 과학적인 조사를 통해 관절 속의 연골은 윤활액에서 영양을 공급받는다는 사실이 입증되었다. 이 윤활액은 움직임을 통해 관절 속에서 고르게 분배되고, 연골 조직에 잘 흡수되도록 퍼지는 것이다. 그렇게 되면 관절에는 마찰이 덜 생기고 통증도 줄어든다.

 춤의 좋은 점은 동작을 얼마나 크고 활달하게 할 것인지 그리고 몸에 얼마나 부담이 가도록 할 것인지를 스스로 결정할 수 있다는 것이다. 2011년 힘제 메디컬 파크의 독일인 의사 마르쿠스 슈미트소디Marcus Schmitt-Sody는 춤추기가 허리 수술을 받은 후 재활 운동으로 적합하다는 사실을 입증하였다. 춤추기는 조깅을 할 때만큼 새로 사용하는 관절에 심한 충격을 주지 않는다.

 춤추기가 근골격계에도 (이미 통증이 있는 상태라 해도) 진정한 묘약이 될 수 있다는 사실을 다시 한 번 분명히 알 수 있다.

체중 조절을 위한 춤추기

우리는 호텔의 테라스에 앉아 식사를 한다. 솔직히 말해서 우리는 끊임없이 먹고 있고, 음식은 그야말로 최고이다. 가지 샐러드, 그릴에 구운 고기, 신선한 생선 요리, 풍성한 채소, 밥과 콩도 있다. 그리고 디저트도 더 바랄 게 없을 정도이다. 아이스크림, 케이크, 벌꿀을 넣은 그리스 요구르트……. 세미나실에 있는 조그만 그릇에도 비스킷, 초콜릿, 견과류 그리고 과일이 담겨 있다. 우리가 저녁에 춤을 춘다는 건 얼마나 멋진 일인가. 춤을 추면 적어도 남아도는 칼로리의 일부를 소모할 수 있으니까 말이다!

당신은 〈렛츠댄스〉의 네 번째 시즌이 기억나는가? 2011년 마이테 켈리Maite Kelly와 모리츠 A. 작스Moritz A. Sachs가 결코 날씬하지 않은 몸매로 나와 오직 춤 솜씨만으로 결승에 진출했다. 그들은 심사위원들과 시청자들의 사랑을 받았을 뿐 아니라, 시즌이 진행되면서 누가 봐도 눈에 띄게 살이 빠졌다. 모두 8번의 쇼를 준비하는 동안 마이테 켈리는 자신의 춤을 보여 주기 위해 힘든 훈련을 해야 했다. 300시간이 넘는 춤 연습을 하면서 그녀는 몸무게를 자그마치 9킬로그램이나 줄였다. 경쟁자인 모리츠 A. 작스는 심지어 12

킬로그램이나 빠졌다. 이를 통해 수백만의 시청자들은 오래전 과학이 확인해 준 사실을 직접 눈으로 확인할 수 있었다. 춤추기는 바로 군살을 빼는 훌륭한 방법인 것이다.

1989년 12월 『스포츠 의학 저널 Journal of Sports Medicine』은 춤출 때의 지방 연소에 관한 연구를 발표했다. 헨리 윌리포드Henry Williford와 그의 동료들은 저강도 춤동작에서는 1분에 4~5칼로리가 연소되며, 큰 근육을 움직이는 춤에서는 1분에 10~11칼로리까지 연소된다는 사실을 입증하였다.

혹시 '유산소 운동'과 '무산소 운동'에 대해 들어 본 적 있는가? 이 용어들은 힘든 운동을 할 때 우리 몸에서 일어나는 산소 소모와 관련되어 있다. 우리가 몸을 움직일 때 근육은 에너지를 필요로 한다. 이때 에너지는 산소를 사용하지 않거나(무산소), 산소를 사용하는(유산소) 두 가지 방법 중 하나에 의해 조달된다. 무산소 에너지 대사에서는 오로지 탄수화물만 분해되며 지방은 분해되지 않는다. 지방이 연소되기 위해서는 산소가 필요하기 때문이다. 유산소 에너지 대사에서는 탄수화물뿐 아니라 지방도 분해되어 운동에 필요한 에너지가 마련된다. 그러므로 당신이 피하지방을 완전히 없애려면 적절한 종류의 운동을 적절한 강도로 훈련하는 것이 중요하다. 일반적인 공식으로는 유산소운동을 할 때는 심장박동 수가 1분에 약 140회 이하가 되어야만 한다. 이 수치는 몸무게와 신체 컨디션도 영향을 미치기 때문에 사람마다 다를 수 있다. 이것을 정확히 알고 싶은 사람은 자기 몸이 유산소 에너지 대사에서 무산소 에너지 대사로 넘어가는 심장박동 수를 스포츠 의사에게서 확인받으면 된다.

춤추기는 유산소운동, 즉 지방 분해를 활발하게 해 주는 운동이다. 디스코폭스나 자이브 같은 춤의 빠른 템포를 통해 지방을 연소하는 효소가 생겨난다. 이 효소는 피가 아니라 지방을 노리는 흡혈귀와 같다. 그러니 이 효소를 만들어 내는 춤을 찬양할지어다! 춤강습을 한 시간 받고 나면 우리는 평균 330칼로리를 소모한다. (30분 동안 자전거 타기를 해서 소모하는 것과 같은 양이다.) 줌바 댄스를 추면 한 시간에 400칼로리까지도 소모된다. 시합에 나서는 댄서들은 프로 달리기 선수들과 같은 건강 지수를 보이며 800칼로리까지 연소시킨다.

스칸디나비아의 연구자 에바 빌가에우스Ewa Wilgaeus와 오사 킬봄 Åsa Kilbom은 1980년에 이미 빠른 템포의 스웨덴 민속춤 '함보Hambo'가 러닝머신에서 운동하는 것과 비슷한 신체 활동의 효과를 보인다는 사실을 입증하였다. 루치아 쿠구지Lucia Cugusl와 그 동료들의 연구도 비슷한 결과를 내놓았다. 2015년 그들은 사르디니아의 민속춤 '발루 사르두Ballu Sardu'를 조사했다. 댄서들에게서 심장박동이 최고 능력의 80퍼센트까지 올라갔으며, 댄서들은 1분당 평균 10.5칼로리를 소모해서 발루 사르두가 극한의 신체 활동으로 분류될 수 있을 정도였다. 이로써 오랜 전통을 가진 민속춤이 오늘날에도 건강에 좋은 운동 기준을 충족하는 것을 알 수 있다.

춤추기의 좋은 점은 우리가 시간 가는 줄 모르고 즐긴다는 것이다. 춤을 추다 보면 한 시간이 훌쩍 지나 있기도 하고, 파티가 벌어질 때는 춤추느라 밤새는 줄도 모른다. 이것도 춤추기의 커다란 장점이다. 유산소운동에서도 처음에는 탄수화물이 연소되고 약 20분 정도가 지나서야 지방이 연소되기 시작한다. 두 시간 동안 신체 활동을 하고 나면 탄수화물이 거의 완전히 연소된 상태에서 축적된 지방이 본격적으로 분해되기 시작한다. 두 시간 동안 쉬지 않고 조깅을 해 본 적이 있는가? 우리는 신나는 파티나 클럽에서 분명 그보다 더 오래 플로어에 있다고 말할 수 있다. 더구나 탱고 마라톤이나 스윙 페스티벌 혹은 살사대회같이 여러 날에 걸쳐 펼쳐지는 춤 행사에 참가한다면, 당신은 불필요한 지방이 사라지는 것을 두 눈으로 생생히 확인할 수 있을 것이다.

아쉬운 점은 많은 사람들이 춤을 추려면 날씬하고 아름다워야 한다는 편견에 사로잡혀 있다는 점이다. 우리는 이 편견을 하루빨리 떨쳐 버려야 한다. 왜냐하면 춤만큼 (뚱뚱하든 허약하든, 덩치가 크든 작든 상관없이) 그 어떤 몸매에도 적합한 운동은 없기 때문이다. 이에 대한 인상적인 증거를 인터넷에서 찾아볼 수 있다. 당신이 '발레'라는 단어를 '리지Lizzy'라는 이름과 함께 검색해 보면 미국의 10대 소녀 리지 하월Lizzy Howell에 관한 기사가 실린 수많은 링크들을 보게 될 것이다. 거기에는 대부분 동영상도 함께 나온다. 리지가 검은 백조의 푸에테(Fouetté, 발끝으로 돌기)를 하고 있다. 리지는 몇 초 동안 자신의 모든 에너지를 끌어모은다. 폭풍 전의 고요함이다. 그런 다음 본격적으로 푸에테를 시작한다. 리지는 체중이 실리지 않은 다리를 후려치는 동작으로 재빨리 공중으로 들어 올리고 무중력 상태로 바꾼다. 그런 다음 음악에 몸을 맡기고 연달아 발끝으로 돌기를 한다. 회전 동작은 시계처럼 규칙적이며, 리지는 이어지는 회전을 양쪽 발끝으로 돌기로 끝내고 안전하게 마무리 자세로 들어간다. 해냈다! 가볍게 말이다!

푸에테는 발레 동작 중에서 가장 까다로운 동작에 속한다. 여기에는 기술적 능력과 상당한 용기와 자신감이 요구된다. 이 동작을 하다가 실패를 맛본 프로 무용수들이 한둘이 아니기 때문이다. 몇몇 발레리나들은 이 동작에 대해 상당한 두려움을 느낀다. 리지는 그렇지 않다. 이 동작을 무작정 한다. 더구나 리지는 결코 요정 같은 연약한 발레 소녀가 아니다. 리지는 심각한 과체중이다! 전 세계의 무대를 지배하는 발레에 대한 편견은 무용수들을 엑스트라 스몰(특소 사이즈)로 만들어 놓았다. 우아한 발레리나의 이상적인 모습과 일치해야 한다는 압박감은 엄청나며, 관객들 기대치까지 더해져 편견은 더욱 강화돼다 설문 조사에 띠르면 빌레 무용수의 16퍼센트 이상이 섭식장애에 시달린다고 한다. 그 이유 중에는 특정한 발레 동작들은 BMI(체질량 지수) 15 이상이면 불가능하다는 잘못된 인식이 널리 퍼져 있기 때문이기도 하다. 리지는 정반대의 사실을 똑똑히 보여 주었다. "나의 체중이 중요하지는 않아요, 오직 춤에 대한 나의 열정만이 중요하죠." 리지는 한 인터뷰에서 이렇게 말했다고 한다. 정말 옳은 말이다!

사실 우리가 반드시 푸에테부터 시작할 필요는 없다. 스탠더드 댄스나, 살사 댄스 혹은 줌바 댄스는 춤에 대한 열정을 발견할 수 있는 멋진 기회가 된다. 브라질의 전투 춤인 카포에이라는 아주 유익한 지구력 훈련이 된다. 오스트레일리아 퀸즈랜드의 멘지스 보건협회의 로산나 노게이라Rossana Nogueira와 그 팀은 2014년에 시행한 연구에서 아주 특별한 방식의 학교 체육을 조사했다. 그것은 하루에 10분씩 하는 학생들을 위한 카포에이라 댄스 프로그램(CAPO-Kids-Programm)이었다. 일주일에 세 번씩 9개월 동안 훈련한 후, 151명의 학생에게서 혈압이 낮아지고, 체중이 감소하고, 근력이 강해진 사실이 확인되었다. 이것은 과체중인 아이들에게도 무척 유익한 건강 프로그램이다! 사실 과체중 문제가 갈수록 심각해지고 있다. 많은 아이들이 몸을 너무 적게 움직이고 너무 오래 앉아 있다. 심지어 뉴욕시에서는 이미 학생들의 거의 절반이 과체중이다. 이 수치에 위기감을 느낀 미국의 웨일코넬 의과대학의 저넷 호그Jeanette Hogg와 그 동료들은 2014년 흥미로운 프로젝트를 시작했다. 9~11세 사이 아이들 64명에게 일주일에 세 번 방과 후에 한 시간씩 춤 강습에 참가하게 했다. 강습에서 배우는 춤 스타일은 땀이 많이 나는 것들로 스윙 댄스, 차차차 그리고 힙합이었다. 아이들은 그 춤들을 아주 좋아했다! 그것만이 아니었다. 4개월이 지나자 참가한 아이들은 체중이 감소했을 뿐 아니라 혈압과 혈당 수치도 개선되었다! 그 밖에도 대부분의 아이들은 자신이 먹는 음식도 바꾸었다. 이 긍정적인 변화는 6개월이 지나서도 65퍼센트의 아이들에게서 그대로 유지되었다. 아이들의 3분의 1은 텔레비전을 덜 시청하며, 비디오게임도 덜 한다고 보고되었다. 그들은 집에서도 춤동작을 연습했기 때문이다.

특히 과체중인 사람들에게 춤을 출 때의 몸에 대한 지각은 종종 새롭고 소중한 경험이 된다. 여기서는 몸무게가 좀 더 많이 나가더라도 눈에 띄는 성공을 경험할 수 있기 때문이다.

참, 그런데 〈렛츠댄스〉 네 번째 시즌에서 우승한 사람은 마이테 켈리였다.

춤추기가 심장과 순환기에 얼마나 유익한지, 춤추기가 면역 체계를 활성화시키고, 관절과 등에도 멋진 운동이며, 춤을 추면서 칼로리까지 소모한다는 사실을 생각해 보면 사실상 처방전에 춤을 처방해야 마땅하다

아무튼 우리라도 솔선수범하기로 하고, 내일 학술대회에서는 휴식 시간에 춤추기도 도입하기로 했다. 신경생물학에 약간의 디스코폭스를 가미하면 우리의 시냅스들도 춤을 추리라!

힐링을 위해 춤추기

지친 마음을 보듬는 춤

삶이 우리를 좌절시킬 때
우리는 림보 춤을 춘다.

— 저자 미상

　오늘은 줄리아의 발표가 있었다. 줄리아는 자신의 연구에서 음악과 춤동작이 자폐증이 있는 사람들에게 어떻게 영향을 미치는지 조사했다. 그 후에 사회 신경과학의 유용성에 관해 열띤 토론이 진행되었다. 이 새로운 전문 분야에서는 사회적 인지를 할 때 우리 뇌에서 어떤 일이 일어나는지 알아내려고 한다.

　"무엇보다 우리는 지각 활동이 제대로 이루어지지 않는 사람들에게서 어떤 일이 일어나는지 살펴봅니다. 어쩌면 우리는 그것을 개선할 가능성을 발견할지도 몰라요." 점심시간에 줄리아가 이렇게 설명했다.

정서를 춤으로 표현하기

팔마에서 석사 과정에 다니는 동안 나는 때때로 보조 심리치료사로서 자폐증이 있는 남자아이를 돌봐 주었다. 네 살인 페드로는 말을 할 수 없었고, 움직임도 보통의 아이들과는 많이 달라 보였다. 나는 두 시간씩 페드로를 돌보며, 건강한 아이들이라면 무의식적으로 배우게 되는 일상적인 일들을 훈련시켰다. 페드로는 두 가지 음식만 먹었는데, 우리 치료사들이 페드로에게 사과 한 조각을 먹이는 데 꼬박 1년이 걸렸다. 페드로는 근육운동도 나이에 맞게 발달하지 않았다. 그래서 나는 페드로와 공과 풍선을 가지고 놀았다. 또한 페드로에게 색연필을 손에 쥐는 법을 가르쳐 주려고 했다. 하지만 종종 그 아이와 눈맞춤을 하는 것조차 힘들 때도 있었다. 그런 일은 무척 더디게 진척되었다. 나는 치료 요법에 따랐지만 매번 마지막 15분은 다르게 보냈다. 우리 치료사들이 페드로에게 무엇을 훈련시킬지 임의로 정할 수 있는 시간이었다. 나는 음악을 틀어 놓고 그 아이의 손을 잡고 무작정 춤을 추기 시작했다. 그럴 때면 시간은 아주 빨리 지나갔다. 페드로는 웃으면서 자발적으로 나의 눈을 마주 보았다. 그 아이는 내 주변에서 깡충깡충 뛰었고, 발끝으로 서서 앞으로 그리고 심지어 뒤로도 걸었다. 그런 순간에는 페드로의 움직임이 어색하다는 것을 거의 알아차릴 수 없었다. 그 15분 동안 페드로는 정상적인 아이에 가깝다는 느낌을 주었다.

과학자로서 나는 당연히 페드로와 나눈 경험이 전형적인 연구가 아니라는 것을 잘 알고 있다. 특히 화요일과 금요일마다 15분씩 함께 춤춘 것이 네 살짜리 페드로의 어떤 영역에서 무엇이 나아졌는지에 관해 아무런 측정치도 나오지 않았기 때문이다. 내가 가진 것은 나 자신의 경험과 페드로에 대한 좋은 기억이 전부이다. 나는 개인적으로 매번 춤추며 보낸 시간이 페드로에게 긍정적인 영향을 미쳤다고 굳게 믿는다. 나는 신경과학자로서 페드로가 즐거워하며 움직인 것이 페드로의 뇌에 어떤 인상을 남겨 놓았으며, 새로운 신경 네트워크를 만들어 냈으며, 그것으로 페드로의 근육운동과 사회 행동에 약간이나마 발전이 있었을 거라고 믿는다.

사람들은 오래전부터 춤추기가 치료에 효과가 있다는 사실을 알고 있었다. 1940년대부터 소위 춤 치료법은 심리와 신체를 치료하는 방법들 중 하나였다. 춤 치료법은 미국에서 생겼는데, 춤 치료법이 다양한 질병에 미치는 효능을 다룬 수많은 연구들이 나와 있다. 비록 오늘날까지도 춤추기가 정확히 어떻게, 그리고 왜 효과를 보이는지 알지 못하지만 말이다.

춤추기는 특별히 우리의 감정 활동에 미치는 영향이 중요한 것으로 보인다. 럿거스 대학의 엘리자베스 토레스Elizabeth Torres 교수와 그 동료들은 수년 전부터 자폐증이라는 주제에 관해 연구를 하고 있다. 그들의 이론이 참신한 이유는 자폐증이 근육운동 장애 때문일 수 있음을 암시하기 때문이다. 자폐증의 가장 중요한 증상들 중 하나는 실제로도 근육운동이 지장을 받는 것이다. 앞의 여러 장에서 살펴보았듯이 우리가 이 세상에서 행하는 모든 것은 움직임이다. (만약 우리가 멍게가 아니라면, 혹은 교수가 아니라면 말이다.) 우리는 자신의 의도와 정서를 움직임을 통해 표현한다. 얼굴 표정에서도 몸 전체의 움직임을 통해 하는 것과 똑같이 표현한다. 우리는 몸의 움직임을 통해 비로소 존재하며, 성장하는 동안 움직임을 통해 비로소 지금과 같은 우리가 되는 것이다. 이 모든 움직임은 뇌 속의 근육운동 시스템을 통해 가능해진다. 토레스와 그의 동료들이 제기한 문제는 '자폐증의 경우처럼 뇌 속의 근육운동 시스템이 제대로 기능하지 못하면 어떤 일이 벌어지는가' 하는 것이다. 자폐증 환자들은 남의 감정을 알아차리고 상대를 사회적 접촉을 통해 올바로 평가하는 데 문제가 있는 경우가 많다. 만약 우리가 움직임을 통해 정서를 표현하는 법을 익히는 것이 얼마나 중요한지에 주목한다면 자폐증이라는 주제에 관한 토레스의 연구 접근법은 대단히 흥미롭다. 움직임을 통해 감정을 배우기에 춤보다 더 적합한 수단이 있을까?

춤 치료법은 오늘날에는 만성적인 통증, 우울증, 스트레스 해소에만 투입되는 것이 아니다. 이것은 심적 외상 후 스트레스 장애, 섭식 장애, 그리고 심지어 암 치료법에도 투입된다. 그리스의 테살로니키에 있는 아리스토텔레스 대학의 안토니아 칼차토Antonia Kaltsatou와 그 동료들은 2011년에 그리스의 민속춤이 유방암 생존자

들의 신체적 기능·체력·정신 상태에 어떤 영향을 미쳤는지 조사했다. 춤추는 그룹에 참가한 여성들은 춤을 추지 않은 그룹에 비해 신체 기능이 향상되고 근육 발달이 뚜렷해진 것을 보여 주었다. 아주 중요한 사실은 우울한 기분이 발생하는 빈도가 현저하게 떨어졌고, 삶의 만족도가 뚜렷이 높아졌다는 것이다.

하지만 춤의 효과를 과학적으로 입증하는 일은 아직은 초보 단계에 있다. 그렇다고 해도 춤이 보조적인 치료법으로서 전통적인 의술을 보완해 주는 수단이 된다는 데에 대부분의 연구자들의 의견이 일치한다. 더구나 암과 같은 생명에 중대한 질병의 경우에도 많은 도움이 된다고 한다. 병에 걸렸다는 진단은 그때까지의 삶 전체를 완전히 뒤집어 놓는다. 사람들은 자기 몸에 대해 불신하게 되며, 수술·화학 요법·방사선 치료 등으로 인한 변화들을 힘겹게 대처해 나간다. 춤은 자기 몸을 직시하고 자신의 몸과 병을 더 쉽게 수용하게 하는 유익한 수단이다. 같은 불행을 당한 다른 사람들과 함께 춤추다 보면 종종 새로운 삶의 의욕이 생기기도 한다. 치명적인 병이라 해도 춤추기는 그 병에 대한 근심을 잠시나마 떨쳐 버리는 데 도움이 될 수 있다.

　나는 연구원으로 근무하는 동안 스윙을 즐기는 사람들을 많이 사귀게 되었다. 얼마 전, 나는 그 시기에 알게 되었고 함께 춤춘 적이 있는 한 친구가 사망했다는 소식을 들었다. 놀라운 것은 그녀가 이미 수년 동안 중증의 암에 시달리고 있었지만 춤을 출 때 그 이야기를 하지 않아서 우리들 중 아무도 그 사실을 몰랐다는 점이다. 그녀에게 춤은 자신을 정상으로 느낄 수 있는 하나의 기회였다. 혹은 병과 통증과 의사를 찾아가는 일로 점철되어 있던 자신의 일상에서 벗어날 수 있는 기회였을 것이다. 내가 그녀에 대해 경탄한 것은 그녀의 태도였다. 그녀는 죽음을 직시하기 위해 춤을 추었고, 스텝을 밟을 때마다 죽음에게 이렇게 말했을 듯하다. "네가 나를 데려간다 해도 난 내가 가장 좋아하는 걸 할 거야. 그건 포기할 수 없어."

　현대의 고통 완화 의술의 목적은 환자에게 존엄하게 죽을 선택권을 주고, 자신이 살아오면서 바랐던 것들을 더 많이 실현하게 해 주는 것이다. 2015년 사라 울프 Sarah Woolf와 팸 피셔 Pam Fisher의 연구는 춤추기가 환자들에게 자신이 더 이상 의지할 데 없고 병들었다고 느끼지 않도록 해 주는 좋은 수단이 될 수 있음을 보여 주었다. 대부분의 시간을 의료 기기와 의약품에 의존하고 있다고 느끼는 환자들에게 춤은 조금이나마 존엄성을 되찾게 해 준다. 어떤 경우에는 환자에게 춤은 물리치료보다 더 효과가 좋은 신체 치료법이기도 하다.

오늘날에는 다양한 치료법이 있다. 요즈음 특별히 훈련받은 춤 치료사들이 다양한 분야에서 활동하고 있다. 가령 괴팅겐 대학의 마리온 슈포어스 Marion Spors 는 1997년에 이미 춤 치료법이 섭식 장애의 원인을 규명하는 데 도움이 된다는 사실을 입증할 수 있었다. 슈포어스는 무엇보다 자신이 춤 치료법을 통해 어떻게 가족들 사이에서 일어난 성적 학대를 밝혀낼 수 있었는지 설명한다. 극단적인 사고를 당한 사람들은 자신의 감정을 말로 표현하는 것보다 춤으로 표현하는 것이 더 쉽기 때문이다. 트라우마 환자들도 종종 어느 정도의 소외를 경험한다. 어린 소녀나 성인 여성이 성폭행을 당했다면, 그들은 자신의 몸을 자신의 내면, 자신의 감정, 그리고 자신을 이루고 있는 것과는 동떨어진 이방인으로 여긴다. 그럴 때 춤을 추면 몸과 영혼을 다시 단일체로 느끼게 되고 본래의 자신으로 되돌아오는 경우가 많다.

우리에게 심각한 트라우마가 없다 하더라도 춤추기는 마음의 안정을 유지하거나 되찾는 데 도움이 된다. "이 세상의 모든 책들이 그대에게 행복을 가져다주지는 못하지만, 그 책들은 몰래 그대 자신에게 돌아가는 길을 알려 준다." 헤르만 헤세가 문학에 관해서 표현한 이 말은 춤추기에도 해당되는 것으로 보인다.

춤은 감정을 표현하는 좋은 수단일뿐더러 우리가 이미 살펴보았듯이 감정을 '시험 삼아 느껴 보기'에도 멋진 방법이다. 댄스 플로어가 그것을 위한 완벽한 장소다. 거기서 당신은 자신이 원하는 그 어떤 감정을 느껴도 좋다. 그중 어떤 것도 실제 생활에는 아무런 지장을 주지 않기 때문이다. 제1장에서 우리는 '편지로 상상하기' 연습으로 다양한 감정들을 머릿속으로 느껴 볼 수 있음을 알았다. 당신은 슬픈 감정이나 화나는 감정에서 멋진 감정이나 신나는 감정으로 옮겨 갈 수 있다. 이때 우리는 진심에서 우러나는 감정을 느끼는 연습을 한다. 이로써 우리는 기분과 자신감, 또 그에 따라 건강을 향상시킬 수 있다.

몇 해 전 한 여자 친구와 함께 공연에 출연하기로 예정되어 있었다. 우리는 탱고를 추어야 했다. 그때까지 나는 아직 탱고를 춰 본 적이 없었고, 그래서 그 공연을 하지 않으려 했다. "나는 금발의 스칸디나비아 여자고, 등을 꼿꼿하게 세우는 발레리나야. 그런 내가 아르헨티나의 탱고와 무슨 상관이야?" 나는 탱고 댄서들이 거드름 피우는 듯한 춤을 시시하고 불쾌하게 여겼다. 탱고는 지나치게 감정적이고 어쩐지 과장된 느낌이었다. 나의 춤 파트너는 그렇게 받아들이지 않았다. "넌 댄서야, 어떤 춤이든 출 수 있어야 해." 그 말을 듣자 탱고는 내게 무시할 수 없는 도전이 되었다. 하지만 리허설이 시작되었을 때 내가 발레처럼 민첩하고 자로 잰 듯이 정확한 동작으로 무대 위를 돌아다니는 동안 안무가는 고래고래 고함을 질렀다. "더 열정적으로!" "감정을 더 풍부하게!" 무수한 잔소리가 쏟아졌지만 그 모든 것이 소용없었다. 아무리 해도 나의 춤동작은 나아지지가 않았다. 어느 날 나는 옛 발레 선생님을 찾아가 나의 참담한 상황을 털어놓았다. 선생님은 생각에 잠겨 나를 바라보더니 한마디만 했다. "누군가 네가 사랑하던 사람이 너를 버리고 떠난 적이 있지 않니?" 나는 깊이 생각했고, 그러자 갑자기 당시의 상실감과 고통, 분노와 슬픔이 다시 느껴졌다.

그다음날 안무가는 우리에게 그 춤을 처음부터 끝까지 추어 보라고 했다. 그때까지 한 번도 없었던 일이었다. "왜 처음부터 그렇게 하지 않은 거야?" 이것이 그의 말이었다. 나는 마음이 놓였고 믿을 수 없이 홀가분해지는 것을 느꼈다. 그 이유는 그 안무가의 말 때문이 아니라 춤 그 자체 때문이었다. 나는 나의 슬픈 감정을 춤으로 표현할 수 있다는 것을 확인했다. 그런데 아이러니하게도 속이 시원해지는 느낌이 들었다.

이스라엘의 신경과학자 탈 샤피르Tal Shafir는 인상적인 일련의 연구를 통해 몸의 움직임이 우리의 감정 상태에 미치는 영향을 분석했다. 앞의 여러 장에서 살펴보았듯이, 몸의 움직임과 언어와 감각을 관장하는 뇌 부위는 밀접하게 연결되어 있다. 이 때문에 우리 몸의 물리적 움직임은 우리 몸속에서 특정한 감정으로 옮겨질 수 있다.

다음 연습을 해 보자. 너무 깊이 생각해서는 안 된다. 똑바른 자세로 서서 몸을 이용해 다음 동작들을 따라 해 보자.

A. 손을 주머니에 넣고—힘들이지 않고—열쇠를—쥔다.
B. 가슴을 내밀고—두 팔을 V자로 만들어 머리 위로 올리고—천천히 숨을 들이쉬고—제자리 뛰기를 반복한다.
C. 바닥의 어떤 지점을 응시하고—천천히 몸을 살짝 움츠렸다가—아주 갑자기 뒤로 물러나—지점에서 멀리 벗어난다.
D. 앞으로 다가간다.—강하게, 직접적으로 그리고 갑자기—때린다.
E. 몸의 중심을 낮춘다.—어깨를 앞으로 숙인다.—몸이 무거워진다.—쓰러진다.

이런 자세들을 취하면 우리는 마치 이런 자세를 하게 되는 어떤 상황에 처해진 듯한 느낌이 든다. 우리가 손으로 주머니에 든 열쇠를 쥐려고 할 때, 이 일상적인 행동은 특별한 정서를 불러일으키지 않는다. 가슴을 내밀고 승자의 자세를 취하면 우리는 강인하고 즐거운 느낌이 든다. 또한 불안(C), 분노(D), 슬픔(E)도 우리 몸이 그런 자세를 취하면 저절로 느끼게 된다. 당신은 아무런 느낌도 들지 않았는가? 이제 당신은 그 정서들에 관해 알고 있으니 다시 한 번 시도해 보기 바란다. 이렇게 하면 특정한 감정을 자기 내면에 불러일으키는 연습을 할 수 있기 때문이다.

몸을 이용해 그 동작들을 수행하는 모습을 상상해 보기 바란다. 당신이 이 연습을 더욱 자주 할수록 당신의 뇌는 단지 그 동작을 상상하는 것만으로도 거기에 해당하는 정서에 대한 피드백을 자동적으로 얻게 될 것이다. 2016년 탈 샤피르와 그의 동료들은 80명의 실험 대상자들에게 위의 A에서 E와 같은 문장을 보여 주고 그런 자세들을 취하게 하고, 그런 자세들을 상상하게 하거나, 누군가가 그런 자세들을 취하는 짧은 동영상들을 지켜보도록 시켰다. 그들은 늘 똑같은 결론에 도달했다. 즉, 실험 대상자들은 자신이 취하고, 상상하거나 심지어 단지 보기만 했던 동작들을 감정으로 느꼈다. 참으로 흥미롭지 않은가? 자신이 단지 상상만 하는 동작을 통해서도 기쁨이나 분노 같은 강력한 감정을 불러일으킬 수 있으니 말이다.

이러한 방법을 통해 우리는 감정들을 표출하고 표현하는 다양한 치료법들을 개발할 수 있다. 말하자면 우리가 '시험 삼아 느껴 볼' 수 있는 감정들을 불러일으키는 것이다. 춤의 동작이 여기에 특별히 적합하다. 우리는 춤동작을 이용해 이야기 전체를 들려줄 수도 있기 때문이다. 그러니 춤추기는 힐링 효과가 크다. 우리는 마음을 다잡기만 하면 된다.

자신의 나약함을 춤으로 이겨 내기

줄리아의 강연이 끝나고 나자 우리 팀의 분위기는 살짝 가라앉았다. 그리스의 무더운 공기는 사람을 지치게 했고, 어젯밤을 춤으로 보낸 우리는 아직도 뼈마디가 쑤실 지경이었다. 사실 이후의 강연을 빼먹고 해변에 드러눕고 싶었다. 동선이 가방을 뒤져 오후 프로그램을 꺼냈다.

"아직 사회적 접촉과 정신병에 관한 강연이 두 번 더 있어요. 그 정도는 해낼 수 있잖아요! 자, 시작합시다!"

그의 활력은 전염성이 있었다. 우리는 각자 커피를 한 잔씩 더 가져와서 기운을 차렸다.

우리가 이 책에 싣기 위해 사진 촬영을 했을 때 메이크업 담당자가 말했다. "춤추는 거야 뭐 다 좋아요, 하지만 남편과 내가 아이들을 침대에 눕히고 나면 우린 파김치가 되어 긴 소파에 쓰러져 버려요. 그때는 말 열 마리가 와도 우릴 댄스 플로어로 끌고 갈 수 없지요. 온몸이 녹초가 되어 냉장고까지 가는 것조차 너무 힘들게 느껴지니까요."

충분히 이해할 수 있다. 그러나 다행스럽게도 나에게는 마티아Mattia가 있다. 마티아는 이탈리아에 살고 있지만 나에게 자주 춤추기를 상기시켜 준다. "한 번쯤 춤추러 가도록 해! 피곤한 건 너의 머리지 몸은 아니라고." 그런데 런던에 밤이 찾아오고, 금요일 밤 11시까지도 사무실에 앉아서 데이터를 분석하고 있자니 사지는 쑤시고, 눈은 거의 감기고, 등은 당장이라도 바닥에 드러누울 태세다. 그럴 때 이탈리아에서 보내온 메시지 알림음이 울린다. "자, 시작하자고!!" 이 시간에 마티아는 탱고 댄스파티에서 춤을 추기 위해 밀라노의 밀롱가(Milonga, 탱고를 추는 장소)로 출발하는 것이다.

나는 지난 12시간 동안 한 몸이나 다름없이 붙어 있던 사무실 의자에서 살며시 빠져나와 기지개를 켠다. 내 몸의 모든 부위가 말을 듣지 않는다. "집에 가서 잠이나 자야겠어!" 머릿속에서 이렇게 말하는 소리가 들린다. 그러나 아니야. 난 아직 임무가 남아 있어, 탱고 말이야.

'물건을 챙기는 일'이 춤에 대한 즐거운 기대를 한 방에 날려 버릴 수도 있다. 그래서 나는 아침에 벌써 머리빗, 화장품, 댄스 드레스, 구두를 말끔하게 봉지에 챙겨 넣어 두었다. 이렇게 하면 밤에 가방에서 봉지를 꺼내 출발하기만 하면 된다. 그러면 재투성이(신데렐라) 과학자에서 탱고 춤을 추는 공주로 변신할 수 있다. 밀롱가에는 오직 왕자님과 공주님, 화려한 치장과 반짝이는 장신구, 그리고 동화에서처럼 가끔 황금빛으로 변하기도 하는 멋진 빨간 등불밖에 없다. 그래서 나의 댄스 드레스도 검은색과 황금색이고, 눈꺼풀에 바를 금빛 파우더도 준비해 왔다. 심지어 나의 구두도 신데렐라의 구두처럼 황금색이다. 이 구두를 신으면 실험실에서 운동화를 신었을 때와는 확연히 다른 느낌이 든다.

하지만 내가 사무실을 나와 어두운 연구소의 복도로 나서자, 반짝이 구두를 신고 빨간 립스틱을 칠했지만 다시 한 번 갈등이 생겼다. 내가 직원용 전자칩 카드로 출입문을 열자 차가운 런던의 밤바람이 마주 불어왔다. 내가 여기서 대체 어떻게 해야 하지? 추위에 체온을 뺏기지 않으려고 몸은 바짝 움츠러들었다. 그래서 어깨를 들썩이면 몸이 굳어진 느낌만 더욱 강해졌다. 내 머릿속의 목소리가 다시 이렇게 말하는 것도 이상한 일이 아니다. "그냥 집으로 가라니까!" 그러나 나는 신경과학자이므로 내면의 나약한 자아를 잘 알고 있으며 그것을 물리치는 방법도 알고 있다. 나는 외투 자락 아래로 삐져나온 반짝이는 탱고 드레스를 바라본다. 그러자 과거에 찾아다니던 수많은 멋진 밀롱가들이 떠오르고, 오직 춤만이 만들어 낼 수 있는 온기가 내 몸을 훑고 지나간다. 나의 내면의 눈앞에 숨 가쁘게 춤추는 모습이 생생히 떠올라 밤의 추위에 맞서 나를 따뜻하게 해 준다. 나는 해리 포터를 떠올리지 않을 수 없었다. J. K. 롤링J. K. Rowling은 모든 생명력을 빨아먹는 디멘터Dementor들을 허구로 만들어 냈지만 그 방어책도 꾸며 냈다. 즉, 따뜻하고 좋은 기억을 떠올리면 우리는 보호자인 밝은 패트로누스Patronus를 만들어 내게 된다. 그와 함께라면 우리는 어떤 밤이든 헤쳐 나갈 수 있고, 런던의 비를 뚫고 밀롱가로 갈 수도 있다. 특별히 감동적인 체험은 보통 평범한 일상의 순간보다 기억 속에 더 생생하게 남는다. 누군가에게 결혼식을 올렸던 날에 관해 물어보면 그는 날씨가 어땠는지 말해 줄 수 있으며, 그날 세상에서 무슨 일이 벌어졌는지, 그리고 아마 저녁 식사의 세세한 것까지도 들려줄 것이다. 그날이 20년 전의 일이라도 말이다. 불길을 다시 타오르게 하고 우리에게 의욕을 고취시키기 위해서는 조그만 불씨 하나로도 충분하다. 나의 반짝이 드레스 패트로누스와 함께 나는 길을 떠난다. 목적지가 있는 거리로 접어들자 벌써 탱고 음악이 시작되는 소리가 들린다.

음악 소리는 이제 또렷이 들려오고, 나는 걸음을 재촉하며 네그라차Negracha 밀롱가로 들어선다. 내가 웃옷을 벗자마자 벌써 춤을 추자는 권유가 나온다.

나는 모든 것을 잊고 즐긴다.

생물학적 관점에서 볼 때 즐거운 기분은 신경전달물질을 통해 우리 몸에 무언가를 전해 주는 신호에 지나지 않는다. 뇌에서 분비되는 신경전달물질 도파민은 우리를 행복감에 빠져들게 해 주며,

그와 더불어 우리의 또 다른 행동을 조종한다.

　우리 뇌는 즐거운 느낌을 기억해 두고 그것을 그 느낌이 나타났던 일과 연결시킨다. 배가 고프면 느닷없이 내면의 눈앞에 자신이 좋아하는 소스를 뿌린 김이 무럭무럭 나는 스파게티 접시가 보인다. 바로 그 음식이 지난번에 우리에게 굉장한 즐거움을 선사해 주었기 때문이다. 우리는 그 꿈에 그리던 스파게티 접시를 다시 받기 위해 온갖 짓을 다 벌인다. 과거에 우리에게 즐거움을 안겨 준 경험들은 욕망의 대상으로 변하며, 그 경험을 다시 한 번 하고 싶다는 소망을 일깨운다. 이것은 뇌의 쾌락 중추에서 도파민이 작용하기 때문이다. 약물중독도 도파민의 활성화에 바탕을 두고 있다.

　도파민은 우리의 의욕을 고취시키고 목표에 맞추어 행동하게 만드는 묘약이다. 뇌 속의 보상 네트워크가 우리를 자극한다. 이 보상 네트워크는 이미 50년대에 발견되었는데, 이 발견은 순전히 우연이었다. 몬트리올 맥길 대학에 근무하던 연구원 제임스 올즈 James Olds와 피터 밀너 Peter Milner는 실험용 생쥐들에게 전기 충격을 주어 쥐들의 반응을 조사했다. 이 연구원들이 한 생쥐에게 실수로 전극관을 뇌의 다른 부위에 가져다 대자 그 녀석은 끊임없이 자신이 감전되었던 장소로 되돌아왔다. (심지어 그다음 날에도.) 그 생쥐는 더 감전되기를 기대했던 것이다. 그래서 연구원들은 이 현상을 더 면밀히 조사했다. 그들은 생쥐들을 스스로 전기 충격을 받을 수 있게 작동시킬 수 있는 특별한 스위치가 달린 상자에 넣었다. 학습 시간이 몇 분 지나자 생쥐들은 자신의 뇌를 가령 5초마다 규칙적으로 자극했다. 생쥐들은 먹는 것도 잊고 그 스위치를 작동시키다가 마침내 지쳐서 쓰러졌다. 이를 통해 그 연구원들은 뇌의 보상 네트워크를 발견했고, 전달물질 도파민을 이용해 그 주된 원인을 알아낼 수 있었다. 우리에게 이보다 더 의욕을 고취시키는 다른 물질은 없는 것으로 보인다:

어떤 사람에게 도파민이 적게 분비될수록 그는 더 쓸쓸해지고 무기력해진다. 우리는 도파민 스위치를 돌리는 것으로 의욕 상실을 의식적으로 극복할 수 있다. 그렇다고 생쥐들처럼 전기 충격을 받을 필요는 없다. 당신도 예상하겠지만 그냥 춤을 추러 가기만 하면 된다. 그 이유를 설명하자면 이렇다. 우리는 이미 도파민이 음악을 들을 때 분비된다는 것을 살펴보았다. 하지만 다른 한편으로 성공 체험을 할 때와 성공 체험에 가까워질 때도 그렇게 된다.

우리가 목표를 너무 높이 설정하면 성공 체험은 오히려 줄어든다. 이 때문에 더 작은 구간 목표들을 설정해서, 계속 밀고 나아가는 데 필요한 도파민 효과를 얻는 것이 바람직하다. 그리고 이것을 위해서는 댄스 플로어가 적절한 장소다. 스텝 하나하나가 중요하다. 오늘은 어떤 스텝을 배울까? 회전을 할 수 있을까? 특별히 어려운 부분도 할 수 있을까? 학습경험이 쌓일 때마다 우리 뇌의 보상 네트워크가 활성화된다. 우리의 목표를 짧은 구간으로 잘라 놓으면 계속해서 성공의 순간을 경험하게 된다. 이렇게 되면 우리는 어떤 일을 끝까지 해낼 수 있다. 당신의 의욕을 고취시키기 위한 묘약이다!

춤을 출 때는 조깅을 할 때와 같이 예컨대 인적 없고 비로 질척해진 길이 몇 킬로미터나 우리 앞에 놓여 있지는 않다. 춤을 추는 사람은 그룹으로 모여서 혹은 파트너와 함께 춤을 추게 되는데, 이것은 더욱 의욕을 고취시킨다. 그럴 때 우리는 종종 댄스 파트너보다는 내면의 더 나약한 자아를 저버리는 편을 선호하기 때문이다. 춤 강습 시간이 정말 재미있다면 우리는 그 기억들도 함께 일상으로 가져간다. 우리가 멋진 상황과 관계된 일들을 보거나 들을 때면 늘 정서적으로도 그것과 결부된 긍정적인 기분이 되는 것이다. 갓 베어 놓은 풀 냄새만으로도 우리는 여름 기분을 느낀다. 혹시 계피 냄새를 맡을 때의 느낌을 기억하는가? 금세 기분 좋은 강림절 오후가 떠오르지 않는가?

따라서 우리가 무기력하고 기분이 좋지 않아 소파에 드러누워 있다면, 아마 지난번 춤 강습 시간에 나온 음악이나 탱고 드레스를 떠올리는 것으로도 의욕을 느끼기에 충분할 것이다.

반짝이는 탱고 드레스나 멋진 댄스 구두는 또 다른 효과도 보인다. 몸단장을 하고 세련되게 꾸미는 것은 강렬한 인간적 욕구다. 고대 유물의 발굴을 통해 원시인들도 이미 색색으로 화장을 했고, 진주와 뼈를 장신구로 사용한 것으로 밝혀졌다. 실제로도 여러 연구를 통해 '아름답게 꾸미는 것'이 상대방에게 긍정적인 느낌을 줄 뿐 아니라 자신의 기분·의욕·자부심에도 직접적인 영향을 미친다는 사실이 입증되었다. 우리는 의복을 통해 우리의 카리스마와 신체 언어 전체를 변화시킨다. 화장도 이와 비슷한 효과가 있다.

화장을 한 여자들은 하지 않은 여자들보다 더 자신감 있는 태도를 보인다. 화장은 자신감을 불러오고 그렇게 해서 의욕을 고취시키는 진정한 추진력이 되는 것으로 보인다. 그렇다고 남성들이여, 그대들도 하이힐을 신고 립스틱을 바를 필요는 없다. 그저 조깅 바지를 벗고 청바지를 입는 것만으로도 충분하다. 이제 그냥 춤을 추러 가라. 댄스 플로어로 가는 길에는 많은 공포의 대상과 디멘터 들이 있다. 피곤함·스트레스·내면의 더 나약한 자아 혹은 런던의(혹은 겔젠키르헨의, 혹은 함부르크의) 비처럼 말이다. 그러나 몸에 대한 올바른 지식과 한두 가지 좋은 기억만 있으면 그것들은 물리칠 수 있다. 그에 대한 보상은 돈으로 살 수 없는 것들이다. 당신은 느끼고, 둥실 떠오르고, 웃고, 즐기고 또 다음 날을 위한 새로운 의욕을 얻게 될 것이다.

스트레스를 춤으로 해소하기

동선은 휴대폰이 울리는 바람에 오후 프로그램에서 연달아 두 번이나 빠져나가야 했다. 독일에 있는 그의 연구팀이 연구소의 서버에 저장되어 있어야 할 어떤 파일을 찾지 못했던 것이다. 그리스에서 그 일을 도와주기란 쉽지 않다. 특히 동선은 내일 자신의 연구를 이곳 학술 대회에서 소개하고 싶어 했고, 그림과 도표를 다시 한 번 검토해야 했다. 동선의 스케줄이 흐트러지기 시작했다.

"오늘 밤에 춤추는 건 물 건너간 것 같군요." 동선이 짜증이 나서 말했다.

스트레스에 관해서는 우리들 대부분이 잘 알고 있다. 아이들이 칭얼거리고, 냉장고가 비어 있고, 휴대폰이 열 번째나 울리고 있는데 우리는 한사코 책상 앞으로 가야만 하는 것이다.

누구나 모든 것이 그야말로 과도한 그런 상황을 경험한 적이 있을 것이다. 그럴 때는 더 이상 제대로 돌아가는 것이 없으며 우리는 스트레스를 받는다고 느낀다. (이것은 좋은 느낌이 아니며, 심하면 몸이 아프게 된다.) 그런데 스트레스는 일차적으로는 힘든 과제에 대한 매우 자연스러운 반응이며, 인간의 진화에서 볼 때 전적으로 의미가 있는 일이다. 우리의 선조들이 검치호랑이나 적대 관계에 있는 씨족의 가장 강한 전사 앞에 서 있을 때, 그때는 당장 어떤 결정을 내려야만 했기 때문이다. 예전부터 우리 뇌는 위급 상황이 오면 그것을 환기시켰으며, 오늘날에도 우리가 무언가로부터 위협을 받거나 과도한 부담을 받는다는 느낌이 들 때면 그렇게 한다. 스트레스 호르몬인 아드레날린·인슐린·코르티솔·노라드레날린이 혈액 속으로 분비되고 우리의 몸 전체가 비상 대비 태세로 전환된다. 우리가 트라우마에서 살펴보았듯이 이것 역시 우리 뇌 자체에 영향을 미친다. 우리의 시야는 폭이 좁아지고 깊은 생각에서 나오는 창의적인 해결책은 더 이상 기대할 수 없다. 왜냐하면 우리의 꽤 복잡한 뇌 기능은 뱀이나 검치호랑이의 모습을 볼 때는 전혀 사용되지 않기 때문이다. 무엇보다 코르티솔이 바로 그 스트레스 호르몬으로 통한다.

숲속에서 재빨리 피해야만 하는 뱀을 만났을 때 이 호르몬은 중요하고 유익하다. 그리고 해야 할 일이 많은 상황에서 우리에게 최고의 능력을 발휘하도록 도와준다. 코르티솔은 심장을 빨리 뛰게 해 주며, 신선한 피를 근육에 공급해 주고, 몸을 휴식에서 활동으로 전환시킨다. 또 소화와 재생 과정이 낮게 유지되도록 해서 우리가 정신을 집중하고 위험을 피해 달아나거나 거기에 맞설 수 있게 해 준다. 우리는 뱀을 보면 피해 달아나며, 직장에서 마감 시간에 맞추기 위해서 거의 밤을 새워 일한다. 그 후에 이 특별한 긴장은 다시금 코르티솔이 활동을 마치고 나면 분해되도록 해 준다.

하지만 오늘날 우리가 만나는 검치호랑이의 모습은 더 교묘해졌다. 끊임없이 울려 대는 휴대폰, 일정이 가득 찬 아웃룩 캘린더, 불평을 늘어놓는 사장을 피해 누구도 숲속으로 달아나지 않는 것이다. 우리 몸이 스트레스 호르몬을 만들어 내지만 긴장은 지속되고 분비된 호르몬은 제대로 분해되지 않는다. 이 비상 대비 태세를 (싸우거나 달아나는 것으로) 다시 해제시켜 주는 반응이 일어나지 않기 때문이다.

때때로 스트레스는 우리를 마비시키기도 한다. 우리의 생존을 담당하는 뇌 부위가 겁에 질려 몸이 굳어지게 만들 수 있기 때문이다. 그럴 때 우리는 숨이 멎고 더 이상 움직이지 못한다. 이것은 뇌 부위가 척수의 신경섬유를 통해 다리 근육에 직접 개입하기 때문이다. 이렇게 해서 스트레스가 근육의 움직임을 방해한다. 적이 너무 빠르거나 이미 너무 가까이 다가와 있을 때, 몸이 굳는 것은 과거의 우리 선조들에게는 아주 나쁜 생존 전략은 아니었다. 당신은 겁에 질려 무릎이 후들거리고 별안간 자신이 아주 나약해졌다고 느낄 때 이 반응과 비슷한 형태를 아마 느껴본 적이 있을 것이다. 이 둘은 의식적인 판단이 아니라 엄청난 위험에 처했을 때 신체가 보이는 생리적 반응이다.

스트레스가 오래 지속되면 우리는 쇠약해지며 완전히 탈진하는 번아웃 증후군에 이를 수도 있다. 이것을 보여 주는 최초의 징후는 대개 지속적인 피로감과 수면 장애, 두통과 위통이다. 면역 체계도 제대로 가동되지 않아서 우리는 질병에 감염되기가 쉽다. 비상 대비 태세가 지속적으로 높게 유지되면 고혈압이 초래되고 따라서 뇌졸중과 심근경색의 위험이 높아진다. 그러므로 스트레스를 막는 조처를 취하는 것이 매우 중요하다.

우리는 원초적 본능에 따라 스트레스에 건전하게 대처하는 법을 알고 있다. 즉, 최대한 빠르게 피해 달아나거나 아니면 싸워야 한다. 하지만 우리는 소파에서 푹 쉬는 편을 택한다. 그렇지만 수많은 연구들이 운동이 스트레스 해소를 촉진하며 엔도르핀을 솟아나게 한다는 사실을 말해 준다. 1980년대 이후로 유산소운동을 할 때 혈액에서 스트레스를 유발하는 호르몬인 코르티솔이 사라진다는 사실이 과학적으로 입증되었다.

춤추기는 이 문제에서도 도움이 되는데 이것은 과학적 연구 없이도 사람들이 예전부터 알고 있던 사실이다. 여기에 대한 좋은 사례는 이탈리아 남부 지방의 민속춤인 '타란텔라Tarantella'이다. 이 춤의 이름은 독거미에서 나왔다. 이 거미에 물린 사람은 매우 이상한 행동을 하기 시작하며, 이 행동이 이 춤을 통해 표현된다고 한다. 타란텔라 춤은 거미에 물린 인물이 겪는 열병의 고통을 흉내 내기 때문에 히스테리를 일으키는 느낌을 준다. 댄서가 미끄러지듯 나아가는 동안 두 다리는 통제력을 잃은 것처럼 바닥 위에서 움찔거리며 움직인다. 과거에는 이 춤을 며칠 동안 계속 추었으며, 사람들은 무아지경에 이를 때까지 춤을 추어 몸에서 '독'을 빼냈다. 인류학자인 주디스 린 해나Judith Lynne Hanna는 자신의 저서 『춤과 건강, 스트레스 극복하기Dance and health – conquering stress』에서 타란텔라 춤의 경우에 거미의 독은 힘든 시절, 인간들 사이의 갈등이나 그 밖의 스트레스를 상징적으로 나타낸다고 서술했다. 끊임없이 오래 움찔거려서 완전히 지치게 만드는 타란텔라 춤을 통해 사람들은 그 어떤 형태의 '독'도 땀을 흘려 배출했다. 스트레스는 해소되고 기분이 좋아졌다. 나폴리 사람들은 오늘날에도 이 춤을 그런 식으로 이용한다. 자연재해·테러·정치적 부당함이 있을 때 그들은 춤을 춰서 그 '독'을 몰아낸다. 이 이탈리아 민속춤은 치유의 제의식으로서 그 중요성을 잃지 않고 있다.

　나는 런던에서 친구들을 따라 타란텔라 춤의 밤 행사에 간 11월의 어느 날 밤을 생생히 기억한다. 그 주일 내내 야근으로 눈코 뜰 새 없이 바빴던 터라 주말이 되자 나는 무척 짜증스러운 상태였다. 나는 타란텔라 춤을 잘 몰라서 구글을 통해 검색을 해 보았는데, '춤을 통한 황홀경'과 '주변의 모든 것을 잊어버린다'는 말이 무척이나 솔깃하게 여겨졌다. 그날 저녁 행사장에 도착하자 밴드는 무대에 자리하는 대신 사람들 한가운데서 연주하고 춤추고 노래를 부르고 있었다. 그 음악은 여름과 이탈리아에서 보낸 휴가를 떠올리게 했다. 리듬은 기운이 솟게 해 주었다. 나는 더 이상 따져 보지도 않고 웃옷과 가방을 한쪽 에 내던지고 혼잡한 사람들 속으로 뛰어들었다. 사람들의 몸짓들로부터 활기찬 기운이 나에게로 전해졌다. 내 다리도 그 낯선 리듬에 맞춰 함께 흔들흔들 움직였다. 여기서는 사실 스텝은 별 상관이 없었고, 중요한 것은 한 박자도 놓치지 않는 것이었다. 얼마 되지 않아 나의 맥박은 요란하게 뛰었고, 나는 점점 더 깊이 숨을 쉬었다. 짜증 나는 일주일과 런던의 추운 가을 날씨는 사라지고 없었다. 나를 짓누르던 무거운 갑옷이 내 몸에서 떨어져 나간 기분이었다. 그날 밤이 지났을 때 나의 기력은 완전히 바닥났다. 나는 그토록 숨을 헐떡인 적이 한 번도 없었다! 그것은 정말 통쾌했다. 왜냐하면 나는 수년 동안 발레를 했고, 발레를 할 때도 이처럼 격렬하게 연습한 적이 있었기 때문이다.

그 멋진 밤을 보내고 나서 나는 제대로 된 타란텔라 춤 과정에 등록하기로 했다. 그렇게 되면 나는 '스트레스 거미'가 나를 물 때마다 타란텔라 춤을 출 수 있게 될 것이다.

만약 타란텔라 춤이 당신의 취향이 아니라면, 왈츠를 추며 부엌을 돌아다니거나 마루에서 힙합을 추는 건 어떨까? 어색하다고? 오직 처음에만 그럴 것이다.

콜롬비아의 심리학자 신시아 키로가 무르시아Cynthia Quiroga Murcia는 프랑크푸르트의 괴테 대학에서 박사 논문을 쓰는 과정에서 22쌍의 부부를 상대로 탱고를 추기 전후의 타액을 조사했다. 이를 통해 호르몬 농도를 확인하고 실험 참가자들에게 추가로 건강 상태에 관한 설문지에 답하게 했다. 결과는 많은 사람들이 무도회의 밤이 끝나고 나서 느끼는 기분이 옳다는 것을 확인해 주었다. 춤을 출 때 스트레스 호르몬인 코르티솔은 줄어들었고, 양쪽 파트너에게서 성 호르몬인 테스토스테론은 늘어났다. 탱고를 추고 나서 나오는 이 긍정적인 효과의 원인이 음악이나 몸의 움직임, 아니면 파트너와의 접촉에 있는지 알아내기 위해 무르시아는 인자들을 분리해서 조사했다. 스트레스 호르몬인 코르티솔의 감소는 무엇보다 음악에서 기인한 것인 반면, 테스토스테론의 분비는 파트너와 접촉하고 함께 몸을 움직인 것 때문인 것으로 드러났다. 세 인자 모두가 합쳐졌을 때(따라서 탱고를 출 때) 반응이 가장 강하게 나왔다.

 2004년 미국 리드 칼리지의 제러미 웨스트Jeremy West와 그 동료들은 아프리카 춤과 하타 요가가 건강에 미치는 영향을 비교해 보았다. 젊은 대학생들이 세 그룹으로 나뉘어 한 시간 동안 아프리카 춤 강습에 참가하거나, 한 시간 동안 하타 요가를 수행하거나, 아니면 생물학 강의를 들었다. 춤을 춘 그룹과 요가를 수행한 그룹은 모두 강습을 받은 후에 기분이 현저하게 나아졌다고 보고했다. 모두가 스트레스가 줄어들었다고 느낀 것이다. 흥미로운 점은 혈액 속의 전달물질의 농도에서 두드러진 차이가 확인되었다는 사실이다. 아프리카 춤을 춘 경우에 코르티솔이 늘어났고, 하타 요가를 수행한 경우에는 줄어들었다. 두 그룹 모두 강습을 받고 난 뒤 스트레스가 줄고 기분이 나아졌다고 보고했기 때문에, 연구자들은 거기서 필요에 따라 그 두 운동법에서 서로 다른 장점을 끌어낼 수 있다는 결론을 내렸다. 결국 혈액 속의 코르티솔이 증가한 것은 스트레스와 관련 있을 뿐 아니라 원기와 삶의 기쁨이 고양되는 긍정적인 효과와도 관련이 있다.

춤추기는 명상과 비슷한 작용을 일으킬 수 있다. 춤의 스텝 순서와 율동은 정신 집중을 필요로 하고, 관심을 한곳으로 모으는 데 도움이 되기 때문이다. 이것은 특히 조용히 명상을 하기가 힘든 사람들에게 유익하다. 요가·기공·태극권은 조용히 앉아서 하는 명상이 아니라 집중적이고 주의 깊은 움직임을 통해 긴장을 완화하는 방식이다. 명상 춤들도 아직 널리 보급되지는 않았지만 마찬가지의 효과를 보인다. 명상 춤을 추면 집중력과 협응력, 민첩성과 기억력이 촉진된다. 춤을 통한 명상은 스텝이 종종 매우 단순하고 대부분 둥글게 집단으로 모여 진행된다. 이것의 목표는 마음의 안정을 찾고, 새로운 기력을 얻고, 자기 몸을 의식적으로 느끼는 것이다.

명상은 이미 긴장 완화와 기분이 좋아지는 데 신뢰할 만한 효과가 있는 것으로 입증되었기 때문에 미국 듀크 대학의 과학자들은 아프리카 춤도 그런 효과가 있는지 밝혀내려 했다. 실험 대상자들은 두 그룹으로 나뉘어 8주 동안 매주 탄자니아의 춤인 '고마Ngoma' 춤 강습에 참가하든지 아니면 한 시간 동안 명상을 수행했다. 그 전과 후를 비교 측정한 결과는 명확했다. 두 그룹의 참가자들 모두 강습을 받고 나서 불안과 우울증 증상이 줄어들었고, 자신의 삶의 질이 더 나아졌다고 느꼈으며, 사회적으로 전보다 결속력이 더 강해졌다고 느꼈다.

리듬을 통해 정신을 집중하고 진정한 자신으로 돌아가는 법을 배우려는 착상은 '타케티나TaKeTiNa'에서도 발견된다. 여기서는 사람들이 단순한 리듬에 맞춰 리듬감 있는 주문을 외는 자신의 목소리를 들으며 몸을 움직인다. 타케티나는 신체와 정신에 미치는 효과가 과학적으로 입증되었기 때문에 점차 심리치료와 통증치료에 성공적으로 활용되고 있다.

리듬에 맞춰 몸을 움직이는 것은 (타란텔라 춤에서처럼 거칠고 빠르게 하건 타케티나에서처럼 의식적이고 집중해서 하건) 스트레스에 기적을 일으킬 수 있다. 한 스텝씩 밟으며—그리고 투스텝으로—스트레스를 향해 다가간다.

하루 종일 앉아 있더라도, 눈에 띄는 위험이 없더라도 우리는 극도의 스트레스를 느낄 수 있다. 과학계의 과도한 경쟁에는 무엇보다 대학 정책이 주는 압박이 있다. 대학 정책은 연구자가 자신의 자리를 지키기 위해서 유명한 과학 잡지에 정기적으로 연구 성과를 발표하지 않을 수 없게 만든다. 그래서 시간은 언제나 부족하고, 연구자의 앞에 쌓인 산더미 같은 일은 도무지 끝나지 않는다. 이 때문에 나도 스트레스를 받는다. 과학계의 우사인 볼트와 육상 경기를 벌이는 과정에서 내 혈액은 아마도 온종일 코르티솔로 가득 차 있고, 그 때문에 내 몸은 수 시간째 전력 질주하고 있을 것이다. 나를 짓누르는 압박감이 주는 불안한 상황으로 나의 근육은 마비되어 있다. 여기에 대한 해결책은 단 하나, 춤추러 나가는 것뿐이다!

두려움과 불안에 춤으로 맞서기

"동선! 깊이 심호흡을 해 보세요. 지나치게 열 받는 건 누구에게도 도움이 되지 않아요."

동선은 흥분하지 않으려 해도 쉽지가 않다. 아직도 그의 동료들이 급하게 찾는 서류들을 찾지 못했기 때문이다. 우리는 긴장을 완화하는 방법에 관해 의견을 나누었다. 동선은 신체 훈련과 명상을 중국식으로 조합한 기공의 효과를 굳게 믿고 있다. 우리는 아래쪽 해변으로 내려가서 깊이 심호흡을 하였다. 동선이 몇 가지 간단한 연습을 시범으로 보여 준다. 명상 춤과 비슷하게 자기 몸의 리듬에 맞춰 천천히 움직이면 된다.

"이건 물론 보통의 스트레스를 물리치는 데만 도움이 돼요. 살아가

다가 상황이 정말로 심각해지면 종종 다른 도움이 더 필요하죠."

줄리아가 자신하며 말한다.

위험이 임박해 있을 때는 몇 초가 별안간 무척 길어지고 시간은 더 느리게 흘러가는 것 같다. 내가 계단에서 발을 헛디디는 순간과 바닥에서 눈을 뜨는 순간 사이의 영 점 몇 초의 시간도 그랬다. 나는 몸속의 뼈가 부러지는 소리를 들었다. 그것은 끔찍한 순간이었다. 나는 완전히 그 순간에 집중해 있었고 논리적으로 생각할 수도 있었다. 나는 내 인생에서 중요한 장면들이 차례로 눈앞을 지나가는 것을 보았다. 엄지손가락으로 책장을 주르륵 넘기며 그림을 보는 것처럼. 나는 그 순간에 이미 나의 삶이 그때부터는 달라질 것임을 알아차렸다. 그다음은 더 이상 기억이 나지 않는다.

나는 엉치 등뼈와 팔꿈치가 부러졌다. 오래 누워 있어야 했고 제대로 일어설 수도 없어서 침대에서 화장실까지의 짧은 거리조차 나에게는 힘이 들었다. 그것은 먼 길이었고 그래서 나는 작별할 시간을 가질 수 있었다. 춤추기와 이전의 내 몸과의 작별이었다. 나는 그것으로 끝이라는 것을 알았다. 춤은 끝이었다. 성공을 꿈꾸던 많은 무용수들의 삶이 이와 비슷하게 끝난다. 나의 경우라고 특별할 것이 없다고 순순히 받아들이려고 했다. 하지만 나로서는 세상이 끝난 것 같았다.

물론 실제로는 그렇지 않았다. 빌어먹을 세상은 계속 잘만 돌아갔고, 나도 그 세상과 함께 나아갔다. 시간이 지나자 나는 그것이 사실은 하나의 세상이 끝난 거라는 것을 이해했다. 줄리아가 무용수가 되려 했던 그 세상의 끝이었다. 그리고 더 중요한 사실은 아주 새롭고 흥미로운 세상이 시작되었다는 점이다. 나는 그 세상에서 새로운 신조를 찾아냈다. 내 몸이 춤출 수 없다면 나는 바로 내 머릿속에서 춤을 춘다.

트라우마를 겪을 때는 모든 감각 인상들에 대한 기억이 불쾌한 기분과 워낙 강하게 결합되어 있어서 우리는 어떤 식으로든 그 트라우마와 관련 있는 냄새·소리·느낌을 견뎌 내지 못한다. 트라우마 체험은 뇌에서의 통상적인 스트레스 처리 능력을 넘어선다. 말하자면 기억들이 쪼개져서 뇌의 서로 다른 부위에 저장되는 것이다. 이 일의 심각성은 트라우마를 겪으면 시간적 배열이 일어나지 않는다는 점이다. 그래서 우리가 몇 달이나 몇 년 후라도 냄새나 소리에 자극받아 그 끔찍한 기억의 한가운데에 처하게 되고, 그것이 현실과 꼭 같이 느껴질 수도 있다. 마치 그 일이 바로 눈앞에서 다시 일어나는 것처럼!

우리 뇌에는 무엇이 트라우마를 유발하는지는 전혀 중요하지 않고, 트라우마가 일단 존재한다면 그것은 존재하는 것이고, 비슷한 반응을 불러일으킨다. 우리가 비행기 추락 사고에서 살아남았건 아니면 단지 사랑하는 사람이 붕괴된 건물 속에 죽어 있다는 생각만 했건 상관없다. 트라우마는 항상 압도적이고 끔찍하고 소름

끼치는 경험이어서 우리에게 믿기 힘들 정도의 무력감을 전해 준다. 우리는 잠시 동안 전혀 통제할 수 없게 된다. 대개의 경우 우리는 그런 부담을 안고서도 비교적 잘 헤쳐 나갈 수 있으며, 이 때문에 많은 트라우마 체험이 반드시 치료되어야 하는 것은 아니다. 그 트라우마 체험이 일상생활에, 해당 인물의 삶에 영향을 미칠 때 비로소 문제가 된다. 우리가 '정신적 충격'이나 '트라우마' 등으로 말하지만 병원에서의 진단은 '외상 후 스트레스 장애'로 나온다.

대부분의 트라우마 환자들은 불안과 조절 장애가 있다는 감정에 시달린다. 그들은 지속적으로 흥분 상태에 있으며, 종종 일상생활에 지장을 주는 심각한 신체적 증상을 일으킨다. 불안 발작과 공황 발작에 시달리는 사람의 경우에 남들에게 자신이 왜 갑자기 불안해지며 완전히 고립되어 지내는지 설명을 하기 힘들지만, 사실 불안 발작의 경우에도 '진짜 불안'의 경우와 똑같은 생화학적 작용이 진행된다. 여기서도 다시 우리 몸을 비상 대비 태세로 바꾸어 놓는 코르티솔이 중요한 역할을 한다. 트라우마 환자들이 맥박 수와 혈압이 높아지고, 배탈·두통·만성적인 근육 긴장에 시달리는 것은 이상한 일이 아니다.

이 증상들과 기존의 불안으로 인해 트라우마를 겪은 많은 사람들은 자신의 몸을 더 이상 호의적으로 살펴보지 않는다. 불안 장애를 가진 사람들에게서 내수용기 감각 능력이 높게 나온다는 사실을 입증하는 연구들은 상당히 많다. (당신은 제4장의 내용을 기억하고 있는가?) 불안에 시달리는 환자들은 늘 아주 조심스럽고, 꾸준히 경계를 하며, 특히 자기 몸과 관련된 사항들을 세밀하게 챙긴다. 그들은 자신의 몸에 대해 워낙 민감하게 느끼기 때문에 아무리 작은 신체 반응도 꼼꼼하게 분석한다. 심장이 급히 뛰는 것이 공황 발작이 찾아올 징후일 수 있다면, 그럴 때 아주 특별하고 꾸준히 자신의 심장에 주의를 기울이고, 맥박을 관찰하고, 어쩌면 변화가 있을 때마다 이렇게 생각할 것이다. '난 위험에 처해 있어.' 트라우마를 겪고 나면 우리는 이런 감정들을 적절하게 다루는 법을 다시 배워야 한다.

여기서도 춤 치료법이 사소한 기적을 불러올 수 있다. 춤을 추는 동안 우리는 완전히 우리 자신에 관심을 집중한다. 정서와 우리 몸 동작은 단일체가 되며, 그로 인해 우리는 몸에 관해 더 잘 의식할 수 있게 된다.

'자기 발로 서다(경제적으로 자립하다)', '발이 차가워지다(갑자기 초조해지다)', '누구의 발밑의 땅을 파내다(기반을 잃게 하다)' 독일의 이런 관용구들은 우리가 삶을 안전하게 헤쳐 나가려면 발을 믿을 수 있어야만 한다는 사실과 관련이 있다. 언젠가 자신의 흔들거리는 다리로 서서 다리가 자신을 지탱해 줄지 자신하지 못했던 적이 있는 사람이라면 이 경험이 얼마나 불편한지 알고 있다. 춤 치료사들은 우리가 춤을 통해 통제감과 안정적인 스텝을 직접 몸으로 경험함으로써 우리 내면의 안정과 자의식을 강화할 수 있다고 가정한다. 그리고 이 안정은 이상적인 경우라면 신경 회로망을 통해서 삶의 다른 영역으로 확대된다.

나의 사정도 위와 같아서 사고를 당한 후 나는 내 몸과 일체감을 느끼지 못했고 매우 불안정했다. 나는 결코 '삶에서 두 다리로 단단히 짚고' 서 있지 못했다. 우리는 앞에서 우리의 정체성이 몸의 움직임과 느낌에 강하게 좌우된다는 사실을 살펴보았다. 말하자면 우리는 우리가 항상 행하고 느끼는 것 그 자체인 것이다. 그런데 나는 더 이상 춤을 추지 못했다. 예전에는 날마다 연습을 했는데 별안간 모든 것이 사라져 버렸다. 음악과 몸동작, 그리고 그와 연결되어 있던 정서 말이다. 따라서 나는 내면적으로 한때 나였던 줄리아에서 벗어난 것이다. 그것도 정신적으로뿐 아니라 나의 뇌 속의 신경 회로망에서도.

나는 그 사실을 인정하고 싶지 않았다. 몇 년이 지난 후의 어느 날 밤, 친구들에게 끌려 디스코장으로 갈 때까지 말이다. 그날 나는 마요르카의 발러만 술집 바로 옆의 한 디스코장에 있었고, 그날 저녁 여러 면에서 치유가 되었다. 우리는 디스코 음악에 맞춰 말 농장 춤을 추었고, 생각나는 대로 갖가지 춤을 추었다. 아무 생각 없이 완전히 그 순간에 몰입해서 춤을 추었다. 춤추는 동안의 몸동작들은 다시 이전의 나로 되돌려 놓았고, 뉴런들도 제대로 탄력을 받아서 수년 동안 한 번도 보인 적이 없는 패턴으로 활성화되었다. 마침내 모든 신경세포들이 다시 서로 신호를 주고받는 듯한 느낌이 들었다. 세상은 계속 돌아갔고, 음악도 계속 흘러나왔고, 나의 눈물도 계속 흘러내렸다. 그것은 숨통이 확 트이는 기분이었다. 나는 다시 춤출 수 있었던 그 순간을 결코 잊지 못할 것이다.

이런 경험은 상처에서 회복되는 발단이 될 수 있다. 춤은 우리의 몸에 대한 지각을 자극하고, 그래서 우리는 별안간 다시 우리의 심장박동을 느끼고 더불어 우리를 이끌어 줄 수 있는 감정도 느낀다.

우울을 춤으로 날리기

우리는 그 사이에 백사장에 앉아서 파도를 바라보고 있다.

"춤은 행복하게 해 주지만, 나의 춤 이야기는 그와 반대되는 부분에서 시작되지요."

동선은 자신의 우울증에 관해 이야기했다. 침대 속으로 기어들고만 싶었던 그 암울한 날들에 관해. 그가 아무도 만나고 싶지 않았던 날들에 관해.

"그런 상태가 오래 지속되면 더욱 활기가 없어지죠. 마치 블랙홀에 들어가 있는 것 같아요. 블랙홀이 세상의 모든 빛을 빨아들이고, 점점 더 어두워져서 스스로의 힘으로는 도저히 빠져나올 수가 없는 겁니다."

"당신은 어떻게 빠져나왔나요?"

"좋은 의사를 만났어요. 그리고 어릴 적 친구가 나에게 스윙 댄스를, 린디합이라는 춤을 추도록 권해 주었고요."

슬픔도 삶의 일부분이다. 우리는 슬플 때 어떤 느낌이 드는지 알고 있다. 슬픔도 행복과 마찬가지로 인간 존재의 일부를 이룬다. 많은 사람들에게 슬픔과 우수에 잠기는 때는 자신과 세상을 찬찬히 돌아보게 되므로 창조적인 결과를 만들어 내는 시기이다. 그 어떤 정서도 슬픔만큼 예술과 문화의 발전에 기여한 것은 없다.

헤어짐이나 죽음을 통해 우리가 사랑하는 사람을 잃어버리거나, 다른 사람에게 실망하거나 거부당하게 되면 슬퍼지는 것은 자연스러운 반응이다. 슬픔은 다양한 전달물질과 호르몬의 혼합물에 의해 유발되며, 슬플 때 혈액 속의 세로토닌과 프로락틴의 농도가 낮아진다. 세로토닌은 신경전달물질로 뇌에서뿐 아니라 소화관에서도 정상적인 기능을 하도록 해 준다. 세로토닌은 우리의 기분·식욕·수면 리듬을 조절하며 슬플 때 줄어드는데, 이것은 다시금 스트레스를 불러와서 우리를 마비시킨다. 슬픔의 명확한 특성 중 하나는 경직이다. 즉, 멍하니 앞만 바라보며 한 자세로 굳어지거나 울 때의 격한 숨 내쉬기다. 슬플 때 우리는 빈둥거리거나 무기력에 사로잡힌다. 그리고 이 무기력은 위협적이어서 우리를 파멸시킬 수도 있다. 한편 수많은 연구들이 그 사이에 몸을 움직이지 않으면 우리의 감정이 단조로워진다는 사실을 입증할 수 있었다. 이런 사람들은 자신이 무기력한 좀비처럼 느껴진다고 한다.

따라서 우울한 기분에 사로잡혀 있을 때 세로토닌을 투약해서 기분을 다시 바꿀 수 있다. 일반적으로 판매되는 대다수의 우울증 치료제가 세로토닌에 기반을 두고 있는 것은 당연하다. 그러나 약을 먹지 않고 신체 내부에서 세로토닌이 활발하게 만들어지게 할 수는 없을까?

2005년 한국의 신경과학자 정영자는 가벼운 우울증이 있는 청소년들을 대상으로 12주의 춤 치료법을 마친 후에 정신 건강과 신경 호르몬의 농도 변화에 대해 조사했다. 그녀는 춤을 춘 실험 대상자들의 혈액 속에서 세로토닌 농도가 명확히 높아졌음을 입증할 수 있었다. 탱고도 우울한 기분을 막아 주는 데 도움이 되는 것으로 보인다. 2012년에 수행된 한 연구에서 우울증에 걸린 사람들을 상대로 탱고 춤추기가 명상에 비해 그들에게 어떤 효과를 보였는지 조사했다. 춤을 춘 대상자들은 스트레스 수준이 현저하게 내려가고 삶의 만족감은 명확히 높아졌다고 느꼈다.

하이델베르크 대학의 자비네 코흐 Sabine Koch의 메타 분석은 춤 치료법이 전반적으로 기분을 개선시켜 준다는 것을 보여 주었다.

인기 있는 미국 드라마 시리즈 〈그레이 아나토미 Grey's Anatomy〉를 보면 여주인공은 춤으로 자신의 내면의 갈등을 해소한다. 수술실에서건 침대 위에서 속옷 차림이건 상관없이 상황이 힘들어지면 이렇게 말한다. "됐어! 춤이나 추자고!"

종종 기분이 바닥으로 내려가는 시기인 사춘기에도 춤추기는 기분에 좋은 영향을 미치는 것으로 보인다. 몇몇 소녀들은 사춘기에 지독히 부끄럼을 타는 경향이 있다. 그럴 때 그들은 우울한 기분과 낮은 자존감, 그리고 복통 같은 심신상관의 증상들에 시달린다. 스웨덴의 외레보 대학의 안나 두베르그 Anna Duberg와 그 동료들은 한 임상 연구에서 사춘기 소녀들에게 춤 강습이 도움이 되는지 조사했다. 춤 강습 과정은 십 대들에게 인기가 매우 높았고, 대부분의 십 대들은 그 강습 과정을 긍정적으로 평가했다. 십 대들은

춤 강습 과정을 끝내고 나서 설문지에 그들 자신의 건강이 춤 강습을 받지 않은 대조군의 소녀들보다 더 나아졌다고 평가했다. 그러니 무뚝뚝한 십 대가 집에 틀어박혀 있다면, 한 번쯤 어떻게든 그를 댄스 플로어로 데려가 보라!

몇 해 전에 나는 친구와 함께 한 무용 극장에서 작곡을 하고 자체 안무를 만들어 활동한 적이 있다. 나는 음악을 담당했고 지넷은 춤을 담당했다. 제작을 하던 중에 지넷은 사랑하는 사람과 사별하는 아픔을 겪어야 했다. 그녀는 커다란 충격을 받고 몹시 쇠약해졌다. 어느 날 오후, 그녀의 고통은 견디기 힘들어 보였다. 극장의 무대는 연습하는 사람이 없어서 칠흑같이 깜깜했다. 어쩐 일인지 나는 그랜드피아노로 가서 자작곡을 연주해 보려는 생각이 들었다. 지넷은 음악이 흐르자 곧장 한 마디 말도 없이 춤을 추기 시작했다. 그녀는 춤을 통해 내면에서 자신을 사로잡고 있는 감정을 표현했다. 나는 어두운 무대 위에서 춤추는 그녀의 모습을 희미하게 볼 뿐이었지만 그녀의 내면에서 무슨 일이 벌어지는지 온전히 느낄 수 있을 것 같았다. 그래서 그녀의 고통과 슬픔을 이해하고 음악으로 옮기려고 노력했다. 마치 황홀경에 빠진 것처럼 나는 감정을 음악으로 풀어내었고, 이 불가사의한 순간에 우리는 별안간 하나가 되었다. 그랜드피아노 음악에 맞춰 추는 춤, 무대에서의 즉흥적인 동작. 어느새 나에게도 눈물이 흘러나왔고, 나는 그야말로 피아노 건반을 마구 두드렸다.

시간이 얼마나 흘렀을까, 어느 순간 지넷이 땀에 흠뻑 젖은 채 무대에 누워서 가쁜 숨을 내쉬고 있었다. 나는 피아노를 치느라 손가락에 피가 흘렀고, 지넷의 발바닥에도 피가 나고 있었다.

무슨 일이 일어난 것일까? 무거운 정신적 스트레스와 힘든 신체적 움직임의 조합이 엔도르핀을 솟아나게 해서 우리 두 사람은 고통을 느끼지 못했던 것이다. 우리는 춤을 통해 그 고통을 잊어버렸다.

스트레스나 절망, 정서적 고통에 시달릴 때는 엔도르핀과 세로토닌이 솟아나게 하는 무언가를 하는 것이 도움이 된다. 적어도 당분간은 그것이 고통의 혹독함을 완화시키고 새로운 자극을 주기 때문이다. 춤을 추러 가는 사람들은 다른 사람들을 만나게 되고, 자신의 고독함에서 벗어나기 때문에 춤을 출 때는 긍정적인 사회적 효과들도 추가된다. 그렇게 되면 슬플 때 우리를 종종 미치도록 몰아가는 괴로운 생각의 회전목마도 한동안은 멈추기 때문이다. 그리고 여기에도 다시 '감정을 시험 삼아 느껴 보기'가 잘 맞아떨어진다. 뷔르츠부르크 대학의 리오바 베르트 Lioba Werth 박사는 이와 연관해서 '신체 피드백'이라는 용어를 만들어 냈다. 갈수록 많은 연구들이 몸의 움직임이 뇌의 감정적 반응에 영향을 미친다는 것을 보여 주고 있다. 그래서 삶을 긍정하는 동작을 춤으로 나타내고, 심지어 미소까지 짓는다면, 슬픔과 스트레스는 거의 느껴지지 않을 것이다. 탈 샤피르Tal Shafir의 연구 논문과 '감정을 시험 삼아 느껴 보기'를 아직 기억하는가? 여기서도 바로 그것이 중요하다!

하지만 우는 것도 도움이 될 수 있다. 슬프고 괴로울 때 우는 것이 어떤 기능을 하는지는 아직 완전히 밝혀져 있지 않다. 아마 우리 모두는 끝까지 참다가 마침내 속마음을 터놓고 울 수 있을 때의 후련한 느낌을 알고 있을 것이다. 독일소비연구학회의 한 연구는 독일인의 3분의 2가 1년에 적어도 한 번은 정서적인 이유로 눈물을 쏟아 낸다는 것을 보여 주었다. 울 때 후련한 느낌을 주는 것은 무엇보다 프로락틴 때문이다. 이 호르몬은 위안을 느끼는 감정을 담당하며 우리가 남들과 어울리며 친밀함을 느낄 때도 분비된다. 한 연구는 실험 참가자들이 우울한 음악을 들을 때 울면서 흘리는 눈물에 프로락틴이 함유되어 있음을 입증하였다. 그들이 양파를 썰면서 흘리는 눈물에는 프로락틴이 들어 있지 않았다. 따라서 정서에 의한 눈물의 합성은 우리가 눈에 이물질이 들어갔을 때 반사작용에 의해 흘리는 눈물의 합성과는 다른 것이다.

여기에 우리 뇌에 관한 기이한 사실도 하나 추가된다. 뇌에서는 고통과 행복의 처리를 담당하는 시스템이 겹쳐진다. 이 때문에 우리가 방법만 안다면 고통은 때로는 역설적으로 즐거운 기분으로 변할 수 있다! 모르텐 크링엘바흐Morten Kringelbach의 논문과 옥스퍼드 대학의 시리 케크니Siri Keknee와 아이린 트레이시Irene Tracey의 논문도 이 사실을 알려 주고 있다. 이들과 많은 사람들은 우리가 예술과 춤을 일종의 카타르시스로서 감정을 정화하는 데 적용할 수 있다는 가설을 내세운다.

혹시 슬플 때 일부러 특별히 우울한 노래를 반복해서 듣고 펑펑 울어본 적이 있는가? 실컷 울어서 기분이 나아질 때까지? 그렇게 하면 실제로 뇌에서는 '고통'에서 '행복'으로 스위치가 전환되는 것으로 보인다. 배우이자 가수인 마티아스 슈바이크회퍼Matthias Schweighöfer는 이렇게 말한다. "웃고, 울고, 춤을 춥시다!" 이것은 삶이 우리를 위해 준비해 놓은 우울한 날을 위한 표어로 보인다.

무언가를 해 보려는 결정을 도무지 내릴 수 없는 그런 저녁이었다. 낮은 길고 더디게 흘러갔다. 그럼에도 나는 잉가, 필립, 줄리아, 린다, 리자가 포도주를 한잔하자고 설득하는 말에 넘어가고 말았다. 우리는 많은 이야기를 했고 술도 많이 마셨다. 멋진 저녁이었다. 특히 리자가 오랜만에 우리와 함께했기 때문에 더 즐거웠다. 사실 리자는 특별한 이유가 없어 보였지만 매번 우리의 모임에 나오지 않았다. 그래서 우리들은 모두 리자와 함께 시간을 보내고 싶어 했다. 어느 순간 우리는 춤이라는 화제에 이르렀고, 잉가와 나는 나머지 사람들에게 슬로린디 Slow Lindy와 블루스, 그리고 찰스턴을 시범으로 보여 주었다. 곧이어 우리는 나머지 사람들에게 춤을 추자고 권했다. 우리는 그들에게 스텝 밟는 법과 간단한 동작으로 음악에 몸을 맡기는 법을 가르쳐 주었다.

모두가 열광적으로 함께했다. 그렇게 춤을 추던 중 리자가 갑자기 울음을 터뜨렸다. "저기, 있잖아, 내가 얘기할 게 있어." 우리는 그녀를 유심히 살펴보았다. "난 더 이상 버틸 힘이 없어." 그녀가 이렇게 말할 때 눈물이 뺨에 흘러내렸다. "난 정말이지 모든 걸 끝내기 직전에 와 있어." 우리는 충격을 받아 서로를 멍하니 쳐다보았다. 리자는 원래 잘 웃었고, 누구나 단번에 좋아하게 되는 그런 여자였다. 그녀의 짓궂은 눈빛과 호감이 가는 다정한 태도는 금방 모든 사람들의 마음을 사로잡곤 했다. 그녀가 내면의 깊은 슬픔을 우리에게 드러낸 적이 없었다. 사실 최근 몇 달 동안 드러난 징후들이 심리학자인 우리들에게 경보를 울렸어야 했는데 말이다. 리자는 혼자 있으려 하고, 핑계를 둘러대고, 휴대폰 메시지에 답장도 하지 않았다. 리자는 계속 말을 이었다. "하지만 지금 너희들을 만나고 함께 춤을 추는 게 너무나 좋아. 갑자기 기쁨의 순간도 찾아올 거라는 예감이 들어. 내가 누군가와 가까이 지낼 수 있고, 살다 보면 멋진 일들이 일어날 거라는 느낌 말이야."

우리는 무척 걱정이 되어 그날 밤 내내 리자와 함께 지냈다. 먼동이 터 오자 잉가가 그녀를 데리고 심리학을 전공하는 의사를 찾아갔다. 그녀는 적절한 약을 받았고 뛰어난 심리치료사를 소개받았다.

요즈음 리자의 상태는 다시 좋아졌다. 그리고 그날 밤 일들 중 한 가지가 여전히 그녀에게 남아 있다. 바로 춤이다. 그 운명의 밤 이후로 리자는 스윙을 출 기회를 한 번도 빠뜨리지 않았다.

우리는 춤이 우울증·번아웃 증후군·불안·트라우마를 치유할 수 있다고 믿지는 않는다. 가령 우울증은 전문가에게 치료를 받아야 하는 중대하고 심각한 정신 질병이다. 살다 보면 찾아오기 마련인 슬픔이나 일시적인 의욕 상실과 달리 우울증은 저절로 사라지거나 기분 전환을 한다고 더 나아지지 않는다. 우울증에 걸리면 몸속에서 특정한 생화학 작용이 지속적으로 지장을 받는다. 우울증의 심각한 정도에 따라 약물이나 심리치료, 혹은 이 두 가지 방법을 조합해서 투입해야 한다. 이것은 오직 의사만이 결정할 수 있다. 그러나 기존 의학과 춤의 힐링 효과를 결합시키는 것도 충분히 가능하다. 한 가지는 확실하다. 춤은 결코 해가 되지 않는다.

결핍을 춤으로 채우기

어느덧 해는 기울고 있다. (우리는 저녁 식사는 놓쳐 버린 게 분명하다.) 매우 고즈녁한 저녁이다. 우리 두 사람은 좀 더 차분해진다. 우리는 파도 소리를 들으며 수평선을 금빛으로 물들이며 사라지는 불덩어리를 바라본다. 줄리아는 생각에 잠겨 백사장에서 춤을 춘다.

"우리가 이곳의 이 모든 아름다움을 전혀 지각하지 못한다고 상상하면……"

2012년, 가수인 요안나 짐머Joana Zimmer가 댄스 쇼 〈렛츠댄스〉에 참가했다. 요안나는 선천적인 시각장애인이었기 때문에 언론에는 그녀에 관한 기사가 많이 실렸다. 많은 시청자들은 보지 못하는 상태에서 복잡한 안무를 어떻게 익힐 수 있는지 쉽게 상상하지 못했다.

독일의 몇몇 춤 강습소에서는 그 사이에 시각장애인들을 위한 춤추기 과정도 내놓고 있다. 노르트라인 베스트팔렌주에서는 심지어 시각장애인을 위한 독자적인 댄스 페스티벌도 거행된다. 그라츠의 코니앤드다도Conny & Dado 춤 강습소에서도 시각장애인의 데이트를 위한 춤 행사를 마련하고 있다. 빈의 릴리스 무도장Lillis Ballroom에서도 시각장애가 있는 댄스 커플들을 위해 장애물 없는 댄스 스튜디오의 문호를 개방하고 있다.

춤을 배우는 것은 시각장애인들에게 여러 장점이 있지만 무엇보다 자부심이 높아진다. 이와 관련된 행사장에는 '자신을 믿으세요!'라는 표어가 붙어 있다. 왜냐하면 시각장애인들이 춤추러 가는 것을 가로막는 장애물이 매우 많기 때문이다. 브라질의 소녀 발레리나인 폴리아나Poliana는 이렇게 인정한다. "나 같은 시각장애인들은 때로는 한 발짝을 떼는 것도 무척 불안해요. 아무것도 보이지 않으니까요. 춤추기는 우리가 과감하게 도전하는 데 도움을 주죠. 저는 춤을 아주 잘 춰요. 춤추기는 나를 자유롭게 해 줘요."

춤추기를 하면 동작의 레퍼토리가 많아지고 평형감각이 향상된다. 그러나 춤을 추는 시각장애인들에게는 무엇보다 음악에 맞춰 몸을 움직이는 엄청난 기쁨이 가장 큰 소득이다. 커플 댄스에서는 〈렛츠댄스〉에 출연한 크리스티안 폴란크Christian Polanc처럼 눈이 보이는 사람이 리더를 맡는다.

시각장애인에게 탱고는 특히 흥미로운 춤이다. 탱고는 매우 직관적인 춤이며, 탱고를 출 때는 서로 신뢰하며 리더에게 몸을 의지하기 때문이다. 그러나 반드시 커플 댄스여야 할 필요는 없다. 런던의 로열오페라하우스는 25년 전부터 시각장애인을 위해 발레를 배울 수 있는 프로그램을 제공하고 있다. 한 여성 참가자는 이렇게 말했다. "발레 강습을 마치고 나면 몸과 마음이 훨씬 나아졌다고 느끼게 되죠. 한 번도 할 수 있다고 생각해 보지 못한 것을 해냈으니까요."

브라질에도 상파울루 근교에 페르난다 비앙시니 발레 학교라는 댄스 극단이 있다. 20년 전부터 시각장애인 어린이들이 그곳에서 발레를 배우며 춤을 통해 동작 레퍼토리를 확대하고 있다. 그 발레 강습이 아이들에게 얼마나 많은 자신감을 안겨 주는지는 믿을 수 없을 정도이다. 그 무엇보다 이 발레 강습소에서 춤추는 모습을 보는 것이 감동적이다. 아이들이 발레 기술을 만져 보고 말로 설명을 듣고 배웠다는 것이 믿기지 않는다. 아이들은 음악에 맞춰 믿을 수 없을 정도로 섬세하고 우아하게 춤을 춘다. 여기에 관한 감명 깊은 다큐멘터리 영화 〈별을 찾아서Looking at the Stars〉가 있으니 확인해 볼 수 있다. "여기서는 춤추기만 가르치지는 않습니다." 강습소를 이끌어 가는 페르난다 비앙시니Fernanda Bianchini가 말한다. "저는 학생들에게 자신의 꿈을 위해 끝까지 노력해야 한다는 마음을 심어 주고 싶어요."

오스트리아의 레나 피르클루버Lena Pirklhuber는 자신의 학사 논문에서 여섯 살에서 열 살까지의 시각장애인 아이들의 정신과 근육 운동 발달을 다루었다. 그녀는 특히 시각장애 아이들에게서 근육 운동 발달에 불리한 점은 아이들의 동작 경험이 부족해서라고 판단한다. 시각장애 아이들은 몸을 움직일 때 위험과 상황을 판단할 수 없기 때문에 종종 조심스럽고 머뭇거리는 태도를 보인다. 몸의 움직임이 모든 지각 능력의 기반이 되기 때문에 지각하고 행동할 기회가 부족하면 발달 전체가 지체될 수 있다. 춤을 추려면 촉각(운동감각), 청각, 그리고 공간지각의 협력이 이루어져야 한다. 춤추기는 전체적인 동작 경험과 표현 경험을 가능하게 해 주며, 시력이 없거나 약간만 있더라도 가능하다. 이 때문에 시각장애가 있는 아이들은 춤추기에서 많은 것들을 얻을 수 있다.

한국에서는 공익 단체인 '춤추는 헬렌 켈러Danceable Helen Keller'가 시각장애인들에게 춤을 가르쳐 준다. 이 단체의 이름은 한 여교사가 시각장애인이자 청각장애인인 헬렌 켈러의 이름에서 따온 것이다. 그녀는 그곳에서 무엇보다 특수한 명상 춤을 가르치고 있다. 사람들에게 더 나은 상황 의식을 발전시키고 호흡을 더 효과적으로 통제하는 데 도움을 주기 위해서다.

또 춤과 시각장애인들을 연결시켜 주는 다른 프로그램들도 있다. 미국 콜로라도 주의 덴버에는 20년 전부터 〈라디오 댄스Radio-Dances〉

라는 프로그램이 운영되고 있다. 이 프로그램에서는 시각장애인들에게 춤 공연이 어떤 모습인지 상상해 볼 수 있도록 춤을 설명해 준다. 많은 시각장애인들은 이런 식으로 해서 무대에서 추는 춤에 더 가까이 다가갈 수 있게 된 것을 좋아한다.

반대로 시각장애인 단체들은 시각장애가 없는 사람들에게 시각장애인이 일상에서 어떻게 느끼는지를 알려 주고, 그것을 직접 체험해 볼 수 있게 하려고 노력한다. 그렇게 해서 일반인들은 눈을 가린 채 춤이 가장 직관적인 움직임에 속하며, 보지 않고서도 충분히 춤을 출 수 있다는 것을 몸소 경험해 본다.

좀 더 깊이 생각해 본다면 눈을 가리고 춤을 추는 것이 실제로는 그렇게 이상하지 않을 것이다. 춤을 추다 보면 결국 눈을 감고 음악이나 파트너의 동작에 무작정 몰두하는 순간들이 끊임없이 나오기 때문이다.

그러나 우리가 음악을 들을 수 없다면 어떻게 될까? 시각이 아니라 청각에 장애가 있다면? 그럴 때 우리는 춤추기를 배울 수 있을까? 〈고요의 저편 Jenseits der Stille〉이라는 영화에 나오는 한 장면은 청각장애인 어린아이들이 바닥에 누워서 자신의 몸으로 음악을 느끼는 모습을 보여 준다. "그녀는 음악이 요란할 때, 발밑의 바닥이 떨릴 때만 음악을 좋아하지, 그럴 때 그녀는 자신이 귀가 멀었다는 사실을 잊어버리고……." 헤르베르트 그뢰네마이어 Herbert Grönemeyer는 이런 가사가 나오는 노래를 부른다.

당신은 확실히 어떤 노래의 저음악기 소리를 느껴 본 적이 있을 것이다. 사춘기를 겪는 딸이 음악을 아주 크게 틀어 놓을 때, 자동차 안에서 글러브 박스 속의 물건들이 떨릴 때, 라이브 콘서트에서 음악이 심지어 온몸으로 공명할 때 말이다. 인간은 음악을 느낄 수 있다. 청각장애를 가진 사람들이 부분적으로는 정상인보다 훨씬 더 잘 느낄 수도 있다. 왜냐하면 다른 자극들에 대한 그들의 감각이 예민해져 있기 때문이다. 청각장애인들은 박자와 리듬을 느끼며 거기에 맞춰 춤도 출 수 있다. 음향 신호를 시각적인 모습으로 옮기는 것도 가능해서 우리는 음악을 '볼' 수도 있다. 대부분의 경우 청각장애자들은 시각에 의지하는 편이다. 입술을 보고 말을 알아듣든, 아니면 손짓 발짓으로 하는 의사소통이든 상관없이 상대가 하는 말을 매우 정확히 지켜보는 것이 중요하기 때문이다. 대부분의 청각장애인들은 동작을 통해 소통을 하며, 동작을 통해 자기 의사를 표현하는 법을 익히고 있다. (그리고 춤도 우리가 이미 살펴보았듯이 무언으로 자기 의사를 표현하는 하나의 수단이다.)

"청각장애인인 나에게 춤은 내면에서 나를 감동시키는 것, 내가 내면에서 느끼는 것을 시각적으로, 눈에 보이게 몸으로 표현하는 것입니다. 소리를 들을 수 있는지 없는지는 전혀 중요하지 않습니다. 내면의 감동을 보이게 할 수 있는 것이 중요하지요." 청각장애를 가진 동작언어 교사이자 춤 트레이너인 도리스 가이스트Doris Geist는 한 인터뷰에서 이렇게 설명했다. 그리스 테살로니키 아리스토텔레스 대학의 과학자들은 청각장애인과 진행한 12주 동안의 춤 훈련 프로그램에서 춤추기를 통해 그들의 건강 지수가 명확히 향상되었다는 것을 확인했다. 그리고 2017년 브라질의 크루스 베르멜라 병원에 근무하는 루비안느 리고리우 드 리마Rubianne Ligório de Lima는 6개월 동안 전투 춤인 카포에이라를 훈련한 청각장애인 어린이들에게서 정서적 안정이 명확히 개선되었다고 보고했다.

뮌헨에는 독일에서 유일하게 청각장애인과 비장애인이 함께 회원으로 활동하는 댄스 그룹인 '니키타 댄스 동아리Nikita Dance Crew'가 있다. 이 프로그램은 다양하고 고무적이다. 즉, 동작 언어가 힙합 춤과 느낄 수 있는 비트와 만나는 것이다. 훈련을 할 때는 저음 스피커가 플로어에 놓여 있어서 누구나 진동을 느낄 수 있다. 청각장애가 있는 안무가이자 이 댄스 그룹을 만든 카산드라 베델Kassandra Wedel은 이렇게 말한다. "음악은 단지 듣는 것만이 아니에요. 먼저 마음으로 느껴야 해요." 영국의 작가 캐서린 깁슨Catherine Gibson의 동화책 『소피의 눈Through Sophie's Eyes』에는 청각장애가 있지만 한사코 댄서가 되고 싶어 하는 어린 소녀의 이야기가 나온다. 그런데 이것은 전혀 불가능한 일이 아니다!

그리고 춤의 긍정적인 작용은 더 많이 있다. 조직 이식 수술로 청각을 부분적으로 되찾게 된 아이들은 집중적으로 서로 다른 소리들을 귀 기울여 듣는 듣기 연습을 해야만 한다. 뇌는 먼저 현재 도달하는 감각 인상들을 처리하고 해당 신경세포 조직들을 안정화하는 법을 배워야만 하기 때문이다. 춤추기가 여기에 유익할 수도 있다. 캐나다의 맥이완 대학의 타라 봉파이설Tara Vongpaisal과 그 동료들이 2016년에 시행한 연구는 소리 듣기를 춤동작과 함께 익힌 환자들이 단지 소리 듣기만 연습한 환자들보다 보다 큰 진전을 이루었다는 사실을 보여 주었다. 우리가 소리를 단지 귀로만 지각하지 않고 움직임을 통해 신체의 나머지 부분과 함께 지각한다면, 학습 과정의 속도가 빨라지는 것으로 보인다.

2008년 베이징에서 열린 세계 장애인 올림픽에서 시각장애와 청각장애가 있는 댄서들이 함께 무대에서 '천수관음보살'의 춤을 추었다. 청각장애가 있는 댄서들이 시각적 설명을 들었고, 시각장애가 있는 댄서들은 청각장애가 있는 댄서들과 함께 몸을 움직였다. 그 안무는 흠 잡을 데 없이 진행되었고 아주 멋졌다!

어느 새 어둠이 내려앉고 우리는 호텔로 돌아간다. 바에서는 밴드가 연주를 하고 있고, 우리는 곧장 댄스 플로어로 향해 〈댄싱퀸Dancing Queen〉과 〈이츠레이닝맨It's Raining Men〉에 맞춰 춤을 추었다. 음악과 몸동작으로 이루어진 묘약이 효과를 보였다. 확실히 그 어떤 약물보다 나았다. 세 곡을 연달아 추고 나자 독일에서 사라져 버린 파일에 대한 생각, 내일로 다가온 강연에 대한 생각, 심지어 줄리아의 사고와 동선의 삶의 위기에 대한 생각까지 말끔히 사라졌다. 적어도 짧은 한순간 동안은!

7

나이를 잊고
춤추기

모든
연령을 위한 춤

이따금 서툴게 하는 것이
언제나 남들의 멜로디에 따라 춤추는 것보다 낫다.

— 마크 트웨인 Mark Twain

오늘 한 동료가 말해 준 이야기를 듣고 모두가 깜짝 놀랐다. 우리의 머릿속에는 850억 개가 넘는 신경세포들이 수조 개의 시냅스를 통해 사람들마다 고유한 패턴으로 연결되어 있다는 것이다. 이 신경 네트워크는 어린 시절에 만들어지며 완전해지는 데 몇년이나 걸린다. (결코 '끝나지' 않는다고 한다!)

"우리 아빠는 이런 연구 결과가 나오기 전부터 벌써 알고 있었어요." 줄리아가 웃으며 말했다. "아빠는 일반 학교 학생에서 추가 교육을 받아 통신 공학도가 되셨고, 40세 때는 제2 교육과정을 통해 치의학까지 공부하셨어요. 엄마를 워낙 사랑하셔서 독학으로 덴마크어도 배웠죠. '어려서 배우지 못한 것은 늙어서도 새로 배우지 못한다.' 이 격언 때문에 아빠는 오래전부터 팔마에 와 계신 거예요."

그런데 이 말은 과학적으로 맞지 않다는 게 밝혀진 셈이다. 우리는 나이가 들어도 배울 수 있다.

"그리고 나이가 들어도 춤을 출 수 있지요!" 동선이 이렇게 덧붙였다.

춤을 즐기며 늙어 가는 것, 이것은 아주 멋진 일이다. 전설적인 프리마발레리나 마야 플리세츠카야Maya Plisetskaya는 78세가 되어서도 토슈즈를 신고 죽어 가는 백조의 춤을 추었다. 또 가수 마돈나는 나이가 60이 다 되었는데도 무대에서 스플릿 점프(split-jump, 다리를 180도 벌리고 점프하기)를 하거나 여러 번의 피루엣(pirouette, 한쪽 발끝으로 서서 회전하기)을 선보여 우리를 놀라게 한다. 오스트레일리아의 댄서이자 안무가인 아일린 크래머Eileen Kramer는 1914년생이지만 2017년 말까지 창작 발레 작품을 공연했다. 그녀는 시드니의 '아트 헬스 인스티튜트Arts Health Institute'의 간판 스타이다. 이 연구소는 노인들이 예술·음악·춤을 통해 더 나은 삶의 질과 기쁨을 누리는 데 힘을 기울이고 있다. 위에서 말한 세 여성들은 모두 적어도 20년은 더 젊어 보인다!

스윙을 즐기는 우리들에게 1941년에 나온 〈지옥 대소동Hellzapoppin'〉은 전설적인 영화다. 영화에서는 조지 스노든과 더불어 린디합의 창시자의 한 사람인 프랭키 매닝과 그의 동료들이 엄청나게 빠르고 역동적으로, 미친 듯이 스윙을 춘다. 이 영화에 나오는 여자 댄서들 중 한 사람은 '스윙의 여왕'이라고도 불리는 노마 밀러Norma Miller이다. 그녀는 1919년생이다! 그리고 믿을 수 없는 사실은 그녀가 오늘날에도 활동적인 스윙 댄서이며, 반짝이 스웨터를 입고 손톱에 매니큐어를 칠한 스타라는 사실이다. 1930년대에 린디합이 만들어져 열광적으로 유행했던 할렘가에서는 아직도 수많은 1세대 스윙 댄서들이 활동하고 있다. 대부분이 80세가 넘었고, 심지어 90세 이상의 나이도 있다. 노마 밀러는 아직도 전 세계를 돌면서 스윙을 추며 가르치고 있다! 나는 그녀가 직접 춤을 추는 모습을 본 적이 있다. 뉴욕에서 프랭키 매닝 탄생 100주년 기념으로 거행된, 세계적으로 전무후무한 댄스 페스티벌에서였다. 그곳에는 50개국이 넘는 나라에서 온 2000명에 이르는 댄서들이 모였다. 나도 그곳에서 스윙 댄스계의 전설적인 두 노부인과 춤을 출 수 있었다. 종종 '바버라와 슈거'로 불리기도 하는 바버라 빌업스Barbara Billups와 슈거 설리번Sugar Sullivan이었다. 얼마나 큰 영예였던지! 그 여성 댄서들은 아직도 원기왕성하다. 그들은 웃고 농담을 하고, 심지어 나에게 추파를 던지기도 했다!

정말 멋지지 않은가? 감동적이기고 하고! 그야말로 매력적인 일이 아닌가? 당신이 그들처럼 세계적으로 유명한 스타가 아니라 하더라도 춤은 당신에게, 특히 노년기의 삶에 큰 도움을 줄 수 있다. 노인들은 비록 유연성이 다소 떨어진다 해도 춤을 출 수 있다. 브레멘에는 노인들을 댄스 플로어에 세우려는 목표로 1977년에 결성된 '전국 노인 댄스 연맹'의 본부가 있다. 이 연맹은 노인들이 파트너 없이도 고령에 이를 때까지 출 수 있는 춤들을 개발했으며, 춤 해설서와 CD를 배포하고, 매년 춤 강사들에게 보수 교육을 제공한다. 실제로도 스탠더드 댄스 프로그램들이 양로원에 보급되어 노인들의 자율성과 유연성 회복에 도움을 주고 있다. 브라질의 카스텔루 브랑쿠 대학의 엘리안느 고메스 다시우바 보르지스Eliane Gomes da Silva Borges가 이런 프로그램들을 수집하였다.

거기에는 유명한 멜로디에 맞춰 앉아서 추는 노인들을 위한 특수한 춤들도 개발되어 있으며 이 춤들은 치료법으로 활용된다. 일례로 '앉아서 춤추기'나 '바퀴 달린 보행기에 의지해서 춤추기' 등이 양로원의 운동 프로그램으로 해설이 담긴 CD와 함께 제공되기도 한다. 오늘날의 노인 세대들은 과거에 춤을 많이 춘 세대이다. 예전에는 생일·결혼식·모든 마을 축제에서 사람들은 춤을 추었다. 수많은 할아버지들이 건초 수확 축제 때 남들이 할머니에게 접근하지 못하게 하려고 할머니와 한 번도 쉬지 않고 춤을 추었던 무용담을 신이 나서 들려준다.

여기에서 춤추기에 꼭 필요한 음악의 긍정적인 영향에 대해 말해야겠다. 음악은 노인들에게 충만한 삶의 기쁨을 선사하고 종종 아름다운 추억을 불러일으킨다. 미국의 기자이자 무용 비평가이며, 한때 댄스를 배우는 학생이기도 했던 세라 카우프만Sarah Kaufmann은 자신의 저서 『우아함의 기술The Art of Grace』에서 우리의 삶에 더 많은 우아함과 아름다운 몸동작을 불러오라고 주장한다. 그래야 우리가 삶의 기쁨과 심지어 인생의 새로운 의미를 더 많이 발견할 수 있다는 것이다.

또한 춤을 추면 노년기에 매우 중요한 사회적 소통이 활발해진

다. 춤추는 사람은 사회생활을 하는 것과 같다! 평생 함께 춤추며 지내던 배우자가 급작스럽게 곁을 떠난다고 해도 종종 모임에서 계속 춤을 추는 것이 도움이 된다.

노년기에 건강하고 좋은 컨디션으로 지내려면 정신적 훈련뿐 아니라 신체적 훈련도 중요하다는 것을 많은 연구들이 보여 주고 있다. 우리는 앞에서 춤추기가 이 두 가지 모두를 촉진한다는 점을 설명했다. 특별히 노년의 춤추기를 다룬 수많은 연구들이 나와 있다. 하와이 대학의 과학자들은 2015년에 메타분석을 통해 춤이 건강에 미치는 효과에 관해 조사했다. 그들 연구의 실험 참가자들의 나이는 52세에서 87세 사이였다. 실험 참가자들은 유연성만 눈에 띄게 개선된 것이 아니라 근력과 지구력도 늘어났으며, 평형감각

과 정신력도 측정 가능한 정도로 나아졌다. 그런데 이 긍정적인 효과들은 춤 스타일과는 전혀 상관이 없었다!

이로써 우리는 과학자들이 발견한 흥미로운 사실 하나를 알게 된다. 사실상 젊은이들의 춤으로 여겨지는 살사 같은 춤 스타일도 노인들이 몇 주만 훈련받고 나면 균형감·체력·지구력 면에서 커다란 이점을 얻게 된다.

2012년 예나 대학의 우르스 그라나허Urs Granacher와 그 동료들이 밝혔듯이 살사는 낙상 위험을 명확히 줄여 주는 것으로 보인다.

근육운동 장애는 노년기에 심각한 문제가 된다. 낙상을 하게 되면 종종 골절과 합병증이 수반된다. 포르투갈 에보라 대학의 조제 마르멜레이라José Marmeleira는 노년층을 위한 춤 프로그램이 몸에 대한 지각을 명확히 개선하는 효과를 보였음을 입증하였다. 규칙적인 춤 훈련을 통해 현재 몸통과 다리와 팔이 어떤 상태인지 더 정확히 평가하는 법을 배우는 것이다. (그리고 이 몸에 대한 느낌은 더 많은 확실성을 가져다준다.) 일본의 '노화와 건강 재단'에 근무하는 료스케 시게마쓰Ryosuke Shigematsu의 연구도 여러 주 동안의 춤 강습으로 노년층의 낙상 위험이 현저히 줄어들었다는 사실을 증명했다. 춤을 춘 사람들은 한쪽 다리로 서 있는 능력이 향상되었고, 훨씬 더 먼 거리를 걸을 수 있었으며, 원뿔 모양의 장애물을 피해 가는 경주도 그 전보다 더 잘 해낼 수 있었다. 춤 연습을 통해 낙상 위험이 낮아진다는 사실은 프랑스의 CNS-Fed의 올리비에 A. 쿠바르Olivier A. Coubard와 그 동료들이 모던 댄스에 대해 시행한 조사, 그리고 네바다 대학의 하비 월런Harvey Wallann과 퍼트리샤 앨퍼트Patricia Alpert가 재즈댄스(점프는 하지 않았다)에 대해 시행한 조사에서도 확인되었다.

또 다른 흥미로운 연구는 춤추기가 심지어 요실금증에도 도움이 될 수 있다는 것을 보여 준다. 특히 여러 차례의 임신과 출산을 경험한 여성들은 노령이 되면 자연스러운 근력의 감소로 인해 종종 요실금증에 시달린다. 의사들은 대개 골반저의 특별한 훈련을 추천하지만, 한국 목원대학교의 안소영은 2017년에 벨리댄스가 그와 유사한 효과를 거둔다는 사실을 입증하였다. 이 춤을 출 때의 특이한 훈련 덕분에 춤을 춘 여성들은 12주 후에 이미 상태가 뚜렷이 나아졌다는 것을 감지할 수 있었고, 골반저 근육조직이 측정 가능할 정도로 강화되는 결과를 얻을 수 있었다.

한국에는 60세 이상의 노년층만을 위한 특별한 콜라텍이 있다. 80세 이상의 남성들도 일주일에 꼬박 다섯 번씩이나 그곳에 춤을 추러 간다. (그곳에서 50대 남성들은 '애송이'라고 무시당한다.) 어느 월요일 저녁, 나는 순전히 호기심에서 그런 콜라텍에 가 본 적이 있다. 그런데 그곳에서 춤을 추고 있는 노인들이 200명이 넘었다! 그곳은 완전 아수라장이었다! 노인들 중 어떤 이들은 플로어에서 자신을 과시하고 싶어서 학원에서 쿨한 동작을 배우기도 한다.

기억을 잃지 않도록 춤추기

치매는 대부분의 사람들이 노년기에 걸릴까 봐 가장 두려워하는 병이다. 한 설문 조사에 의하면 독일인 두 사람 중 한 명이 치매에 걸릴까 봐 불안해하지만, 아직 치매를 예방할 의약품은 나오지 않았다. 노벨 의학상 수상자인 브라질의 종양학 전문의 드라우지우 바렐라Drauzio Varella는 2010년에 이것에 대해 매우 노골적으로 요약해서 말했다. "오늘날 전 세계에서는 남성의 성교 능력을 위한 의약품과 여성의 가슴 성형에 필요한 실리콘 연구에 알츠하이머 환자들의 치유를 위한 비용보다 다섯 배나 많이 투자됩니다. 앞으로 몇 년 지나면 가슴이 풍만한 늙은 여성들과 안정적으로 발기가 되는 나이 든 남성들로 넘쳐 날 겁니다. 다만 그들 중 누구도 그것이 무슨 소용이 있는지 기억을 못하겠지요."

치매라는 말은 원래는 생각하기·기억하기·방향 찾기 같은 정신적 기능의 상실과 결부되어 있는 증상들을 아우르는 말이다. 치매를 앓는 사람들은 일상생활을 제대로 해 나가지 못하기 때문에 상당한 제약을 받는다. 독일에는 이 병에 걸린 사람들이 160만 명 정도로, 그들 중 3분의 2가 알츠하이머병 환자들이다. 매년 약 30만 명이 새로 이 병에 걸린다. 이 병에 걸릴 위험은 나이가 들수록 높아진다. 그 이유는 신경세포들 사이의 구조적 연결이 나이가 들면 서서히 위축되기 때문이다. 소위 뇌의 백질이 줄어들며, 이것은 다시 인지 기능과 신호를 처리하는 데 걸리는 속도를 떨어뜨린다.

2003년에 두 연구 그룹이 동시에 춤과 춤이 노화과정에 미치는 영향을 다룬 연구를 발표했다. 연구자들은 설문지를 손에 들고 뉴욕의 브롱크스의 주택단지에 사는 75세에서 80세 사이의 주민들에게 5년간에 걸쳐 그들의 취미에 관해 질문을 했다. 당신은 십자말풀이를 하시나요? 당신은 테니스를 치나요? 당신은 체스를 하나요, 아니면 카드놀이를 하나요? 당신은 춤을 추나요? 연구자들은 이 활동들을 인지를 이용한 취미와 육체를 이용한 취미로 나누었다. 신경생리학자들은 테스트를 이용해 실험 참가자들의 기억

력과 정신의 유연성을 조사했다. 분석을 마치자 결과가 명확히 드러났다. 오직 춤만이 치매를 효과적으로 막아 주었다. 또 다른 연구도 이 결과가 옳음을 입증했다. 독서·십자말풀이·카드놀이·악기 연주와 비교해서 춤추기는 치매가 발생할 위험을 눈에 띄게 줄여 주었다. 다시 말해 76퍼센트나 감소시켰다.

미국의 콜로라도 주립 대학의 아그니에슈카 부르진스카Agnieszka Burzynska와 그의 팀은 어떤 훈련 프로그램을 이용해 치매의 진행을 멈추거나 심지어 역행시킬 수 있을지 알아보려 했다. 그들은 실험 대상자들을 여러 그룹으로 나누었다. 한 그룹은 일주일에 세 번씩 1시간 동안 빠른 걸음으로 산책을 하고 식생활 개선을 해야 했다. 두 번째 그룹은 일주일에 세 번씩 스트레칭 훈련과 균형 훈련을 받았다. 세 번째 그룹은 춤 강습을 받아야 했다. 춤을 추어야 하는 사람들은 일주일에 세 번씩 만나서 꽤 복잡한 컨트리 댄스 안무를 연습해야 했다. 이때 그들은 파트너를 서로 바꾸어야 했고, 한 줄로 늘어서거나 사각형으로 모여 춤을 추어야 했다. 6개월 후에 춤을 춘 그룹을 제외한 모든 그룹에서 뇌의 백질이 줄어들었다. 그뿐이 아니었다. 춤을 춘 그룹에서는 심지어 뇌 안 신경세포에 변화가 감지되었다. 즉, 처리속도와 기억력과 결합되어 있는 뇌 부위에서 뇌질의 밀도가 높아진 것이다. 여러 연구들이 이와 비슷한 효과를 입증하고 있다. 춤은 망각을 막아 주는 작용을 한다.

체조 강습 시간이나 피트니스 센터에서 하는 규칙적이고 단조로운 연습은 노인층의 뇌의 컨디션을 좋게 유지시켜 주기에 충분하지 못하다. 신경가소성과 새로운 신경 네트워크의 형성이 지속되도록 하기 위해서는 뇌는 집중을 요구하는 복잡한 과제가 필요하다. 독일 신경 퇴행성 질병센터와 마그데부르크 대학병원에 근무하는 연구자 노트거 뮐러Notger Müller와 그 동료들은 한 연구에서 실험을 했다. 그들은 실험 참가자들의 절반에게 계속해서 새로운 스텝과 춤동작을 익히는 특수한 춤 훈련을 받도록 했다. 나머지 절반의 대조군은 피트니스 훈련과 체력 훈련을 받았다. 이 연구에 참가한 사람들은 평균 연령이 68세인 노년층으로 구성되어 있었다. 연구를 시작할 때뿐 아니라 끝마칠 때도 가령 인지 테스트, 혈액 테스트, 두뇌 스캔 같은 다양한 조사들이 시행되었다. 그 결과는 충격적이었다. 춤을 춘 사람들에게서는 주의력과 유연성이 6개월 동안 현저히 향상되었다. 두뇌 스캔을 통해 양쪽 그룹 모두에서 뇌의 구조가 변했으며, 몸의 움직임과 새로운 율동의 습득이 새로운 신경 네트워크를 만들어 놓았음을 보여 주었다. 대조군에서는 무엇보다 근육운동과 시각을 담당하는 부위들에서 새로운 신경 네트워크의 형성이 두드러졌다. 춤을 추었던 사람들에게서는 주의력과 기억력과 복잡한 움직임과 연관된 부위들이 더 커졌다. 따라서 단순한 피트니스 훈련과 체력 훈련보다 새로운 스텝과 익숙하지 않은 율동을 이용한 복잡한 춤 훈련이 새로운 신경세포들의 생성을 더 효과적으로 촉진하는 것으로 보인다.

그리고 춤추기는 멋진 부수 효과가 하나 더 있다. 2013년 노스이스트 런던 파운데이션 트러스트에 근무하는 아주세나 구르만 가르시아Azucena Gurmán-García와 그 동료들이 한 양로원에서 조사한 바에 의하면, 춤을 춘 사람들은 모두가 나중에 기분이 더 좋아졌다고 느꼈다. 춤춘 사람들뿐 아니라 간병인들도 마찬가지였다!

음악이 전반적으로 춤을 추는 사람들에게, 그리고 그들 중 특히 나이 든 사람들에게 미치는 긍정적인 영향에 관해 우리는 이미 언급한 적이 있다. 특히 치매에 걸렸을 때는 음악이 보다 더 중요한 역할을 한다. 뇌의 다른 부위들에 비해 장기 음악 기억력은 그 기능이 놀라울 정도로 오래 지속되기 때문이다. 이것을 라이프치히의 막스플랑크 연구소, 암스테르담 대학, 캉의 국립 보건의학 연구소INSERM의 과학자들이 입증할 수 있었다.

그리고 음악 기억에는 특별한 점이 또 하나 있다. 즉, 음악은 우리의 장기 기억에서 감정과 밀접하게 연결되어 있다. 이것은 소위 'Play it again Sam 효과'다. 영화 〈카사블랑카〉에서 잉그리드 버그먼은 피아니스트 샘에게 자신의 연인에 대한 기억을 떠올리게 해 주는 곡을 끊임없이 연주해 달라고 부탁하는 것이다. 따라서 이 안정적이고 정서적인 음악 기억력은 과거의 감정들을 되살아나게 하고, 그와 더불어 기억이 폭풍처럼 밀려들게 할 수 있는 것이다. 음악 치료법에서는 치매에 걸린 사람들에게 음악 기억력을 의식적으로 투입해서 그들에게 삶의 기쁨을 선사하고 아름다운 기억들을 생생히 떠올리게 해 준다.

그러므로 치매에 걸린 사람들은 배우자는 알아보지 못하지만, 그들이 배우자와 처음으로 춤을 춘 곡의 멜로디는 기억하고 있을 수 있다. 옛 노래의 가사는 오래전에 이미 잊히었다 해도 그 멜로디는 종종 머릿속에 남아 있기 때문이다.

움직임을 잃지 않도록 춤추기

"당신은 어느 날 갑자기 춤을 출 수 없게 된다는 걸 상상이나 할 수 있나요?"

노화라는 주제는 저녁 식사를 마치고 바에 와서도 우리의 뇌리에서 떠나지 않았다. 줄리아는 자신이 사고로 오랫동안 춤을 추지 못했던 사실을 떠올린 것이다.

"흠, 어쩌면 우리가 병이 들거나, 아프거나 혹은 그냥 몸이 너무 허약해지면……"

그녀의 목소리는 주저하는 듯이 들렸다. 그리고 그것은 당연했다. 모든 연구들이 춤은 바로 그럴 때 우리가 할 수 있는 최상의 것이라는 것을 보여 주기 때문이다. '춤이 없다면 아무것도 필요 없어요!'

예전에 나의 이웃에 살았던 이르마는 이제 84세인데, 3년 전부터 한 양로원에서 지내고 있다. 이르마가 양로원에 들어간 이유는 집에서 더 이상 혼자서는 살아갈 수 없다고 느꼈기 때문이다. 세 번이나 낙상을 했고, 마지막에는 앞으로 넘어지면서 얼굴을 다쳤다. 그때 이르마는 자기 몸이 어떤 식으로든 넘어지지 않으려는 자세를 취하지 않은 것에 몹시 놀랐다. "물에 젖은 자루처럼 풀썩 쓰러졌지." 염려하던 대로 진단 결과는 파킨슨병으로 나왔다. 다음에 또 낙상을 할지도 모른다는 두려움에 이르마는 홀로 지내는 생활을 포기하고 양로원으로 들어갔다. 몇 주 후에 이르마를 찾아갔을 때 나는 무척 놀랐다. 이르마가 이전보다 훨씬 더 자신 있고 쾌활한 느낌을 주었기 때문이다. 양로원의 치료사들이 그녀에게 파킨슨병 환자들을 위한 춤 강습 시간에 참가하도록 제안했던 것이다. 처음에 이르마에게는 그 제안이 농담처럼 들렸다. "나는 걷는 것조차 불안정한데 어떻게 춤을 춘단 말인가요?" 그녀는 그동안의 일상에서 벗어나는 것은 생각도 할 수 없었다. 이르마가 춤을 추면 뻣뻣한 몸은 풀어진다. 매번 되풀이할 때마다 작은 기적이 일어난다. 뻣뻣하게 굳어진 근육과 관절은 부드러워지고, 그녀는 음악을 느낀다. 그리고 몸은 완전히 저절로 움직인다.

파킨슨병은 가장 흔한 신경계 질병 중 하나이다. 1817년 영국의 의사 제임스 파킨슨James Parkinson이 처음으로 이 병의 전형적인 증상을 기술했다. 파킨슨병은 더디게 진행되는 질병으로 무엇보다 뇌의 특정 부위와 관련되어 있다. 그곳에서 전달물질 도파민을 만들어 내는 세포들이 사멸하는 것이다. 이 도파민 결핍 때문에 뇌와 근육 사이의 자극 전달이 더 이상 제 기능을 하지 못하며, 환자는 점점 더 제대로 몸을 가누지 못하게 된다. 통제할 수 없는 떨림과 마비가 찾아오고 낙상하는 경우도 잦아진다. 이 때문에 노인들은 종종 합병증까지 겹치게 된다. 이 병에 걸릴 빈도는 나이가 들면서 뚜렷이 높아지는데 독일에서는 거의 40만 명이 이 병에 시달리고 있다. 사실상 치유는 가능하지 않지만, 약물을 이용하면 수많은 전형적인 증상들을 어느 정도 완화시킬 수 있다.

여러 조사들이 춤추기, 특히 탱고가 파킨슨병에 걸린 환자들에게서 유연성을 명확히 향상시켜 준다는 사실을 보여 준다. 미국의 신경과학자 매들린 해크니Madeleine Hackney와 개먼 에어하트Gammon Earhart는 한 연구에서 파킨슨병의 증상이 심하지 않은 58명의 환자들에게 춤 강습을 받도록 시켰다. 실험 참가자들은 13주 동안 일주일에 두 번씩 1시간 동안 왈츠나 탱고를 추거나 춤과 전혀 관련이 없는 훈련을 했다. 춤을 춘 그룹은 걷는 거리·보폭·균형 같은 많은 근육운동 능력이 더 좋아졌다. 탱고를 춘 그룹은 왈츠를 춘 그룹보다 훨씬 더 좋아졌다. 다른 연구들에서도 탱고의 효용성이 확인되었다. 그 효용성은 탱고가 잠시 한쪽 다리로만 서 있고, 종종 멈추었다가 다시 재빨리 움직이는 동작들로 이루어지기 때문일

가능성이 높다. 파킨슨병 환자들에게는 무엇보다 재빨리 움직이는 것은 대단히 힘든 과제다. 하지만 일단 '발동'이 걸리면 그것은 제법 원활하게 진행된다. 그런데 이렇게 재빨리 움직이는 행동이 특수한 탱고의 춤동작을 통해 훈련되는 것이다.

과학자 마리 맥밀리Marie McMeely와 그의 동료들은 비교 연구를 통해 파킨슨병 환자들의 운동 능력만 향상된 것이 아니라 기분·인지·삶의 질도 나아졌다는 사실을 밝혀낼 수 있었다. 워싱턴 의과대학원의 에린 포스터Erin Foster와 그의 동료들도 동일한 결과를 얻어 냈다. 즉, 파킨슨병 환자들이 12개월 동안 탱고 강습을 마치고 나자 마음이 안정되었을 뿐 아니라, 의욕이 더욱 고취되었고, 춤을 추지 않은 대조군에 비해 외출을 하거나 친구들을 만나는 것과 같은 익숙하고 반복적인 일상생활을 더 잘 유지했다.

이뿐만이 아니다. 에모리 의과대학의 캐슬린 매키Kathleen McKee와 매들린 해크니는 2013년에 실험을 했다. 여기서 3개월에 걸쳐 일주일에 두 번씩 90분 동안 탱고를 춘 파킨슨병 환자들은 건강에 관한 수업을 받은 그룹에 비해 병의 증상들이 줄어들었을뿐더러 중요한 인지 효과도 불러왔다는 사실을 입증할 수 있었다. 춤을 춘 환자들은 공간지각력이 명확히 나아졌다. (파킨슨병에 걸리면 종종 공간지각력에서 심각한 손상을 입는다.)

과학이 거둔 성과들은 분명하며, 다행스럽게도 이것들은 점차 실행되고 있다. 2001년에 브루클린 파킨슨 그룹은 안무가 마크 모리스Mark Morris와 함께 환자들과 그 가족들을 위한 춤 강습을 마련했다. 춤 강습 과정에서는 발레·재즈댄스·스탠더드 댄스의 요소들이 하나로 통합되었다. 여기서는 몸의 움직임뿐 아니라 무엇보다 환자들이 서로 만나는 일과 자기 몸에 대한 신뢰를 다시 회복하는 일도 중요했다. 이와 같은 그룹은 'PD를 위한 춤Dance for Parkinson Disease'으로, , 그 사이에 여러 나라로 퍼져 가고 있다. 독일에서도 마찬가지다!

성장을 위한 춤추기

오늘은 다른 날보다 일찌감치 바에 와 있다. 댄스 플로어에서는 디제이가 어떤 장치를 손보고 있는데, 우리는 오늘 어떤 장르의 음악에 이끌려 춤을 추게 될지 궁금해하고 있었다. 그때 갑자기 가슴에 호텔의 로고를 새긴 아주 큰 토끼가 무대 세트 뒤에서 껑충껑충 뛰며 나타났다. 우리 두 사람은 당황해서 서로를 바라보았다. 그때 스피커에서는 '베오, 베오Veo, veo' 하는 소리가 울려 나왔고, 플로어는 순식간에 춤꾼들로 가득 찼다. 이 열정적인 스페인 노래에 맞춰 춤꾼들도 아주 열정적으로 춤을 추었다. 그리스의 한가운데서 말이다. 춤꾼들은 키가 130센티미터도 되지 않는 아이들이었다!

춤추기가 노년에 가져다주는 장점들은 우리 삶의 초기에도 효과를 보인다. 특히 어린아이들은 몸을 움직이려는 욕구가 뚜렷하다. 아이들은 쉴 새 없이 달리고, 뛰고, 점프하고, 깡충거리고, 바둥거리고, 리듬에 맞춰 움직이고, 기어 다니고, 기어오른다. 그런 식으로 끊임없이 배우는 것이다. 그들은 주변 환경을 익히고, 미지의 영역에 발을 들여놓고, 경험을 통해 자신과 자신의 몸과 그 한계에 관해서 많은 것을 알아낸다. 우리는 이 책의 첫 부분에서 아이들에게는 음악에 맞춰 몸을 움직이는 선천적인 능력이 있고, 그것이 그들에게는 당연한 일이라는 사실을 이미 살펴보았다. 또 춤이 우리에게 얼마나 의욕을 높여 줄 수 있는지, 우리 뇌에 얼마나 긍정적인 작용을 하는지도 알려 주었다. 따라서 아이들이 이렇게 자연스럽게 움직이도록 해 주어야 한다. 이 일은 아주 어린 아이들과 함께 언제든지 할 수 있다. 예를 들어 한 번쯤 하기 싫은 청소를 춤과 연결시켜 볼 수도 있다. 멋진 음악에 맞춰 '청소 춤'을 추면서 레고를 치운다면 그 일은 훨씬 더 재미있을 것이다. 아이들에게도, 그리고 부모들에게도.

교육학에서는 아이들이 춤을 통해 더 쉽고 순조로이 배운다는 인식이 날이 갈수록 인정받고 있다. 인터넷에는 어떻게 하면 춤을 이용해 사실을 더 효과적으로 설명할 수 있는지를 보여 주는 비디오들이 엄청나게 많다. '춤으로 배우는 수학'이나 '수의 춤' 같은 것을 찾아보면 된다.

하버드 대학의 엘리자베스 스펠크 Elizabeth Spelke 는 학교에 다니는

아이들이 수년간 춤추기를 하면 공간적 사고가 촉진된다는 사실을 밝혀냈다. 춤에 열광하는 아이들이 잠깐 춤을 추었거나 전혀 춤을 추지 않은 아이들보다 기하학 테스트에서 훨씬 더 좋은 성적을 거두었다.

많은 나라들에서 교사들은 춤추기가 뇌와 신경세포의 유연성에 미치는 효과를 이용하려고 노력하고 있다. 미국의 헤이워드 중학교에서는 오로지 음악과 춤을 이용해서 수학을 가르친다. 이 과정이 도입된 후로 학생들의 수학 성적은 지속적으로 높아졌다.

또 다른 연관관계들도 춤과 몸동작을 이용하면 훨씬 더 쉽게 이해된다. 그리고 일단 그것을 지켜본 사람은 그 정보를 결코 잊어버릴 수 없다. 독일 출신의 마이 티 응우옌 킴Mai Thi-Nguyen Kim의 사이언스 슬램은 가히 전설적이다. 그녀는 화학과 화학작용을 힙합 춤을 통해 전달한다.

저명한 국제적 전문잡지 『사이언스 매거진』은 매년 아주 특별한 시합을 준비한다. 바로 '박사 논문을 춤을 추며 설명하라 Dance your PhD'이다. 다양한 과목의 박사과정 학생들이 자신의 박사 논문과 실험을 말 대신 춤 방식을 통해 설명한다. 사람들이 지식을 얼마나 다양하게 춤동작의 형태로 준비해서 표현할 수 있는지, 이것은 믿기 어려울 정도다!

하지만 리듬과 몸동작과 내용을 결합하는 것을 통해 학습만 향상시키는 것은 아니다. 리듬감 있는 놀이와 복잡하지 않은 안무를 통해 아이들은 자기 몸에 대한 느낌도 향상시킨다. 이것은 노인들에게서와 마찬가지로 아이들에게도 자신감을 심어 준다. 아이들은 춤을 통해 자기 몸을 더 잘 평가하는 법을 배우고, 자신이 공간 속에서 어떻게 움직이는지에 대한 직감을 얻기 때문이다. 아이들은 춤을 출 때 다른 운동을 할 때보다 다양한 능력들을 투입해야 한다. 동시에 듣고, 보고, 몸을 움직이고, 남들의 동작을 예측하고, 거기에 순응해야 하는 것이다. 게다가 유연성·협응력·체력·지구력도 필요하다.

이것은 발달을 위해 중요하다. 세계보건기구는 아이들과 청소년들에게 날마다 적어도 1시간씩 신체 활동을 하도록 권장하고 있다. 하지만 로베르트코흐 연구소에서 나온 연구에 따르면 아이들의 4분의 1만이 그렇게 할 뿐이라고 한다. 음악에 맞춰 몸을 움직이는 것은 쉬운 일이다. 어쩌면 과체중과 씨름을 벌이거나 너무 소심해서 축구장에서 실력을 발휘하지 못하는 그런 아이들에게도 힘들지 않을 것이다. 오늘날 아이들이 아주 어릴 적부터 주입받고 있는 '골인'이나 '더 높이, 더 빨리, 더 멀리'라는 구호가 아니라 몸을 움직이는 것 그 자체가 중요한 것이다.

세 살이 되면 춤 조기교육을 시작할 수 있다. 아이들이 놀이를 하듯이 그리고 풍부한 상상력으로 음악에 맞춰 동작을 배우는 수많은 춤 강습이 개설되어 있다. 이쯤에서 "남자아이들을 위한 춤 강습도 있을까?" 하는 의문이 떠오를 수도 있다. 유치원에 입학할 때만 해도 남자아이들이 춤추기를 꺼리지 않는다. 그 시기에는 오히려 어떤 형태의 움직임도 좋아한다. 그래서 음악에 맞춰 움직이는 것을 특별히 재미있어한다. 주위의 편견에 강한 영향을 받게 될 때 (대부분 초등학교에 입학할 나이가 되어서야) 비로소 남자아이들은 춤추기를 꺼리기 시작한다. 그러니 일찍 춤을 시작하는 것이 바람직하다. 어쩌면 남자아이들이 발레가 어색하게 여겨져서 중간에 그만둔다 하더라도 춤추기는 소용없는 것이 아니다.

한편 남자아이들이 춤추고 싶다는 마음을 밝히면 부모들은 종종 놀라는 반응을 보이며 전통적인 춤 강습보다는 힙합이나 스트리트 댄스를 배우라고 제안한다. 하지만 세계 어느 곳에서나 그런 것은 아니다. 프랑스나 러시아에서는 남자아이나 남자들을 위한 운동으로서 발레가 정평이 나 있고 인기가 높다. 발레를 출 때는 수많은 도약과 충분한 근육 발달 훈련이 있어서 운동으로서도 손색없기 때문이다.

독일의 전직 국가대표 선수인 볼프강 드레믈러 Wolfgang Dremmler 는

오랜 기간 동안 FC 바이에른 뮌헨 팀의 인재 육성 파트를 담당했다. 그는 축구에 광분하는 남자아이들에게 춤추기를 권장했다. 바로 춤추기가 아이들의 다양한 재능을 촉진시키기 때문이다. 뛰어난 춤 교사들은 남자아이들이 좋아할 만한 주제를 골라서 의욕을 고취시킨다. 그들은 아이들에게 인디언으로 변해 상상 속의 불을 돌며 춤을 추게 하거나, 로봇으로 변해 화성에서 춤을 추게 한다. 춤에서 항상 백조가 되어야 할 필요는 없는 것이다!

그리고 남자아이들도 꺼릴 수 없을 만큼 인간의 본능에 속하는 춤도 있다. 1990년대에 학교 운동장을 정복했던 춤은 마이클 잭슨의 '문워크Moonwalk'였으며, 2018년에는 바로 인터넷을 통해 세계

각국의 남자아이들에게 춤을 추도록 자극했던 PC 게임 '포트나이트Fortnite'에 나오는 '플로스댄스Floss-Dance'였다. 심지어 미식축구 선수들도 터치다운을 한 후에 세레모니로 이 춤을 추었다.

우리가 이미 설명했듯이 아이들은 자신의 의사를 표현하기 위해 직감적으로 음악에 맞춰 몸을 움직이는 것을 이용한다. 아이들의 춤에는 즉흥적인 동작과 창의적인 표현이 많이 나올 수 있다. 내가 슬프거나 즐거울 때 그 차이는 어디에 있을까? 껑충거리고 발을 힘껏 구르거나 나비처럼 날기도 한다. 그리고 빙글빙글 돌면서 방을 돌아다니기도 한다. 그야말로 뒤집어져서 넘어질 때까지. 이렇게 해서 아이들은 언어를 사용하지 않는 신체 표현을 통해 일상의 체험이나 유치원이나 학교에서 겪었던 일들을 소화하는 것이다.

그 밖에도 춤은 아이들에게 자신과 완전히 다른 역할이 되어 보는 기회를 제공한다. 가령 부끄럼을 타는 레나는 거대하고 사악한 용으로 변하고, 레나르트는 발끝으로 서서 걷는 프리마발레리나로 변한다. 이것은 잠시 동안의 일이지만, 춤을 추는 순간에는 모든 것이 되어도 좋고 또 그렇게 되어야만 한다.

초등학교에 입학하면 벌써 아이들은 자신이 춤을 어떻게 추고 싶은지 아주 정확히 알고 있다. 동영상에 나오는 테일러 스위프트Taylor Swift처럼 발레용 스커트를 입고 고전음악에 맞춰서 출 것인가, 아니면 브레이크 댄스를 출 때의 열광적인 동작으로 출 것인가. 아이들에게 춤추기의 다양한 형태를 가르쳐 주는 것이 바람직하다.

어쩌면 당신은 자녀들과 함께 발레 공연을 찾아가거나, 한 번쯤 시간을 내서 길거리의 힙합 공연을 지켜볼 수도 있을 것이다.

당신이 자녀들을 춤 강습에 보낼 때는 교사의 역량을 확인하기 바란다. 그 교사가 여러 저명한 무대에 선 적이 있다는 사실보다 교사 양성 교육을 받았는지가 확실히 더 중요하다. 아이들을 대하는 데는 무엇보다 인내심과 공감 능력이 필요하기 때문이다.

아이들이 춤추는 모습을 지켜보자 우리는 가슴이 뭉클해졌다. 아이

들의 디스코 시간이 지나가자 아쉬운 느낌이 들 정도였다. 뒤이어 다시 밴드가 연주를 했고, 첫 노래가 나올 때는 아직 잠자리에 들지 않아도 되는 큰 아이들은 여전히 댄스 플로어에 있었다.

"저것 좀 봐요!" 동선이 여덟 살쯤 되는 사내아이를 가리켰다. 그 아이는 막 할머니에게 플로스댄스를 가르쳐 주려고 애쓰고 있었다. 할머니는 좀 더 연습이 필요해 보였지만 잠시 후에는 그런대로 잘 맞아 들어갔다. 신경가소성은 고령이 되어도 남아 있기 때문이다.

8

그 어떤 상황에서도 춤추기

웃고, 울고,
춤추고!

가끔 운이 좋으면 당신은
자신과 동일한 비트에 맞춰
춤추는 사람을 발견한다.

학술대회 참가자들 사이에 서서히 작별의 분위기가 일기 시작했다. 오늘이 마지막 저녁이다. 우리는 많은 의견을 나누었고 동료들의 과학 연구논문에서 새로운 것도 많이 배웠다. 무엇보다 우리는 '신경과학'이라는 주제와 '춤'이라는 주제가 얼마나 잘 들어맞는지 알게 되었다.

우리 그룹 사람들은 서로 친해져서 모임으로 발전했다. 우리는 서로 연락을 하고 계속해서 정보를 교환할 작정이다. '살사 댄스 커플'만 이런 감정을 느끼는 것은 아니다. '춤으로 할 수 있는 것이 아직 더 있다!'

유혹을 위한 춤

성서에는 살로메가 춤을 춘 후에 상으로 세례 요한의 머리를 요구하는 것이 나온다. 이 이야기는 무수히 많은 예술가들에게 영감을 주었다. 특히 오스카 와일드는 극작품으로, 리하르트 슈트라우스는 오페라로, 그리고 피카소나 뭉크 같은 수많은 화가들은 그림으로 표현했다. 1953년에 나온 〈살로메〉라는 영화에서 여배우 리타 헤이워드Rita Haywarth가 '일곱 베일의 춤'을 춘다. 스크린에서든 무대에서든 상관없이 춤을 추는 여성은 흔히 성적 자극과 유혹, 그리고 결국에는 위험을 나타낸다! 사람들은 흔히 춤추는 여성들은 경솔한 남성들로 하여금 더 이상 자신의 감각을 제어하지 못하게 도발한다고 말한다. '죽음으로 이끄는 춤'에 관해 전해지는 이야기도 많다. 예를 들면 마타 하리라는 댄서에 관한 전설적인 이야기도 있다. 그녀의 춤은 여러 장교들을 파멸로 몰아넣었다. 춤추기가 정말 이토록 엄청난 유혹의 힘을 가지고 있을까?

내가 다니던 춤 강습소에는 반항적인 학생이 한 명 있었다. 1980년에 개봉된 댄스 영화 〈페임Fame〉에 나오는 '리로이Leroy'처럼 말이다. 그는 기존의 질서를 싫어했으며, 특히 발레가 뻣뻣하고 따분하고 어쩐지 형식적이라고 여기며 반감을 드러냈다.

어느 날 우리 강습소의 그 '리로이'는 5분 늦게 연습실로 들어왔다. 그는 한 손에는 수건을, 다른 손에는 무거운 대형 카세트 플레이어를 들고 있었다. 그의 짙은 색 피부 곳곳에 땀방울이 반짝이고 있었다. 이미 한차례 힘들게 연습을 한 것이 분명했다. 21쌍의 눈이 그의 모습을 지켜보았다. 그는 도발적으로 껌을 씹으며 느릿느릿 홀을 가로질러 의기양양하게 걸어가더니 바 옆의 빈자리를 차지했다. 우리의 발레 선생님은 나무라듯 그를 노려보았고, 선생님은 일직선으로 굳게 입술을 다물었다. 리로이는 대담하게 선생님의 시선을 맞받으며 몸을 숙여 대형 카세트 플레이어를 내려놓고 음악을 틀었다. 강렬한 리듬이 조용한 연습실에 폭풍처럼 밀려들었다. 오른편에 있던 얌전한 발레 연습생 소녀들은 불안해져서 선생님 쪽을 쳐다보았다. 그런 다음 우리의 눈은 다시 리로이 쪽으로 향했다. 그는 가볍게 허리를 흔들며 연습실 한가운데로 가는 중이었다. 그가 능숙하게 음악의 리듬에 따라 잠시 멈췄다가 이어서 격렬하게 춤을 추기 시작했다. 우리는 그의 목덜미와 허리의 아름다운 움직임을 지켜보았다. (살짝 마음이 끌렸다는 점은 인정한다.) 선생님이 한쪽 눈썹을 추어올렸다. 그런데 입술은 아까처럼 굳게 다물어 있지는 않았다. 음악에 맞춰 춤추는 리로이의 동작은 점점 커졌다. 음악의 박자에 맞춰 발을 구르면서 그는 허리를 빙글빙글 돌렸고, 두 손도 그 동작에 따라 도발적으로 움직였다. 그의 상체가 물결처럼 가볍게 이리저리 흔들렸다. 리로이라는 인물 전체가 하나의 선정적인 춤동작이었다.

리로이의 춤은 발레 세계의 엄격한 기존 질서에 대한 도발로 계획된 것이었다. 그러나 그 춤은 우리가 무시할 수 없는 성적인 매력도 있었다. 피아니스트는 리로이를 유심히 쳐다보았고, 우리 발레리나들도 입을 다물지 못하고 바 옆에 서 있었다. 화가 난 선생님조차 분명 그 춤의 관능적인 영향력에서 완전히 벗어날 수는 없는 것처럼 보였다.

번식은 모든 종의 기본 욕구들 중 하나이다. 그렇지 않다면 그 종은 틀림없이 멸종할 것이다. 인간도 자신이 얼마나 문명화되었다고 여기든 간에, 인간의 뇌 속에는 어떤 동작의 성적인 자극을 알아차리게 해 주는 매우 오래된 메커니즘을 가지고 있다. 이것은 다시 신체 언어와 관련이 있다. 즉, 우리 뇌는 리로이가 한 것처럼 움직였을 때 어떤 느낌이 드는지 알고 있는 것이다.

그래서 영리한 안무가들은 그것을 역으로 작용하도록 만들기도 한다. 그들은 발레 같은 매우 '얌전한' 방식의 춤을 이용해 성적인 메시지를 전달하는 것이다.

프레더릭 아스톤Frederick Asthon이 안무를 맡은 작품 〈마르그리트와 아망드Marguerite and Armand〉를 리허설할 때 세계적으로 유명한 발레리나 마고트 폰테인Margot Fonteyn은 이렇게 말했다고 한다. "열정은 리허설 때 오히려 훨씬 강력했어요. 실제 삶 속에서 경험할 수 없을 정도로 뜨거운 열정이 느껴졌죠." 이보다 좋을 순 없다! 관객들은 오늘날까지도 이 발레 작품을 사랑한다. 우리는 이 작품을 두 가지 관점에서 감상할 수 있다. 아주 아름답고 순수한 발레로, 혹은 춤으로 표현되는 사랑 행위에 대한 비유로 말이다. 해석은 그야말로 관객의 눈에 달려 있다.

춤동작은 정말 다층적일 수도 있다. 그것은 정치적 메시지가 될 수도 있고, 성적 메시지를 보낼 수도 있고, 혹은 단순히 아름답게만 보일 수도 있다. 그리고 춤동작이 전혀 의도하지 않은 방식으로 해석될 때도 있다. 예컨대 당신은 동양의 '벨리댄스'가 원래는 헐렁한 바지를 입은 이집트 남자들이 추던 춤이라는 사실을 알고 있

는가? 20세기 초반에 카이로의 사업 수완이 좋은 카페 주인들은 식민지 통치자들이 (그들은 당시 씀씀이가 큰 카페 고객들이었다!) 여자들이 춤을 출 때 특별히 흥미로워한다는 것을 알아차렸다. 그래서 남자 대신 여자들을 무대에 올렸던 것이다.

춤을 감상하는 데 중요한 것이 있다. 감상하는 사람이 어떤 문화권 출신인지, 어떤 춤 방식과 표현 방식을 접했는지 하는 것이다. 오늘날 폴 댄스Pole dance로 잘 알려져 있으며 매우 관능적인 춤으로 통하는 춤도 원래는 영적인 의미를 가진 인도의 복합적인 예술 형식 중 하나인 무용이다. 춤의 원형대로라면 속이 비치는 옷차림이나 심지어 나체로 추는 춤은 아닐 것이다. 식민지 통치자들은 종종 자신의 여행기에서 문화적으로 풍부한 춤 스타일들을 관능적이라고 묘사하고, 심지어 그것을 매춘과 연결시키기도 했다. 페르시아나 아프리카의 많은 춤들도 그런 운명을 겪었다.

그러니 앞으로는 춤을 추는 어떤 여자에 관해 관능적이라고 단정하기 전에, 그 여자는 당신의 추측대로 춤을 추는 것이 아닐 수 있음을 명심하기 바란다. 그녀의 춤은 단순히 어떤 감정의 표현일 수도 있으며 당신이 알지 못하는 어떤 문화적 관행일 수도 있다. 식민지 통치자들과 똑같은 과오를 저질러서는 안 될 것이다!

한편 춤을 통한 유혹의 측면에 관심을 보이는 일부 과학자들도 있다. (이것을 우리는 데이트하기를 다룬 장에서 이미 언급한 적이 있다.) 무엇보다 진화 연구자들 중에는 초기의 보편적인 관능적 춤동작을 찾고 있다.

영국 노섬브리아 대학의 닉 니브Nick Neave 교수를 중심으로 한 연구진은 우리 뇌가 이성의 어떤 동작에 대해 특별하게 반응하며, 어떤 동작을 매력적이라고 여기는지 확인해 보려 했다. 연구자들은 남자와 여자 들에게 춤을 추도록 시키고 그것을 영상에 담았다. 실험 참가자들은 신체 각 부분의 움직임의 크기·회전·빠르기에 관한 정보를 컴퓨터에 전송해 주는 소형 센서들을 몸의 여러 곳에 부착했다. 이렇게 해서 연구자들은 양쪽 성별의 사람들이 다양하게 춤추는 모습이 담긴 동영상을 모았고, 신체 각 부위의 춤동작에 관한 움직임의 정보들이 담긴 데이터베이스도 얻어 냈다. 연구자들은 이 데이터베이스를 이용해 얼굴 없이 춤을 추는 컴퓨터 애니메이션 아바타를 만들어 냈다. 이것은 춤추는 사람들을 호감도에 따라 판정하는 데 인물의 외모가 아니라 오로지 움직임에 대해 평가하도록 하기 위해서였다.

남자들은 여자들이 허리를 크게 흔드는 것, 허벅다리를 비대칭으로 움직이는 것, 팔을 따로 움직이는 능력을 특별히 흥미롭게 여겼다. 여자들은 목과 상체를 변화를 주어 크게 움직이는 남자들을 아주 매력적이라고 판단했으며 몸을 굽히고 돌리는 동작이 클수록 더욱 마음에 들어 했다. 놀랍게도 오른쪽 무릎의 움직임도 마음에 들어 했다.

오른쪽 무릎이라고? 리로이의 고국인 콜롬비아인들은 살사를 춘다. 사실상 걸음마를 떼기 전부터 그들은 라틴 음악의 리듬에 맞추어 평생 춤을 춘다. 살사를 출 때는 남자와 여자 모두 허리와 상체를 아주 많이 움직인다. 그렇지만 원래 이 춤의 핵심은 여자들의 경우에는 허리 흔들기이며, 남자들의 경우에는 상체를 빙빙 돌리는 것이다. 그 외에도 남자들은 여자들을 리드할 때 흔히 오른쪽 다리를 길게 내뻗는 스텝인 런지를 사용한다. (그들은 오른쪽 무릎을 날렵하게 튕김으로써 이 오른쪽 다리의 부담을 줄이는 것을 좋아한다). 반면에 여자들은 한쪽 팔을 다른 팔의 움직임과는 비대칭으로 머리 위로 들어 올리는 것을 좋아한다. 이 과학적인 연구를 통해 살사 댄스 스타일의 성적 매력을 확인한 셈이다.

  결론을 말하자면 여자들은 눈길을 끌기 위해서는 허리를 크게 빙글빙글 돌리고, 춤 스텝은 박자에 맞춰 허벅다리와 팔이 비대칭으로 움직이는 것이 가장 좋다. 남자들의 경우에는 어깨와 목과 오른쪽 무릎을 제대로 활용하여 춤을 춘다면 여성들이 줄을 설 것이다. 상체를 물결처럼 움직이며 춤을 추도록 하라. 그때 상체를 양쪽으로 멀리 굽히고 머리를 이리저리 흔들면 좋다. 오른쪽 무릎을 잊어서는 안 된다! 더 많이 구부리고 멀리 내뻗을수록 더욱 효과적이다!

  때로는 당신의 파트너를 살짝 균형을 잃게 만드는 것도 도움이 된다. 당신의 움직임에 자신이 있고, 파트너를 다시 잡을 수 있다고 확신할 때만 그렇게 해야 한다! 1973년 심리학자 더턴Dutton과 에런Aron은 한 가지 실험을 했다. 실험에서 남성 참가자들은 바위와 절벽 사이에서 흔들리는 출렁다리를 건너가거나 아니면 안전한 길을 지나가거나, 둘 중 하나를 골라야 했다. 두 경우 모두 길의

가운데에는 한 여자가 있었으며, 남자들은 그녀에게 만남을 요청했고, 전화번호도 받았다. 그 결과 출렁다리를 건너간 남자들이 그 여자를 단연 더 매력적이라고 여겼고, 전화도 더 자주 걸었다. 그들은 흔들거리는 다리 때문에 느꼈던 흥분을 엉뚱하게도 그 미지의 여자에 대한 감정으로 해석했던 것이다. 심리학에서는 이런 경우를 '자극의 오귀인(Misattribution, 감정을 착각하는 현상)'이라 부른다. 따라서 춤을 출 때 파트너의 혈액 속에 약간의 아드레날린이 생겨나게 하는 사람은 상대의 전화번호를 얻어 집으로 돌아갈 가능성이 더 높다.

나는 초보자들과 춤추기를 무척 좋아하는 한 춤꾼을 알고 있다. 그는 항상 초보자들을 의도적으로 잠시 균형을 잃게 만들고 나서 미소를 띠며 능숙하게 다시 붙들어 준다. 이것은 출렁다리에서처럼 상대의 가슴을 두근거리게 한다. 초보자들이 줄줄이 이 춤꾼에게 걸려드는 것이다!

일부 진화생물학자들은 인간의 춤은 원래 구애 의식으로 생겨났다고 믿는다. 확실히 엘비스는 허리를 흔드는 힘을 자신의 장점으로 활용했으며, 〈더티 댄싱〉이라는 영화를 본 사람은 종종 '그것' 한 가지밖에 중요하지 않다는 사실을 부인할 수 없을 것이다. 탱고든 살사든 메렝게Merengue든 이런 춤추기는 매우 관능적인 체험이 될 수도 있다. 실제로도 춤을 출 때는 성행위를 할 때와 비슷한 생체 작용들이 활발히 일어난다. 엔도르핀·테스토스테론·옥시토신이 분비되고, 이 때문에 사랑 행위가 끝났을 때처럼 행복감과 탈진감을 불러일으키는 것이다.

하지만 성적 자극과 호감은 실제로는 춤에서 일어날 수 있는 부수적인 작용일 뿐 그 존재 이유는 아니다. 춤을 출 때 오로지 섹스만이 중요할 것이라는 오해 때문에 몇몇 나라에서는 춤을 금지시키기도 했다. 이것은 유감스러운 일이며 무지에서 나온 결과이다.

춤은 훨씬 더 많은 것들을 할 수 있으며, 이 묘약을 오직 섹스에만 국한시키는 것은 부당한 일이다.

사교를 위한 춤

우리는 매일 저녁 호텔 바에 왔지만, 아직 한 번도 그리스 현지의 댄스파티에는 가 보지 못했다. 정말이지 아쉬운 일이다!

"인터넷을 통해 이곳에 그런 행사가 있는지 찾아보죠!"

동선이 자신의 스마트폰을 꺼냈고, 구글을 통해 '밀롱가'와 '린디 합' 그리고 무작정 '클럽'을 검색해 보았다. 운 좋게도 우리는 오늘 저녁 우리 호텔에서 아주 아까운 곳에서 해변 파티가 벌어진다는 것을 알아냈다.

"그곳에 한번 가 볼까요?"

분명 빈말은 아닐 것이다.

내가 몇 년 동안 일했던 콘스탄츠 대학에서는 학기 초에 80개국 이상의 나라에서 교환학생들이 모여들었다. 이들은 대부분 무작위로 기숙사를 배정받았다. 처음 몇 주 동안 기숙사에서는 거의 매일 밤마다 요란한 파티가 벌어졌다. 대학생들이 빨리 어울려 지내게 하기에는 함께 춤추기만 한 것이 없다. 마이클 잭슨, 프린스, 마돈나는 아주 많은 기적을 만들어 냈다. 적어도 〈마카레나〉 같은 노래가 나올 때쯤이면 누구나 함께 따라 했고, 그들이 스페인이나 콜롬비아 출신이건, 싱가포르나 슐레스비히홀슈타인에서 왔건 아무런 문제가 되지 않았다.

특히 외국에 나가면 춤은 사람들과 사귈 수 있는 놀라운 수단이 된다. 대부분의 사람들은 현지인을 만날 거라는 기대를 품고 여행 안내서를 뒤적이며 아늑한 카페나 쿨한 바를 찾아본다. 아쉽게도 그렇게 해서는 기대만큼 많은 사람을 새로 사귀지 못한다. 대부분의 사람들은 이미 친구들과 함께 있거나, 대화에 열중해 있고, 혼자인 경우에는 잡지를 뒤적이거나 책을 읽고 있기 때문이다. 한창인 대화 중에 끼어들거나 무작정 누군가에게 말을 걸려면 상당한 용기가 필요하다. 게다가 그 나라 언어를 잘하지 못하거나 전혀 못한다면 사정은 더욱 어려워진다.

하지만 외국에서도 대단히 쉽고 성공적으로 새로운 사람들과 사귈 수 있다. 우리가 살사든 스윙이든 아니면 탱고를 추든 상관없이, 언제 어느 장소에서 춤을 추는지 알아내기만 하면 된다. 이것은 인터넷에서 찾아볼 수도 있고, 대도시에서는 간이매점에서 구할 수 있는 현지 행사 잡지의 일정표에서 찾을 수도 있다. 그런 다음 그곳으로 가서 춤을 추는 것이다. 이것은 간단하게 들리지만, 당혹스러운 점은 실제로도 너무 간단하다는 것이다! 종종 서로 이야기를 나누어야 할 필요도 없이 눈길 한 번, 몸짓 하나로도 춤을 추기에 충분하다. 말을 해도 좋지만 반드시 해야 할 필요는 없다. 침묵을 지킨다고 해서 결코 어색하지 않다. 모두들 자기 춤에, 스텝 순서와 음악에 정신이 팔려 있기 때문이다. 그렇다면 혹시 한바

탕 격정적으로 춤을 추고 나서 바에서 대화가 이루어질까? 우리는 이미 공통점을 가지고 있다. 결국 같은 스타일의 춤을 추고, 그 춤을 출 때 비슷한 음악까지 듣기 때문이다. 이것을 자주, 그리고 세계 여러 곳에서 해 본다면 공동체 비슷한 것이 생겨난다. 그러면 지난번에 함부르크에서 함께 춤을 추었던 댄스 파트너를 우연히 빈에서 다시 만나는 일이 벌어질 수도 있다.

나는 어렸을 적부터 소꿉친구였던 신이를 몇 해 동안이나 만나지 못했다. 그동안 신이 서울에서 살고 있다는 소식은 듣고 있었다. 어느 날 느닷없이 신이 나에게 전화를 걸어왔다.

"난 네 도움이 꼭 필요해. 다음 주 월요일 저녁에 이리로 와 줄 수 있겠니?"

"이봐, 잘 지내고 있어? 아무 일 없는 거야?"

"응, 잘 지내. 걱정하지 마. 심각한 일은 아니야. 그래도 난 네가 필요해. 꼭 와 줘야 해!"

"물론 도와줄 수는 있어. 그러나 무슨 일인지 말해 줄 수 없니?"

그녀는 아무것도 밝히지 않고 날짜와 서울의 주소만 알려 주었다. 마치 추리소설에서처럼 말이다.

일주일 후에 나는 노래에 나오는 바로 그 '강남'구에 있는 신사동의

한 건물 앞에 서 있었다. 지하실로 향하는 계단이 있었고, 나는 가능한 모든 시나리오를 머릿속으로 그려 보았다. 신이 곤경에 처해 있는 걸까? 질 나쁜 폭력배들에게 협박을 받은 걸까? 혹시 사채라도 끌어다 쓴 걸까? 왜 그녀는 간절히 나의 도움이 필요한 거지? 대체 무슨 일로 신이, 지금은 내가 이 건물에 와 있는 거야?

나는 통로를 따라 내려갔고, 결국 방음 처리가 된 철문 앞에 도달했다. 어떤 일이 닥칠지 모르는 상황에서 나는 문을 벌컥 열었다.

열정적인 스윙 음악이 울려 나왔고, 땀에 흠뻑 젖어 춤을 추고 있던 사람들이 나를 쳐다보았다. 그러자 신이 곧장 나에게로 달려와 달아오른 얼굴로 환하게 인사를 건넸다. "우리는 함께 춤을 출 리더가 꼭 필요했어! 와 줘서 고마워."

그날 저녁, 나는 스윙을 추러 간 것이었다. 그리고 새로운 사람들을 아주 많이 만났다. 그들은 지금까지도 좋은 관계를 맺고 있다.

외국에서 잘 통하는 것은 고국에서도 먹혀들 수 있다. 고국에서 새로운 친구들을 찾는 것은 낭연히 더욱 보람이 있다. 하지만 바로 자신이 사는 도시에서 혼자 외출하는 발걸음은 더 무거울 수밖에 없다. 고독한 괴짜로 낙인찍히는 것이 말할 수 없이 두렵기 때문이다. 그러나 어디서나 클럽의 댄스 플로어를 찬찬히 살펴보면 혼자서 춤을 추는 사람들이 몇몇쯤은 있다. 그리고 혼자라고 해서 반드시 고독한 것도 아니다!

댄스파티는 종종 익명의 시끄러운 클럽보다 사람을 사귀기가 더 좋다. 우리는 잃을 것이 없기 때문에 무언가 얻을 수 있다. 분위기가 따분하거나 불편하다면 언제든지 다시 떠나면 그만이다. 주의할 점은 그런 날 저녁을 싱글들의 데이트 행사로 받아들여서는 안 된다는 것이다. 많은 남자들이 이런 식으로 해서 새로운 여자 파트너를 사귀기를 기대한다. 그것이 잘 맞아떨어져서 춤을 추는 그날 밤에 서로 한눈에 반하는 커플도 분명히 있다. 하지만 여자들은 보통 남자를 사귀기 위해 춤을 추러 가는 것은 아니다. 그들은 무엇보다 한 가지를 원한다. 춤을 추고, 활기 있게 시간을 보내고, 감정을 발산하고 싶어 하는 것이다! 이 사실을 2015년에 헝가리 부다페스트 외트뵈시 로란드 대학의 아니코 마라즈 Aniko Maraz와 그 동료들이 설문 조사를 통해 입증했다. 춤을 추는 457명의 사람들에게 설문지를 이용해 춤을 추는 이유를 물어보았다. 여자들은 다음과 같은 순서로 답변했다. 피트니스·기분 전환·몰입·자부심 높이기·일상에서 벗어나기. 남자들에게서는 두 가지 중요한 이유밖에 없었다. 친밀함을 느끼고 연애하기! 남자들은 혹시 그 여자들에 관해 어떤 것을 더 알아낼 수 있을까?

혼자 춤추러 가기의 흥미로운 점은 관심이 그룹이나 친구들에게만 쏠리는 것이 아니라 자신과 현재에도 집중된다는 사실이다. 우리는 춤과 그 춤을 함께 추는 새로운 사람들에게 관심을 집중한다. 아마 우리가 그들에게 주의를 기울일 때 비로소 정말 흥미로운 사람들을 사귀게 될 것이다.

아직 서로를 알지 못하는 그룹의 경우에도 춤추기는 사람들을 더 쉽게 사귈 수 있는 좋은 기회가 된다. 예컨대 새로운 춤 스텝을 배우는 강습회에서는 모든 사람들이 결국은 같은 문제에 직면해 있는 것이다. 이것은 서로를 어울리게 하고, 단결하게 하며, 우리가 이 책의 첫 부분에서 살펴보았듯이 동시에 뇌를 활성화시킨다. 이 모든 것은 팀이 강해지기 위한 전제 조건이다. 몇몇 에이전시들이 춤을 포상과 팀 구축 세미나로 제시하는 것도 놀라운 일이 아니다. 특히 작업 팀에게는 사람과 사람 사이의 벽을 허무는 것이 필요할 때가 많고, 사람들이 너무 많은 '생각'을 하지 않도록 하는 것이 필요하다. 이럴 때는 몸을 쓰는 일이 제격이다. 그들은 연습을 하고, 실컷 투덜거리고, 웃음을 터뜨린다.

그리고 춤이 끝나면? 당신은 함께 춤을 추었던 사람들과의 유대감을 춤을 추지 않은 사람들에게서보다 더 많이 느낀다. 당신의 뇌는 기억 속에 이 사람들이 당신에게 특별하다는 메모지를 하나 꽂아 놓았다. 당신은 자신과 자신의 몸에 매우 중요한 것을 이 사람들과 공유했기 때문이다. 그것은 바로 춤이다.

관객을 위한 춤

해변에서 벌어진 파티는 분위기가 최고조에 달해 있었다. 그 섬 지역의 청소년들이 모두 모인 것 같았다. 음악이 흐르고, 그 음악에는 규칙적인 리듬이 되풀이되고 있었다. 댄스 플로어는 여러 개의 돗자리들을 고정 핀으로 서로 연결시켜 놓았다. 우리가 그곳에 끼어들자 평균 연령이 확실히 높아졌다. 우리는 음료를 들고 간이의자에 앉아 그 소란스러운 장면을 흥미롭게 지켜보았다.

"지켜보기만 해도 춤은 당신의 뇌를 바꾸어 놓죠." 줄리아가 웃으며 말했다.

오스트레일리아의 웨스턴시드니 대학의 캐서린 스티븐스 Catherine Stevens와 그 팀은 일련의 연구를 통해 춤을 지켜보는 사람도 매우 강한 정서적 자극을 느낄 수 있다는 사실을 확인했다. 댄서가 무대에서 날 듯이 돌아다니는 모습을 볼 때 우리의 몸도 함께 흥분을 느낀다. 프랭크 폴릭 Frank Pollick은 동료인 커린 졸라 Corinne Jola와 장선희 Seon Hee Jang와 함께 특히 이 문제에 대해 깊이 파고들었다. 2011년과 2012년에 이들은 연구 결과를 발표했는데, 댄스를 즐겨 구경하는 사람들의 뇌에서는 근육운동과 관련된 기억 과정이 그들이 그 춤동작을 직접할 때와 똑같이 단련된다는 사실을 입증할 수 있었다. 그렇다면 우리는 지켜보는 것을 통해 춤을 배울 수 있을까?

콜 바도렛Coll Bardolet은 춤을 그림으로 묘사하는 실력이 몹시 뛰어난 화가이다. 그는 대부분의 인생을 마요르카의 발데모사에서 그림을 그리며 보냈다. 가벼운 종소리로 저녁을 알리는 카르투지오 교단의 수도원 모습과, 목에 작은 방울을 단 산양들이 산비탈에서 밤 인사를 하는 모습 속에서 바도렛은 마요르카의 일상의 모습을 그림으로 그렸다. 이 일상의 모습에는 마요르카 섬 특유의 '발데봇Ball de Bot'이라는 부츠 댄스도 들어 있었다. 마요르카의 마을 축제는 밤늦은 시간까지 이어지는데, 오늘날까지도 섬 주민들은 발데봇 댄스를 춘다. 하지만 진정한 부츠 댄스는 관광지와는 떨어진 곳에서야 볼 수 있는데, 관광객에게 소개되는 복장을 갖춘 '람바잠바Rambazamba' 댄스와는 별개의 춤이다. 이 춤은 마요르카 사람들을 중세의 촌사람으로 등장시킨다. 발데봇은 '스트레스를 막아 주는' 이탈리아의 춤 타란텔라와 약간 비슷하다. 이 춤은 활력이 넘치고, 열정적이며, 사람들은 섬프를 하고 몸을 회전한다. 바로 이 특별한 동작들이 콜 바도렛의 그림에서 다루어진다. 춤을 그림에 담으려고 시도했던 화가들은 엄청나게 많다. 그러나 세계적으로 유명한 에드가 드가의 발레리나 그림들조차 움직임이 없는 정물화에 속하는 편이다. 콜 바도렛이 그린 댄서들은 그렇지 않다. 우리가 그림을 보면 그림 속으로 빨려 들어가, 공중에 비스듬히 떠 있고, 격정적인 춤을 추자고 권유받는 느낌이 든다. "내가 지금 5분 동안 그린 그림에는 춤을 지켜본 나의 한평생이 들어 있습니다." 콜 바도렛이 언젠가 이렇게 말했다.

실제로도 우리 뇌 속에서는 그림에 나오는 동작을 (다시 말해 마치 얼어붙은 것 같은 동작을) 지켜볼 때 우리가 눈앞에서 실제의 동작을 생생하게 지켜볼 때와 똑같은 근육운동과 감정이입 과정이 진행된다. 콜롬비아 대학의 남아공 출신 미국 문화사가 데이비드 프리드버그David Freedberg는 예술사와 신경과학에 관한 학제간의 연구로 런던의 워버그연구소에 많은 활기를 불어넣었다. 그는 그림으로 그려지거나 스케치된 동작에 우리 뇌가 어떻게 반응하는지 분석했다. 가령 우리가 고야의 〈전쟁의 참화Desasters de la Guerra〉를 (이것은 나폴레옹이 스페인을 침략했을 때의 참상을 그린 그림 시리즈다.) 살펴볼 때, 우리가 실제 통증을 느낄 때 활성화되는 부위가 활성화되는 것이 보인다.

신경과학자이자 신체 언어와 정서과학 분야의 전문가인 베아트리체 드 겔더Beatrice de Gelder도 그림으로 그려진 동작을 볼 때 우리 머릿속에서 어떤 일이 벌어지는지에 관심을 집중했다. 우리 뇌는 점프나 회전 동작을 볼 때 (그림으로 보거나 실제로 보거나 간에) 우리에게 실제로 점프를 수행할 때 느끼게 되는 두근거림을 약간 느끼게 된다. 마치 나 자신이 뛰는 것처럼 떨리고 식은땀이 나는 느낌이 뇌의 거울신경세포들에게 그대로 보내지는 것이다.

실제의 움직임은 움직이지 않는 그림들이 낼 수 있는 효과를 더더욱 잘 발휘할 수 있다. 우리가 누군가가 춤추는 모습을 보면 우리의 거울신경세포가 활성화된다. 2012년 커린 졸라와 그 동료들은 춤 공연을 정기적으로 관람하면 뇌의 거울 시스템이 활성화되는 것을 보여 주었다. 관객들이 조용히 자리에 앉아 있다 해도 머릿속에서는 무대 위의 댄서들에게서와 비슷한 활동이 일어난다. 하지만 프로 댄서들처럼 정확하고 세밀한 근육운동을 통해서가 아니라 미숙한 댄서들이 그 동작을 실행하는 것 정도의 활동이 일어나는 것이다.

다음 장면을 예로 들어 보자. 발레리나 한 명이 무대 위로 사뿐사뿐 걸어 나온다. 조명은 어둑하게 조절되어 있다. 쥐 죽은 듯이 고요한 가운데 무대를 미끄러지듯 가로지르는 우아한 모습을 원뿔 모양의 불빛 하나가 뒤따라가며 비춘다. 그녀의 발걸음은 알아

볼 수 없다. 그때 멀리서부터 아주 낮은 바이올린 소리가 울려 나온다. 그 소리는 점점 커지고 길어진다. 대단히 아름다운 소리이다. 관객들이 그 소리에 빨려들어 모두가 하나가 된 듯 함께 숨을 쉴 때 발레리나도 가던 걸음을 멈춘다. 그러나 그녀는 멈춰 있지 않는다. 바이올린의 선율을 주의 깊게 따르면서 그녀는 오른 다리를 들어 올리기 시작한다. 관객들은 발레리나의 춤동작에 매료되어 깃털처럼 가볍게 아치를 그리며 점점 더 높이 올라가고 있는 멋진 각선미의 다리를 응시하고 있다. 다음으로 발레리나는 다리의 팽팽한 긴장감을 유지한 채 오른 팔을 우아하고 둥글게 들어 올리는 동작을 추가한다. 위쪽으로, 점점 더 높이, 바이올린 선율 하나하나를 충실히 따르면서. 바이올린이 최고의 음조에 이르렀을 때

발레리나는 다리를 들어 올려 바닥에 거의 수직으로 서는 동작을 완성한다. 관객들은 숨을 멈춘다. 요란하게 울리는 북소리와 더불어 오케스트라가 연주를 시작하고, 발레리나는 정지 상태에서 별안간 다리를 수평으로 벌려 도약하면서 무대 밖으로 사라진다. 관객들은 다시 자유롭게 숨을 쉰다.

동작, 특히 춤동작은 인간의 눈을 매료시키고 뇌와 심장을 흥분시킨다. 그 원인은 우리의 진화사에서 찾아볼 수 있다. 진화사에서는 주변의 모든 움직임을 알아차리고 판단할 수 있는 사람들만 살아남을 수 있었다. 무엇이 움직였지? 위험한 것인가? 바로 싸울 준비를 해야 하나? 마찬가지로 이성의 움직임을 제대로 해석할 수 있던 사람만이 후손을 번성시켰다. 이 때문에 우리는 시각을 통한 지각이 그토록 뛰어나며, 움직임에 대해 빠르고 직관적이며 빈틈없이 반응하는 것이다. 그러나 모든 움직임에 다 눈길이 쏠리는 것은 아니다. (그것은 너무 힘든 일이 될 것이다.) 우리의 거울신경세포는 '중요한' 움직임은 집중해서 관심을 쏟도록 해 준다. 중요한 움직임이란 우리 뇌에서 위험·번식·음식·안전과 관련이 있는 것들이다. 이런 움직임은 우리의 선조들에게 무언가가 다가오거나 피해 달아나는 것을 보여 주었던 수평적인 움직임이다. 또 대부분 위험을 뜻하는 크고 예측할 수 없고 날카로운 움직임과, 보호와 안전을 암시하는 부드럽고 완만한 움직임도 있다. 얼마 전에 작고한 진화과학자 아이블아이벨펠트Eibl-Eibelfeldt는 보편적으로 수많은 바위그림들에서 발견되는, 다산성을 의미할 가능성이 있는 일정한 몸자세들에 관해 설명했다. 예를 들면 타이티와 오스트레일리아의 바위그림에서 발견되는 다리를 벌린 자세 같은 것들이다. 흥미롭게도 이러한 동작과 자세를 오늘날의 대부분의 춤 스타일에서도 발견한다. 춤에서는 이러한 기본이 되는 동작들이 나타나고, 그 동작들을 이용해 연기가 진행되며, 우리 뇌는 거기에 반응을 보인다.

인간의 뇌는 크고 인상적인 동작들을 좋아한다. 그 동작들이 우리를 위험에 빠뜨리는 것이 아니라 단지 누군가가 무엇을 얼마나 잘할 수 있는지와 관련이 있다면, 우리는 기꺼이 그 동작을 바라본다. 우리는 감탄하는 것을 좋아하기 때문이다! 우리 뇌는 어떤 동작의 어려움을 이해한다. 댄서들이 춤추는 모습을 지켜보는 것은 우리 뇌에게 커다란 즐거움이다. 감탄을 하는 것은 아름답다고 느끼기 때문일 수도 있다.

그러나 아름다움은 우리 신경과학자들에게는 아직 논의의 대상이 아니다. 1990년대 중반에 들어서야 신경과학은 예술에 관심을 보이기 시작했다. 우리는 언제 어떤 이유로 어떤 것을 '아름답다'고 여기는가? 예술을 할 때 우리의 머릿속에서는 무슨 일이 벌어지는가? 안잔 차터지Anjan Chatterjee와 세미르 제키Semir Zeki 같은 선구자들 덕분에 두뇌 연구의 새로운 분과가 생겨났다. 바로 신경미학이다. 여기서는 예술에 대한 지각, 어떤 정서가 예술을 탄생시키고, 어떤 뇌 기능이 창의성을 담당하는지가 탐구된다.

뇌는 특정한 형태와 움직임에 특별히 강하게 반응한다. 이를테면 모셰 바르Moshe Bar와 마이탈 네타Maital Neta는 2006년의 한 연구에서 MRI에 들어가 있는 실험 참가자들에게 소파·곰 인형·꽃·무작위 순서의 추상적인 모양의 여러 물체들을 보여 주었다. 각 물체들은 귀퉁이가 둥글고 뭉툭한 종류와 귀퉁이가 날카롭고 모서리가 뾰족한 종류로 나뉘어졌다. 실험 참가자들은 각각의 사진을 자신의 마음에 드는지에 따라 평가했다. 귀퉁이가 둥근 종류를 좋아하는 사람들이 명확히 많았다. 흥미로운 사실은, 실험 참가자들이 귀퉁이가 날카로운 종류의 물체를 보자 대부분 그것을 부정적으로 평가했고, 그들의 뇌에서는 위협에 대처하는 일을 담당하는 부위가 활성화되었다. 과학적으로 설명하자면 귀퉁이가 날카로운 물건은 신체에 위험이 되므로 조심해서 살펴보아야 하기 때문이다.

같은 해에 조엘 아로노프Joel Aronoff는 그림에서도 위와 비슷한 결과를 내놓았다. 모서리가 날카로운 형태의 그림들은 뭉툭한 형태를 보여 주는 그림들보다 더 부정적으로 평가되었다. 아로노프와 그의 팀은 이 문제를 연구하는 데 발레를 이용하기도 했다. 그는 비디오로 녹화된 다섯 편의 고전발레 공연을 활용하는 흥미로운 실험 구조를 생각해 냈다. 아로노프는 발레를 해 본 경험이 없는 실험 참가자들에게 비디오 화면에서 긍정적인 역할이나 부정적인 역할을 춤으로 표현한다고 판단하게 했다. 예를 들어 〈백조의 호수〉에서 검은 백조 오딜과 흰 백조 오데트의 경우처럼. 그러고 나서 또 다른 실험 참가자 그룹에게는 그 춤의 장면들을 완만한 동작과 날카로운 동작으로 세분해 달라고 했다. 검은 백조 같은 부정적인 등장인물은 날카로운 동작으로 오랫동안 춤을 추었고, 반대로 긍정적인 등장인물들은 완만한 동작으로 더 오래도록 춤을 추었다.

그러나 동작이 얼마나 '완만한가' 아니면 '날카로운가'만이 우리 뇌에 일정한 역할을 하는 것은 아니다. 우리 뇌는 감명받는 것을 좋아한다. 고전발레에서의 동작은 몸의 자연스러운 한계를 따르지만, 그럼에도 춤동작들은 시간이 지나면서 변화를 겪었다. 런던 대학의 일리나 대프러티Elena Daprati와 패트릭 해거드Patrick Haggard는 2009년에 수행한 한 연구에서 런던 로열 오페라 하우스의 문서보관소에서 〈잠자는 숲속의 미녀〉, 〈신데렐라〉, 〈지젤〉의 춤 공연 사진들을 구해 와 1962년, 1979년, 1996년, 2003년의 다리의 각도를 측정했다. 그들은 안무는 그대로 유지되는 데 반해 해가 지나면서 동작이 많이 변했다는 사실을 알아냈다. 오늘날에는 예전보다 한계에 가까운 자세들이 더 중요하다. 1960년대에는 발레리나들이 다리를 소위 아라베스크로(뒤쪽으로) 약 90도만 들어 올렸다. 반면에 오늘날에는 다리를 거의 180도가 되도록 올리며, 심지어 깊은 인상을 주는 일직선으로 만드는 것이 필수가 되었다.

우리의 연구 그룹은 이 결과가 매우 흥미롭다고 여기고 2016년에 추가로 또 한 번의 연구를 시행했다. 안토니 고밀라Antoni Gomila, 프랑크 폴릭Frank Pollick, 안나 람브렉츠Anna Lambrechts와 함께 우리는 실험 참가자들에게 6초 동안 진행되는 발레 동영상들을 평가하도록 시켰다. 그들의 판단은 이번에도 명확했다. 완만한 동작은 긍정적으로, 날카로운 동작은 부정적으로 평가되었다. 발레 동영상에서 자세가 극단에 가까울수록, 다리가 높이 올라갈수록 실험 참가자들은 더 좋아했다.

무용수가 다리를 높이 들어 올릴 때 관객들이 느끼는 기대는 즐거운 스릴과 같다. 다리는 점점 더 높이 올라가고……, 아직도 더 높이 올라갈 수 있을까? 제1장에서 우리는 기대에 찬 즐거움이 우리 뇌에는 특별히 아름답게 여겨진다는 것을 주제로 다루었다. 그래서 〈백조의 호수〉에서 가장 중요한 순간들 중 하나는 검은 백조가 무대로 달려 나와 정지 상태에서 피루엣을 32번이나 도는 순간이다. 마치 장난감 태엽 발레리나처럼 그 여자 무용수는 돌고 또 돈다. 그리고 각각의 회전은 하나의 완벽한 예술이다. 그 회전 동작은 앞의 동작과 비슷하지만 결코 완전히 똑같지는 않다. 관객들의 시선은 최면에 걸린 것처럼 그 여자 무용수에게 고정되고, 긴장한 채 감탄하며 세어 본다. 1, 2, 3 …… 22! …… 30! …… 31! 32! 기대에 찬 즐거움은 보답으로 돌아온다.

우리가 이 장면을 즐거움으로 느끼는 이유는 뇌가 어떤 것이 반복되는 것을 좋아하기 때문이고, 거기에다 어느 정도 전율을 느끼기 때문이다. "그녀가 쓰러지지 않고 한 바퀴 더 돌 수 있을까?"

여러 춤 스타일은 잠시 멈추는 동작을 이용한다. 그래서 발레리나는 마무리 자세 직전에 발끝으로 서기를 하고……, 그리고 서 있고……, 또 서 있다가……, '마침내' 자세를 풀고 마무리 자세로 들어가는 것이다. 탱고에서도 춤을 중단하는 것으로 오인되는 여러

순간들이 나온다. 다음 순간으로 돌진하기 전에 멈추는 동작이다. '파라다(Parada, 멈춤)'에서 남자는 여성을 자신의 발로 멈춰 세운다. 어떤 면에서는 남자가 여자의 다리를 걸지만 당연히 넘어지지는 않게 한다. 남자는 여자를 자신의 발까지 끌어온다. 그런 다음 발 위로 건너갈지 말지는 여자에게 달렸다. 탱고는 종종 이 가벼운 스릴을 장난 삼아 즐긴다. 건너갈까, 말까?

  몇몇 연구들은 우리가 바로 예측할 수 없는 것은 다음에 어떻게 될지 궁금하게 만든다는 것을 보여 주었다. 우리가 기대하는 것을 즉각 얻지 못하면 슈퍼마켓 계산대 옆의 어린 꼬마처럼 화를 내며 좌절하게 된다. 아니면 긴장의 수위가 제대로 높아지면 우리는 호기심을 보인다. 우리는 눈길을 돌릴 수도 없이 그다음 동작을 기대하며 가슴을 졸인다. 우리는 그 이상을 원하는 것이다! 특히 모던 댄스를 보는 관객이라면 종종 멋진 동작들에 대해 감탄을 보내는 것 그 이상이 필요하다. 댄서들은 우리에게 바로 이해되지 않는 이야기들을 들려주기 때문이다.

당신이 춤을 추고 있는 네 사람을 보고 있다고 상상해 보라. 당신은 무대 언저리에서 그들이 등장하기를 기다린다. 조명은 어두워지고, 첫 번째 댄서가 몸을 움직인다. 준비가 되었는가?

그는 횃불을 들고 아주 괴상하게 발을 구르며 갑작스럽게 몇 번이나 공중으로 점프를 한다. 몹시 요란한 소리가 나는 걸로 봐서 그는 딸랑이를 달고 있다. 다음으로 두 번째 댄서가 등장한다. 플루트 연주자의 반주에 맞추어 그는 재빨리 몸을 굽히고 뻗는 동작을 한다. 쪼그려 앉았다가 벌떡 일어서고, 쪼그려 앉았다가 벌떡 일어서고……. 그 모습을 자세히 살펴보면 안마당을 뽐내며 걸어가는 수탉처럼 보인다. 수탉의 주선율이 이어지는 가운데 온몸에 깃털을 잔뜩 붙인 세 번째 댄서가 나타난다. 그는 아마 분장을 갖추는 데 돈이 부족했던 모양이다. 그의 깃털들은 상태가 좋아 보이지 않는다. 깃털들은 푸석하고 뒤틀린 채 그의 몸에 붙어 있다. 네 번째 댄서는 세상을 완전히 등지고 사는 것처럼 보인다. 그는 쉴 새 없이 무언가를 삼키는 동작을 하고 있다. 과장되게 '끄억' 하고 트림하는 소리가 기괴하다. 거기에다 관객들의 팝콘과 음료수 병을 훔쳐 가기까지 하고…….

이게 대체 무슨 짓이지? 입장료가 얼마나 비싼데! 이 무슨 도깨

비굴에 와 있단 말이야? 공연을 보고 있는 사람은 가끔 이렇게 자문하기도 한다. '안무가가 말하려는 게 뭐야?'

국어 시간에 시를 해석했던 일을 기억하는가? 선생님이 가끔 시에서 무엇을 알아냈는지 이해가 되었던가? 그 시간에는 운율·시적 자아·비유라는 말이 언급되었다. 정원은 '에덴동산'을 상징했고, 장벽은 '문제점'을 의미했으며, 굵은 나무 줄기는 '강인한 생명력'을 의미했다. (혹은 학년에 따라서는 남근상을 의미했다.) 처음에는 자리에 앉아 있어도 전혀 이해하지 못한다. 하지만 그 후에 상징들을 알아내는 법을 배우게 되면 그다지 어렵지 않다. 독일인들은 이것을 괴테나 실러의 작품을 통해 배우며, 이탈리아인들은 단테의 『신곡』을 통해 깨우치며, 덴마크에서는 피트 헤인Piet Hein과 카렌 블릭센Karen Blixen의 작품을 읽는다. 세계 각국에서 학생들은 자국의 문학 작품을 읽고, 그렇게 해서 문학적 상징을 해독하는 법을 배운다. 일부의 춤을 이해하는 데도 이와 비슷한 방법이 유용할지도 모른다.

"내가 육신의 무게에서 해방된 덧없는 유령을 보고 있는가? 저 달빛 속에서 요정들이 바람 부는 라인강을 휘감고 있는가?" 심지어 실러의 시 「춤」을 읽다가도 의문이 떠오른다. 그러니 어떤 춤 공연이 전하는 메시지를 당신이 단번에 이해하지 못한다 해도 그것은 당신의 잘못이 아니다. 당신의 뇌가 태어날 때부터 이해하는 동작 언어를 제외한다면, 문화적 특성을 띤 춤들을 이해하는 데는 몇 가지 추가적인 정보들이 필요하다. 프랑스의 철학자 미셸 푸

코 Michel Foucault는 몸속에 메시지를 전달하기 위해 사용되는 매개물이 있다고 여겼다. 다른 한편으로 어떤 메시지의 의미는 그 메시지가 표현될 때 주어진 사회적·역사적·문화적 연관성을 알고 있을 때만 이해될 수 있다고 했다. 그러므로 춤은 예전부터 각각의 종족과 민족의 문화와 종교와 밀접하게 연결되어 있기 때문에 모든 춤에 대해 획일적으로 통용되는 서술 체계는 없다.

바로 그 춤의 의미 분석을 다루는 분야가 하나 있다. 춤 연구가 주디스 린 해나 Judith Lynne Hanna는 1980년대 초에 개별 동작과 그 의미가 수록되는 서술 체계를 만들어 내려고 시도했다. 그녀는 전 세계의 댄서들과 이야기를 나누었고, 실제로 다양한 문화권의 춤동작을 서술할 수 있는 체계를 찾아냈다. 해나의 입장에서 춤은 동작이라는 작은 단위로 이루어진 복합적인 시스템이다. 이 동작들이 연결되면 말, 즉 춤 어휘가 되고, 이것들이 다시금 연결되어 완전한 문장을 이루고 따라서 메시지가 된다. 그러면 이 문장들은 어떤 사회적 연관성에서 춤으로 표현되었느냐에 따라 서로 다른 의미 메시지를 지닐 수 있다. 우리는 실제의 언어에서도 이것을 알고 있다. 우리가 '질척거린다'고 할 때 이 표현은 진창길에 해당될 수도 있지만 클럽에서는 또 다른 의미를 지닌다. 춤의 동작들도 사정은 이와 유사하다. 그러니 우리가 알지 못하는 춤을 해석할 때는 특별히 주의해야 한다. 특히 모던 댄스에서는 해석하는 일이 매우 까다로울 수도 있다.

나는 한 발레 공연을 관람한 적이 있다. 그때 안무가가 각각의 춤 자세에 관해 해설을 해 주었다. 한 무용수가 다리를 벌리고 몸을 앞으로 숙여 머리를 앞쪽 바닥에 대고 있었다. 그의 엉덩이는 관객들 쪽으로 향하고 있었다. 그는 다리 사이로 관객들을 바라보며 눈을 깜빡거렸다. 다른 두 명의 무용수도 그와 비슷하게 몸을 비튼 자세를 하고 있었다. 안무가가 마이크를 잡고서 이 첫 번째 모습에 관해 설명을 하기 시작했다. 그는 반쯤 머리로 버티고 있는, 엉덩이를 내민 무용수를 가리켰다.

"보시다시피, 이 사람은 질문이 많습니다." 그가 말을 꺼냈다. 뭐라고? 내가 그걸 어떻게 안단 말인가? 내 주변의 어떤 사람도 질문이 있을 때 내 쪽으로 엉덩이를 내미는 경우는 별로 없다. 대부분의 관객들도 나와 비슷하게 어리둥절해했고, 그러자 안무가가 다시 한 번 설명을 했다. "제가 이런 모습을 보는 입장이라면 그것이 어떻게 전개될지 기다려 보겠습니다. 그것을 제 안으로 받아들이면 아마 제가 가지고 있던 어떤 질문이 저절로 풀릴 겁니다. 풀리지 않을 수도 있고요. 하지만 그것 또한 하나의 해답일지도 모릅니다. 말하자면 이 질문은 제가 하는 것이 아니라 무용수가 하는 것이라는 해답이지요. 그리고 저도 질문이 있지만 이 질문은 결코 아니라는 해답입니다. 어쩌면 저의 질문에 대한 해답은 그다음 동작에서 얻게 될지도 모릅니다." 응? 지금 이 말이 당신에게 도움이 되었는가? 우리들에게도 전혀 도움이 되지 않았다!

그러나 바로 이 때문에 때로는 이 말이 통하는 것으로 보인다. 춤이 반드시 항상 어떤 의미를 가져야 할 필요는 없다. 어쩌면 무용수가 당신이 아직 한 번도 본 적 없을 정도로 다리를 높이 차 올릴지도 모른다. 모던 댄스는 우리가 반드시 이해해야 하는 것은 아니지만, 아마 그것은 우리 내면에 질문과 생각의 실마리를 불러일으킬 것이다. 우리가 경험이 많을수록 동작이 전하는 메시지를 더욱 다층적으로 알아차릴 수 있다. 이 사실을 믿기 바란다. 연습이 대가를 만든다. 관람을 할 때조차 말이다!

당신은 당연히 공연이 끝난 후에 무용수들에게 그 모든 것이 무엇을 뜻하는지 물어볼 수도 있을 것이다. 하지만 더 중요한 것은 그 춤이 당신에게 무슨 말을 전하느냐이다. 그것은 틀림없이 당신이 현재 관심을 쏟고 있는 것, 느끼는 것, 필요로 하는 것을 반영해서 보여 주기 때문이다.

얼마 전 춤을 즐기는 친한 친구가 나를 국제 댄스페스티벌에 초대하였다. 그곳에서 나는 국제적인 안무가들과 댄서들이 선보이는 모던 댄스 공연을 몇 편 보았다. 그중 이스라엘에서 나온 한 작품이 특별히 기억에 남았다. 댄서들이 원을 이루며 둘러서서 동일한 비트에 맞춰 춤을 추며 모두가 완벽한 안무를 선보였다. 그러나 끊임없이 원을 깨뜨리려 하거나, 조금씩 다르게 춤을 추려 하거나, 원에서 이탈하려는 댄서들이 있었다. 그들은 매번 다른 댄서들의 무리에 의해 제압되고 같은 춤을 추도록 강요받았다. 특별한 점은 댄서 각자가 원에서 이탈하려고 시도했지만, 집단을 이루어 행동할 때는 이탈하는 다른 개인들을 저지하려고 노력했다는 사실이다. 따라서 각자는 두 가지 역할을 했다. 즉, 이탈하는 개인이면서도 저지하는 집단의 일원이었다. 이 연기는 원을 이룬 모든 댄서들이 점차 느리게 움직이더니 행동을 중단하고 쪼그리고 앉아서 꼼짝도 하지 않을 때까지 계속되었다. 이 춤은 말은 전혀 나오지 않았지만 하나의 이야기를 들려주었다. 마치 나 자신의 이야기인 것처럼 십분 공감이 되고 이해가 되는 이야기였다. 그것은 아마 이런 이야기이기도 했을 것이다. 즉, 내가 한국에서 학교에 다닐 때, 거기서는 학생들이 모두 똑같은 교복을 입었고, 똑같은 교재를 외워야 했으며, 개인의 생각은 환영받지 못했다. 그 집단에서 이탈하려는 시도는 번번이 좌절되었다. 그 춤은 완전히 다른 문화권에서 나왔지만 나에게는 감동을 줄 수 있었고 직관적으로 이해가 되었다. 그 경험은 대단히 매력적이었고 내가 춤을 추게 된 중요한 계기였다.

신경과학의 저명한 선구자인 라몬 이 카할Ramon y Cajal이 이렇게 말했다고 한다. "인간은 누구나 자신의 뇌를 조각하는 조각가가 될 수 있다." 이제 당신도 이 사실을 알고 있다. 우리가 겪는 다른 모든 경험들과 마찬가지로 춤을 추는 경험도 뇌 속의 신경조직을 형성한다. 예전에 무용수였고, 지금은 신경과학자인 에밀리 크로스Emily Cross와 루이즈 커시Louise Kirsch는 특별히 뇌와 춤 경험이라는 주제를 탐구하고 있고, 이와 관련해서 수많은 연구들을 발표했다. 그중 한 연구를 위해 그들은 실험 참가자들을 세 그룹으로 나누었다. 한 그룹은 게임기 '위Wii'를 이용해 다양한 악곡에 맞춰 몇 가지 춤동작을 익혀야 했다. 두 번째 그룹은 직접 춤을 추지는 않고 뮤직비디오만 감상했다. 세 번째 그룹은 단순히 음악만 들었다. 훈련 시간 전과 후에 크로스와 커시는 실험 참가자들에게 수많은 춤동작을 평가하도록 시켰다. 그 춤동작 중에는 그들이 테스트 과정에서 시험 삼아 해 보거나 보았던 동작들도 들어 있었다. 그런데 보라! 춤 스텝을 직접 연습했던 그룹만이 두 번째 라운드에서 그 춤 동작을 더 좋아했다. 따라서 우리는 자신이 시험 삼아 춘 적이 있는 그런 춤들을 더 좋아하는 것이다. 우리의 신체 기억이 그 동작들을 해석하는 데 도움을 주기 때문이다. 우리는 그 동작들을 더 잘 이해한다. 그리고 우리가 이해하는 것을 우리는 더 좋아한다.

많은 댄서들이 관객들이 그 춤에서 무엇을 보는지는 전혀 상관하지 않는다. 그들에게 가장 중요한 것은 자신이 관심을 쏟고 있는 것을 진정성 있게 표현하는 것이다. 우리는 이 강력한 정서와 진정성을 느끼는 것이고, 우리 뇌는 이것에 반응한다.

춤추는 것을 지켜보면 우리에게 어떤 작용이 일어난다. 바로 이 점에서 예술 형식으로서의 춤은 우리의 삶에도 깊숙이 파고들고자 하는 의도가 있다. 당신이 어떤 춤 공연을 이해하려 한다면 자신이 잘 알고 있고 쉽게 해석이 되는 춤동작이 나오는지 지켜보아야 한다. 댄서가 발을 구르고 점프를 한다면 그는 분노가 치밀고 힘이 솟구치는 상태일 수 있고, 댄서가 무대 위로 떠다닌다면 그는 경쾌함을 표현하려는 것이 확실하다. 음악을 잘 들어 보라. 음악도 종종 우리에게 분위기에 관해 많은 것을 알려 준다.

어쩌면 몇 가지 장면과 비유를 설명해 주는 간략한 공연 팸플릿도 있을 것이다. 그리고 가장 중요한 것은 자신이 느끼는 것을 그냥 받아들이면 된다. 옳거나 틀린 것은 없다. 우리의 감정 표현은 보편적이기 때문이다.

화합을 위한 춤

현지의 청소년들과 함께한 해변 파티에는 약간의 적응이 필요했다. 그들은 우리를 날카롭게 훑어보았고, 몇몇은 줄리아 앞에서 상당히 과시적인 춤을 추었다. 우리가 그리스어를 알아듣지 못하는 것이 어쩌면 유익할 때도 있다. 우리는 사춘기 특유의 불량스러운 태도를 가만히 살펴보았다. 마침내 유난히 존경심을 불러일으키는 건장한 그리스인이 고갯짓을 하고 우리에게 다가와 매력적인 미소를 지으면서 댄스 플로어로 나올 것을 권했다. 서로 간의 편견을 해소할 적절한 시간이 온 것이다!

미켈라 드프린스Michaela DePrince는 처음부터 줄곧 미켈라 드프린스는 아니었나. 그녀는 인생 초기에는 마빈티 반구라Mabinty Bangura로 불렸다. 그녀는 1990년대에 시에라리온에서 벌어진 내전 중 부모들이 살해되어 고아원에 수용되었던 수천 명의 무슬림 고아들 중 한 명이었다. 어느 날 고아원의 먼지 덮인 안뜰로 잡지의 표지 한 장이 바람에 날려 왔다.
　마빈티는 오물 속에서 그 종이를 끄집어냈다. 거기에는 발끝으로 서서 춤을 추는 발레리나의 사진이 있었다. 마빈티는 숨이 멎

는 것 같았다. 마빈티가 발레를 한 번도 보지 못해서가 아니었다. 백인을 한 번도 본 적이 없었기 때문이었다! 마빈티가 그 여자에게 이름을 붙여 주었듯이 그 '심오하고 아름다운 존재'는 무척 행복해 보였다. 마빈티의 머릿속에서 그 여자는 암담한 잿빛 속의 한 점 희망의 불꽃으로 변했다. 마빈티는 놀림을 당하고 괴로움에 시달리고 있었다. 마빈티는 고아원에서 천덕꾸러기였고, 음식도 가장 적게 받았고, 옷도 가장 누추했다. 늘 모든 아이들 중 가장 열악한 아이였다. 마빈티가 백반증을 앓고 있었기 때문이었다. 백반증은 전염성이 없는 피부병으로 피부 표면의 색소가 사라진다. 검은 피부가 희게 변했고, 이 흰 반점들 때문에 시에라리온에서 마빈티는 '악마의 자식'이라 불렸다.

마빈티는 그 백인 여자의 사진을 몸에 지니고 다니면서 수시로 꺼내 보았다. 그녀는 사진을 자신의 속옷에 숨기고 어디를 가든 그 발레리나와 함께했다. 마빈티는 그 사진을 바라볼 때마다 자신의 머리에서 전쟁의 괴물을 몰아냈다. 그녀는 그 존재처럼 행복해지고 싶었다. 네 살이 되자 마빈티는 미국의 한 유대인 가정에 입양되었다. 이름도 미켈라로 바뀌었다. 그곳에 미켈라가 바라던 행복이 있었다! 미켈라는 가족이 생겼고, 사랑과 안락함을 누렸다. 그리고 춤을 출 수 있었다. 춤은 미켈라를 강하게 해 주었다. 그리고 사진에 나온 그 신비한 아름다움에 대한 기억은 부적처럼 미켈라를 따라다녔다. 그녀가 여덟 살이 되어 〈호두까기 인형〉에 나오는 클라라 역을 맡지 못하게 되었을 때 그 부적은 큰 힘이 되어 주었다. '미국은 아직 흑인 클라라를 받아들일 정도로 성숙하지 않았던' 것이다. 그리고 아홉 살이 되었을 때 어떤 여자 프로듀서가 흑인은 '금세 엉덩이가 벌어지고 가슴이 커지기' 때문에 미켈라에게 지원하기를 거부한다는 소식을 들었을 때도 그 부적이 버틸 수 있게 해 주었다. 사랑스러운 발레리나 미켈라 드프린스는 그 어떤 것에도 굴복하지 않았다. 그녀는 이를 악물고 훈련을 했고, 행복하고 화려한 발레리나가 되겠다는 자신의 목표에서 눈을 떼지 않았다. 열네 살의 나이에 미켈라는 '미국 청소년 그랑프리'를 차지했다. (그것은 미국 최고의 무용수들을 배출하는 이름난 대회였다.) 그녀는 지원을 아끼지 않는 양어머니와 함께 무용계를 정복했다. 그녀는 명망 있는 재클린 오나시스 케네디 발레 학교를 졸업하고 오늘날 희소한 흑인 프리마발레리나 중 한 사람으로 중요한 배역을 춤으로 소화하고 있다. 종종 심오한 내용의 배역을 맡기도 한다. 그녀 나이 또래의 그 어떤 무용수도 미켈라처럼 설득력 있게 연기하지 못할 것이다. 그 사이에 그녀는 『날다Taking Flight』라는 책을 썼으며 영화에도 출연했다. 미켈라는 잠시도 자신의 목표를 놓치지 않았다. 그녀는 그 모든 경계를 초월해서 춤을 추었다.

유감스럽게도 우리 사회에서 사회 활동과 문화 활동에 참여하는 것은 사회적 출신에 따라 매우 강하게 좌우된다. 여러 가지 이유에서 공동체와 떨어져 있는 사람들은 사회에서 자리를 찾기가 매우 힘들다. 여러 연구들에서 통합은 종종 문화 교육을 통해서만 가능하다는 것을 보여 준다. 독일의 정치권에서 교육은 통합의 핵심 요인들 중 하나로 취급된다. 문화에 자유롭게 접근하는 것은 한편으로 모든 개인의 개인적인 발전을 위해 매우 중요하다. 다른 한편으로 그것은 공동체를, 따라서 우리 사회 자체를 강화시킨다. 세계적으로 이미 성공을 거둔 한 가지 아이디어가 갈수록 인정을 받고 있다. 자신의 출신과 사회적 지위와 관계없이 문화 활동을 통해 서로 대화를 나누어야 한다는 것이다. 그렇게 되면 문화적 차이와 사회적 차이에 대한 상호간의 이해가 생겨날 수 있다.

어떤 형태로든 사회의 주변부에 있는 많은 사람들이 춤에서 위안을 얻는다. 1960년대에 할렘가에서는 '보깅Voguing'이 춤 스타일로 발전했다. 춤동작은 모델들과 그들의 포즈에서 영감을 받았는데, 처음에는 남성 게이gay나 성전환한 미국 흑인들이 이 춤을 추었다. 이 춤이 사회에서 받아들여지지 않자 그들은 많은 사람들에게 대리 가정으로 이용되는, 소위 하우스들을 설립했다. 그 하우스들은 실제 생활에서는 그들에게 입장을 허용하지 않는 화려한 세계를 모방한 것이었다.

지난 몇십 년 동안에 사람들은 얼마나 많은 공동체가, 즉 수용이 춤을 만들어 낼 수 있는지 깨달았다. 춤을 출 때는 한 공동체 내에서도 다름이 가능하다. 공동체에서는 인격의 발전이 중요하며, 결국에는 의욕 고취와 개인적인 목표의 성취가 중요해진다. 왜냐하면 공동의 춤 프로젝트는 참가자들에게 어느 정도의 끈기와 규율을 요구하기 때문이다. 독일에서는 프로젝트 '리듬이즈잇Rhythm is it!'과 거기서 생겨난 영화가 이 공동체와 춤의 관계를 잘 보여 준다. 2003년 2월 베를린 필하모닉과 수석 지휘자 사이먼 래틀 경의 첫 대규모 교육 프로젝트가 시작되었다. 25개국 출신의, 서로 다른 문화적 여건과 사회적 환경에서 자라난 베를린의 250명의 아이들과 청소년들이 안무가이자 춤 교사인 로이스톤 말둠Royston Maldoom의 지도를 받으며 스트라빈스키의 발레 〈봄의 제전Le Sacre du Printemps〉을 추었다. 이 안무가는 유사한 프로젝트들로 이미 국제적인 경험이 있었고, 에티오피아의 부랑자 아이들과 영국의 청소년 수감자들과 함께 발레 공연을 한 적도 있었다. 베를린에서도 대부분의 아이들은 고전음악과 춤을 조금도 접해 본 적이 없었다. '춤으로 나를 바꾸자You can change your life in a dance class.' 이것이 말둠의 모토였다. 그는 청소년들에게 그들 내면에 얼마나 대단한 능력이 숨겨져 있는지 느끼게 해 주려고 자신의 한계까지 밀고 나가도록 요구했다. 많은 청소년들이 이 프로젝트가 진행되는 동안 감정의 기복을 경험했고, 의구심에 시달렸지만 결국에는 자신의 능력을 넘어섰다. 이 모든 일에 카메라가 따라붙었고, 그 결과 2004년에 놀라운 다큐멘터리 영화가 나왔다. 이 영화는 학생들의 변화를 매우 생생하게 보여 주었으며 60만 명 이상의 관객을 끌어들였다.

그 사이에 이와 비슷한 프로젝트들이 많이 생겨났다. 모든 프로젝트가 다 대규모는 아니며, 미디어의 주목을 받을 정도로 준비되지는 않는다. 그렇지만 춤추기가 교육에, 즉 의욕 고취와 통합에 커다란 기여를 한다는 사실이 점점 더 분명해진다. 그래서 예를 들어 전국 춤 사업 공동체LAG Tanz e. V.는 '춤을 통한 통합'을 호소하고 있으며, 아샤펜부르크의 학교 춤 프로젝트인 '넥서스Nexus'는 학생들과 학부모들을 열광시키고 있다. 이 프로젝트를 위해 영재 학교와 실업학교와 인문계 학교의 학생들이 한 전문 댄서이자 안무가와 함께 5주 동안에 걸쳐 공동의 춤을 완성했다. 이후로는 '편견·분파 형성·관용 부족'은 조금도 찾아볼 수 없었다. 그 모든 차이에도 불구하고 말이다.

춤추기가 특히 사회적 불이익을 당하는 청소년들의 지능 형성과 건강에 기여할 수 있는지가 힙합과 브레이크 댄스를 이용해 조사되었다. 미국 모건 주립 대학의 저스틴 보니Justin Bonny와 그 동료들은 2017년에 힙합을 추는 청소년들은 기억력과 인지 유연성이 더 높다는 사실을 밝혀냈다. 그 외에도 힙합을 추는 청소년들은 사진에 나타난 긍정적인 감정들을 힙합을 춘 경험이 없는 청소년들보다 더 잘 식별했다. (그들은 타인의 입장이 되어 생각하는 능력이 훨씬 더 뛰어났다.) 연구자들은 바로 여기에 힙합을 통해 평소에 학습 내용에 별 관심을 보이지 않는 학생들과 접촉하고, 그들에게 중요한 사회 인지능력을 훈련시킬 접근법이 있다고 판단한다.

바로 이 접근법을 예를 들어 비영리재단인 '힙합 퍼블릭 헬스Hip Hop Public Health'가 추구하고 있다. 이 재단은 청소년들에게 음악과 춤을 통해 건강 문제에 대해 더욱 관심을 기울이게 만들고, 더 건강하게 살도록 의욕을 고취시키려고 한다. 2017년 이것의 효용성을 메릴랜드 대학의 세드린 로빈슨Cedrine Robinson과 그 동료들이 '힙합 댄스와 건강'이라는 주제에 관한 연구 분석에서 확인했다. 이 힙합 댄스 문화가 청소년들의 건강 의식을 높이는 것으로 보인다는 것이다. 예를 들면, 어떤 힙합 댄스 프로젝트를 추진하는 과정에서 청소년들에게 뇌졸중에 관한 지식이 전달되었다. 그 지식은 아이들에게 명확히 받아들여졌을 뿐 아니라 그들에 의해 부모들에게도 전달되었다.

베를린의 외진 구역에서든 난민촌에서든 학교에서든 다른 사회 시설에서든, 춤추기를 통해 통합으로 가는 수많은 작은 진전이 이루어질 수 있다.

몇 해 전에 나는 콘스탄츠에서 연극 제작에 참가했다. 우리는 실러의 「도적떼」라는 작품의 새로운 버전을 공연했다. 그 연극은 고전음악 연주자, 재즈 연주자, 디제이와 발레나 모던 댄스의 경험이 있는 프로 무용수들이 뒤섞인 재미있는 형식이었다. 고전음악 연주자와 발레 무용수들은 이 연극에 등장하는 신하와 귀족 역을 맡도록 했고, 재즈 음악가와 디제이들은 일반 민중의 연기를 했다. 도적들 역은 길거리에서 브레이크 댄스를 추는 아이들에게 돌아갔다. 감독은 그 청소년들에게 '열린 프로젝트Open-Air-Project'에 참여할 의향이 없는지 물어보았고, 그들은 거기에 찬성했다. 서로 다른 음악과 춤의 장르를 추구하는 우리는 사회 환경이 많이 달랐지만 하나의 그룹이 되었다. 무대에서 춤이 시작되자마자 우리가 모든 것을 잊어버릴 수 있었다는 것은 정말 신기한 일이었다. 이런 멋진 프로젝트들은 사회적 어려움과 사람들 사이의 갈등을 해소할 수 있다. 이것이야말로 작은 기적이다!

'리듬이즈잇!'의 안무자인 로이스톤 말둠은 그동안 또 다른 흥미로운 프로젝트를 수행했다. 그는 전 세계에 걸쳐 춤추기를 통해 인간의 삶을 풍요롭게 만들고, 문화들 사이를 연결하는 '공동체 댄스 프로젝트'를 실현하고 있다. 독일에서 그는 난민들과 활동한 적이 있다. 고국을 잃어버리고 스스로를 이방인으로 여기는 사람들에게 춤은 자신의 다양한 세계를 연결시키고, 그로써 자신의 정서를 드러내기에 매우 적합하다.

"내가 춤을 출 때는 고향에 돌아와 있는 느낌이 들어요!" 아리프 모하메드Arif Mohammed는 드레스덴에 거주하고 있는 시리아의 의사다. 그는 탱고를 열정적으로 추는 사람이며, 그곳 제2의 고향에서 활발한 탱고 댄스 공동체를 발견했다. 그가 눈을 감고 자신과 파트너를 음악에 내맡기고 있으면, 음악과 춤이 그를 다시 알레포로 데려다준다. 시리아인인 아리프가 독일의 드레스덴에서 고향에 와 있는 것처럼 느끼는 것은 어찌 된 일일까? 그의 다리의 움직임 때문일까? 음악 때문일까? 아니면 그의 뇌 때문일까?

당신은 이제 알고 있다. 사람·물건·특정한 관습과 행동뿐 아니라 특정한 소리나 음악도 우리 뇌에서 기억을 일깨운다. 무엇보다 음악과 춤은 일상생활·멋진 축제·대규모 가족 축하 모임에 대한 기억들과 연결되어 있다. 음악과 춤은 '집에 있다(편안하다)'는 느낌을 알려 주는 우리 뇌 속의 메신저다. 음악과 춤이 우리에게 익숙하고, 또 안전하고 안락하다는 느낌을 주는 이유는 우리가 그것들을 잘 알고 있고, 거기에 좋은 감정이 연결되어 있기 때문이다. 당신은 어린 시절에 배운 춤을 출 때 편안함을 느낀다. 그것은 네 살짜리 잔에게는 오리 춤이 될 수도 있고, 드레스덴에 사는 시리아의 난민 아리프가 듣는 탱고 음악일 수도 있다. 말둠은 언젠가 이렇게 말했다. "춤은 아주 특별한 예술 형식이다. 춤은 육체적이고, 정서적이고, 영적이고, 인지적이고, 사회적이다." 바로 이 때문에 춤추기는 삶과 자신의 인격체를 긍정적인 것으로 바꾸고, 한 공동체에서 자신을 새롭게 규정하고, 결국은 '다름'에도 불구하고 함께할 수 있는 가능성이 되는 것이다.

그날의 해변 파티는 결국 아름답게 마무리되었다. 어떤 식으로든 우리는 그 낯선 청소년들 한가운데서 우리가 어디서 왔으며, 어떤 언어를 사용하고, 나이가 얼마이든 상관없이 춤이 우리를 얼마나 하나

로 묶어 주는지 다시 한 번 명확히 깨달을 수 있었다. 춤은 어디서든 통용되고, 어디서든 이해되는 하나의 언어다. 우리가 이 세상의 모든 문화권 출신의 춤추는 사람들을 이해하는 데 사용되는 국제적이고 보편적인 언어인 것이다. 댄스 플로어에서 우리들 모두는 같은 사람들이다.

우리 모두 렛츠 댄스!

매년 4월 29일은 세계 춤의 날이다. 1982년 유네스코UNESCO의 협력 기구인 국제극예술협회International Theatre Institute의 춤 분과위원회가 발레의 위대한 개혁자인 장 조르주 노베르Jean-Georges Noverre의 생일을 '춤의 날'로 선포했다

이날이 보내는 메시지는 춤을 보편적인 언어로 찬미하자는 것이다. 오스트레일리아의 원주민도 북극의 이누이트족과 마찬가지로 춤을 춘다. 문화·종교·정치·인종과 무관하게 춤은 전 세계적인 현상이다.

그리고 이것은 매우 오래된 현상이다. 아마 우리의 선조들은 신경전달물질·거울신경세포·유산소운동에 관해서는 전혀 몰랐어도 이 율동 예술의 모든 장점들을 알아차렸을 것이다. 춤을 추면 근육운동·자기 인식·기억력·자유와 창의력·정서·사회적 공동체가 단련된다. 춤을 추면 우리의 심장 순환계·면역 체계가 강화

되며, 노령에 이르기까지 좋은 자세와 유연성을 유지하게 된다. 춤을 출 때 기분이 좋아지고, 자신감이 높아지고, 힘들지 않게 몸무게를 줄여 주며, 엉덩이를 탄탄하게 만들어 준다. 그리고 가장 중요한 점은 춤은 곧장 우리 뇌에 작용해 뇌세포들 사이의 연결을 향상시켜 준다는 것이다. 그 결과 우리는 더 쉽게 배우고, 정신적으로 좋은 상태를 유지한다. 어떤 운동이 이 모든 것을 해 줄 수 있겠는가? 춤은 만병통치약이다. 그런데도 사람들은 왜 그토록 춤을 추지 않는 것일까?

독일에서 행한 한 설문 조사에 따르면 인구의 10퍼센트만 춤추기에 흥미를 느낀다고 한다! 이로써 춤추기는 가장 인기 있는 스포츠 종목에서 6위를 차지할 뿐이다. 3900만 명의 독일인들은 전혀 춤을 추지 않는다!

"우리가 춤에 관한 책을 한 권 써야겠어요!" 동선이 확신에 차서 말한다. 우리는 어느덧 공항으로 가는 택시 안에 앉아 있다. 동선은 비행기로 베를린으로 가고, 줄리아는 자신의 연구 그룹이 있는 런던으로 돌아간다. "네, 그래야겠어요!" 줄리아는 택시 안에서 볼펜으로 냅킨 종이에 메모한다.

공항에 도착해서 우리는 택시기사에게 요금을 지불했다. 그때 택시기사가 독일어를 할 줄 알며, 우리가 나눈 이야기의 일부를 들었다는 것을 알게 되었다. 8일간의 학술대회를 마치고 나자(우리가 서로 알고 토론을 하고 아이디어를 교환하고 또 춤도 추었던 그 8일간), 60세쯤 되는 그리스인 택시기사가 그것을 이렇게 요약해서 말했다. "춤추기는 멋진 일이죠! 사람들은 늘 웃음이 최고의 약이라고 말하지만, 사실은 춤추기가 그렇죠. 웃음은 춤을 출 때 그냥 덤으로 받는 겁니다!"

댄스 플로어를 점령할 때가 된 것 같다. 혹은 데이비드 보위David Bowie가 예전에 노래로 표현했듯이, "빨간 신을 신고 블루스를 추"든가 왈츠든 힙합이든 퀵스텝이든 말 농장 춤이든, 클럽에서든 춤 강습소에서든 아니면 집의 거실에서든 상관없다. 그냥 좋아하는 음악을 틀어 놓고 춤을 춰 보라. 혼자서는 의욕을 느끼지 못하거나 어쭙잖게 여겨진다면, 어떤 강좌나 춤 강습소를 찾아보도록 하라. 찾아보면 춤 강좌는 엄청나게 많다. 어린이 춤, 노년층을 위한 발레, 즉흥 접촉contact improvisation, 민속춤, 헤드뱅잉이거나 블루스……, 춤은 너무나 다양한 면을 가지고 있어서 누구나 자신에게 맞는 것을 찾을 수 있다. 줌바나 보콰Bokwa 같은 피트니스 댄스 프로그램도 갈수록 많아지고 있다. 다양한 춤 스타일을 충분히 시험해 보고, 여유를 가지고 자신에게 맞는 것을 고르도록 하라. 여자 친구에게 맞는 춤이 반드시 자기 자신에게도 좋은 것은 아니다. 당신이 자신에게 어울리는 춤 스타일을 찾아냈다면 모든 것이 곧장 잘 들어맞아야 할 필요는 없다. 대부분의 춤들은 〈더티 댄싱〉에서처럼 무더운 여름 한 철에 익혀지지는 않으며, 모든 춤이 '더티 댄싱'일 필요는 없다. 당신 자신의 템포, 자신의 리듬에 귀 기울이라. 미하엘 엔데Michael Ende는 이것을 자신의 동화책 『모모』에서 특별히 아름답게 표현했다. "음악은 아주 멀리서부터 왔지만 나의 내면 아주 깊숙한 곳에서 울렸지." 당신의 내면에 들어 있는 완전히 자기만의 음악을 발견하라. 그리고 거기에 맞춰 춤을 추라.

자유롭게 춤추기, 이것은 정말 누구나 할 수 있다. 당신이 용기를 내 보기만 하면 된다! 특정한 춤 스타일의 춤 스텝과 관련해서는……, 뭐, 우리가 어느 정도 소질이 있어야만 어떤 것을 연습할 수 있다고 믿는 것은 엄청난 과오다. 당신은 자신에게 훈련 없이도 공중제비나 장대높이뛰기를 해 보라고 요구할 생각은 결코 하지 않을 것이다. 그렇다면 춤추기에서는 왜 그렇게 하는가? 모두가 과거의 언젠가는 초보자였다.

그냥 몸의 움직임을 즐기면 된다. 우리가 살펴보았듯이, 그러면 행복·건강·학습 성과가 아주 저절로 찾아온다. 그 이유는 우리 뇌와 우리 몸이 춤을 출 수밖에 없기 때문이다.

9

춤 고르기

내게는
어떤 춤이
어울릴까?

마치 아무도 당신을
지켜보고 있지 않은 것처럼 춤을 춰라.

— 수재나 클라크 Susanna Clark

에기나섬에서의 학술대회 이후 여섯 달이 지나 우리는 이 책의 마지막 장을 구상하기 위해 마요르카에서 만났다.

우리는 함께 차를 타고 콜 바도렛이 마요르카의 댄서들을 그렸던 산악 마을 발데모사로 갔다. 그곳에는 한때 쇼팽이 머물렀던 수도원이 있고, 몇 시간 동안이나 진지한 대화를 나눌 수 있는 멋진 카페들이 있었다. 바로 어떻게 자신에게 맞는 춤을 찾는가 하는 진지한 문제에 대해서 말이다.

내게 꼭 맞는 춤

"사람들은 누구나 재능이 있으며, 자신에게 맞는 재능을 찾아내기만 하면 됩니다." 댄스 영화 〈빌리 엘리엇〉에서 빌리가 복싱을 하다가 K.O.로 쓰러지자 해설자가 이렇게 말한다. 따라서 빌리의 재능이 복싱에 있지 않은 것은 확실하다.

하지만 자신의 취향을 어떻게 알아낸단 말인가? 더구나 춤에 관한 것이라면, 자신에게 그 춤이 맞는지 어떻게 안단 말인가? 이제부터 이 문제에 대해 조금은 도움이 될 수 있도록 춤을 선정하여 그 춤에 대해 비교적 자세히 설명하려고 한다. 당신은 그 춤들이 자신에게 맞는지 테스트해 볼 수 있다.

내 친구 안나 람브레츠Anna Lambrechts는 과학자이며, 스윙을 즐기는 동시에 스윙 강사이다. 그녀는 파트너 사이먼 셀먼Simon Selmon과 함께 '스윙 댄스 영국지회'에서 춤을 가르치고 있다. 강습과 춤의 밤 행사가 열리는 건물은 원래는 상업학교인데, 밤이 되면 춤의 궁전으로 변한다. 토요일에는 스윙을 추는 사람들과 살사를 추는 사람들이 그 건물을 함께 사용한다. 유쾌하면서도 어쩐지 에로틱한 살사 음악은 어두운 지하 공동묘지에서 울려 나오고, 밝고 신나는 스윙 음악은 2층이 본거지다. 이 때문에 두 댄스 공동체가 함께 사용하는 화장실에서는 기이한 만남이 수도 없이 이루어진다. 화장실은 양 진영이 충돌하는 곳이다. 서로 다른 옷차림만 상상해도 된다! 안나는 나에게 웃으면서 그들이 서로에게 던지는 시선에 대해 말해 주었다. 그 시선은 매번 이렇게 묻는 것 같다고. "옷차림이 저게 뭐야?!"

우리가 어떤 것을 마음에 들어 하는지 알아내는 방법은 그것을 다시 하고 싶은지 확인하면 된다. 예를 들면 아주 명확하다. 즉, 음식을 먹을 때 자발적으로 더 먹는가 아니면 마지못해 가려 먹다가 추가되는 음식을 거절하는가?

어떤 것을 좋아하면 더 원하게 된다. 이것은 춤추기에도 해당된다. 자신에게 잘 맞는 춤 스타일을 발견했다면, 다음번 춤추는 밤의 행사가 있을 때에는 어떤 수고도, 아무리 먼 거리도 마다하지 않는다. 하지만 당신이 망설이고 있고, 내면의 더 나약한 자아가 있는 힘껏 당신을 소파에 붙들어 둔다면 (당신이 저항 없이 거기에 굴복한다면) 당신은 아직 자신에게 맞는 춤을 찾아내지 못한 것이다.

내가 '나의 춤'을 찾기까지는 오랜 시간이 걸렸다. 나는 발레, 무엇보다 〈백조의 호수〉와 〈호두까기 인형〉은 늘 관람하기에 멋진 작품이라고 여겼다. 그러나 결코 나 자신이 추고 싶은 춤은 아니었다. 십 대 때 나는 소심하게 머뭇거리며 브레이크 댄스를 시도해 보았다. (하지만 그것은 제대로 맞아떨어지지 않았다.) 얼마 후 대학교에 들어가서 첫 학기 때 나는 과감하게 볼룸 댄스를 감행해 보았다. (그 춤 역시 별로였다.) 교환학생으로 미국에 갔을 때 한집에 사는 라틴아메리카 친구가 나를 살사 댄스에 끌어들이려고 했다. (그것 역시 이렇다 할 성공은 거두지 못했다.) 나는 살사를 출 수는 있었지만 거기에 열광적으로 빠져들지는 못했다. 드럼과 베이스에서 나오는 펑키 비트나 딥 하우스Deep House에 맞춰 자유롭게 혼자서 춤추는 것이 오히려 더 마음에 들었다. 그렇게 춤을 출 때면 나는 정말 푹 빠져들 수 있었다. (나를 매료시킨 것은 춤 자체라기보다 오히려 클럽에서 음악과 다른 사람들과 함께 어울려 지내는 분위기였다.)

몇 년이 지나서야 나는 스윙 댄스 체질이며, 스윙의 음악과 춤 스타일뿐 아니라 춤 자체도 나에게 딱 들어맞는다는 것을 깨달았다. 마침내 나의 가족을 찾은 듯한 기분이 들었다. 스윙 댄스의 세계는 나에게는 하나의 고향이 되었다.

물론 당신도 꾸준히 춤 강습소, 스포츠 동호회, 혹은 클럽에 나가서 어떤 춤 스타일을 시험해 볼 수 있다. 당신에게 맞는 춤을 찾아내기 위해 스스로 고려해야 할 첫 번째 질문은 이런 것이다. 춤을 추는 데 나오는 음악을 좋아하는가? 만약 라틴 리듬을 좋아하시 않는다면 살사 댄스 강습 코스에서 흥미를 느끼지 못할 것이다. 그냥 유튜브를 한번 검색해 보기 바란다. 거기에는 뮤직비디오와 댄스 비디오가 무더기로 올라와 있다. 그리고 항상 이것을 기억하라. "할 수 없어"라고 말할 수 있는 춤은 없다. 배우면 된다.

춤추기 전에 준비할 것

당신이 춤을 추는 데는 대단한 장비가 필요하지 않다. 당신의 몸·뇌·약간의 열린 마음과 인내심, 그리고 새로운 것을 받아들이려는 의욕만 있으면 충분하다. 거기에다 천진난만한 어린 시절의 당신을 데려가면 좋다. 이것은 확실히 춤 강습의 초기에 도움이 된다. 그 밖에 몇 가지 조언이 있다면 다음과 같다.

발달심리학의 연구 결과를 믿으라. 정말이지 모두가 당신을 쳐다보고 있지는 않다. 당신은 아무것도 부끄러워할 필요가 없다.

발에 잘 맞고 편하고 멋진 신발을 신도록 하라. (절대 새 신발을 신고 댄스 플로어에 나가서는 안 되며, 플라스틱 밑창이 달린 신발도 금물이다. 쪽마루와 목재 바닥에서는 가죽 밑창이 달린 신발을, 석재 바닥에서는 잘 미끄러지는 고무 밑창이 달린 신발이 좋다.)

편하고 폼 나는 옷차림을 하라. (만약 당신이 파자마나 그와 비슷해 보이는 옷을 입는다면, 다른 사람들의 의아해하는 눈총을 받을 것이다.)

땀을 많이 흘린다면 갈아입을 여벌의 셔츠를 준비하라. 만일의 경우에 대비하기 위해서이다. 페로몬의 위력에 관해 알고 있고, 그리고 누구나 갖고 있는 고유의 냄새를 매번 감추어야 할 필요는 없지만 그래도 향수를 사용하는 것은 권장할 만하다.

마지막으로 그래도 마음이 놓이지 않을 경우에 대비해 전문가의 팁이 하나 더 있다. 무작정 아무도 당신을 알지 못하는 다른 구역이나 다른 도시로 가면 된다.

댄스 댄스 댄스!

발레 Ballett

15세기 태양왕 루이 14세의 궁정에서 생겨난 이 고전발레는 오늘날 남녀노소 모두가 좋아하는 예술 형식이다. (관객으로서든 무용수로서든.) 취미로 하는 발레는 주로 혼자서 추게 된다. 레슨을 할 때는 우아함과 능숙한 몸놀림이 매우 중요하다. 발레는 심오한 미적 감각, 동작의 경쾌함, 고전음악에 맞춰 우아하게 몸을 움직인다는 멋진 느낌을 통해 믿을 만한 인상을 심어 준다. 발레는 '피루엣Pirouette'과 '아라베스크Arabesque' 같은 프랑스어로 된 춤 스텝 체계로 이루어져 있고, 거의 모든 곳에서 동일하게 가르친다. 연습생들은 바에서 기본 자세를 연습하고, 다음에는 연습실의 중앙에서, 그리고 마지막 마무리로 도약 같은 더 큰 동작을 전체 공간을 가로지르며 연습한다. 토슈즈를 신고 추는 것은 반드시 필수적인 것이 아니며, 모든 발레 춤 그룹에서 다 그렇게 하지도 않는다.

혼자 춤추기를 좋아하는가? 고전음악과 공연 안무를 좋아하는가? 명확한 규칙과 함께 즉흥적인 동작 대신 정해진 춤동작을 좋아하는가? 거울 앞에서 춤추는 모습을 생생히 그려 볼 수 있는가?

그렇다면 발레 강습소를 찾아가 볼 만하다. 발레 강습은 어디서나 연령에나 맞게 이루어진다.

탱고 Tango Argentino

아르헨티나 탱고는 20세기 초 아르헨티나로 이민 온 유럽인들이 고독과 그리움을 춤으로 달래려 했던 부에노스아이레스의 클럽에서 생겨났다. 이 때문에 아르헨티나 탱고 춤과 음악의 기본 정서는 우수에 젖어 있지만 동시에 삶의 기쁨과 활력도 선사한다. 2009년 유네스코는 아르헨티나 탱고의 문화적 중요성을 인정해 세계문화유산으로 선정했다. 어쩌면 당신이 춤 강습 시간을 통해 알고 있을지 모르지만, 엄격한 규칙이 있는 스탠더드 탱고와 구분하기 위해 이 춤의 기본적인 방식과 거기에 속하는 음악을 전 세계적으로 '아르헨티나 탱고'라고 부른다.

아르헨티나 탱고는 우아하고 진심에서 우러나는 몸으로 나누는 대화로 통한다. 탱고 강습은 짝을 지어 둥글게 원을 그리며 서서 파트너와 함께 연습을 하지만 파트너를 바꾸기도 한다. 기본 스텝은 그 수가 많지 않아서 금세 익힐 수 있다. 아르헨티나 탱고의 흥미로운 점은 다양한 스텝과 회전 동작이 임의의 방식으로 서로 조합될 수 있다는 사실이다. 이 기본 어휘들을 이용해 모든 것을 '말할' 수 있다. 탱고를 출 수 있는 기회는 많이 있다. 거의 모든 도시에는 춤 강습 코스 외에도 밀롱가, 탱고 마라톤, 탱고 페스티벌이 있다. 밀롱가에서는 남성이 여성에게 눈길을 보냄으로써 춤추기를 권유하며, 같은 사람과 보통 세 번에서 네 번까지 춤을 춘다.

아르헨티나 탱고 음악의 우수와 열정을 좋아하는가? 커플로 춤을 추는 것을 좋아하는가? 리드받는 것을 좋아하는가, 아니면 리드하는 것을 좋아하는가? 정해진 스텝을 이용해 자신이 독창적으로 바꾸어 즉흥적인 춤동작을 선보일 수 있겠는가?

그렇다면 꼭 아르헨티나 탱고 강습을 받기 바란다.

스탠더드 댄스와 라틴아메리카 댄스
Standard Dance and Latin American Dance

우리가 이 춤 스타일들을 한데 묶어 부르는 이유는 이 춤들이 종종 함께 강습되고, 1960년대 초 국제댄스연맹에 의해 확립된 세계 댄스프로그램에 들어 있기 때문이다. 이것은 춤 강습소에서 일반적으로 전수되는 춤들이다.

스탠더드 댄스의 기원은 중세의 궁정 무용으로 거슬러 올라간다. 이 춤들은 서양에서 사교계의 규범에 맞는 최초의 커플 댄스였다. 오늘날에는 느린 왈츠·비엔나왈츠·볼룸 탱고·폭스트로트Foxtrot·슬로폭스Slowfox·퀵스텝Quick step을 아울러 스탠더드 댄스에 포함시킨다.

댄서들이 종종 간단히 '라틴'이라 부르기도 하는 라틴아메리카 댄스에는 삼바·차차차Cha Cha Cha·룸바·파소도블레Paso doble·자이브가 있다. 실제로는 앞의 세 가지만 라틴아메리카에서 유래한 춤이다. 이 다섯 가지 춤을 하나로 묶는 이유는 기술적 요소들이 매우 비슷하기 때문이다. 바차타Bachata·메렝게Merengue·살사 같은 사교댄스는 비록 라틴아메리카에서 만들어지기는 했어도 라틴 댄스에 들어가지는 않는다. 그리고 미국 사람들은 룸바와 차차차를 추기도 하지만 삼바·자이브·파소도블레 대신 스페인의 볼레로Bolero, 이스트코스트스윙East-Cost-Swing, 그리고 마찬가지로 남아메리카에서 생겨난 맘보Mambo도 춘다. 각각의 춤 스타일에는 고유한 기본 스텝, 자세 그리고 특정한 복장과 신발도 있다. 공연 종목으로서의 춤들도 있지만 취미 댄스 종목도 있다. 취미로 춤을 추는 춤꾼들은 춤 배지를 획득할 수도 있고 심지어 시합을 벌이며 춤을 출 수도 있다. 이것은 많은 사람들에게 멋진 동기부여가 된다. 춤 강습을 받는 것 외에도 종종 무도회와 춤 동아리를 찾아갈 기회도 있다. 개설되는 강좌가 엄청나게 많으니 원한다면 인터넷을 검색하면 된다.

서로 다른 춤들에 대해 개방적이고 유연한 태도를 보이는가? 파트너와 함께 정해진 스텝의 춤추기를 좋아하는가? 댄스파티에서나 디스코 클럽에서 서로 다른 수많은 음악 장르에 맞게 제대로 된 춤 스타일을 준비해 두고 싶다면 스탠더드 댄스와 라틴 댄스가 당신에게 꼭 맞는 스타일이다!

줌바 Zumba

줌바는 생긴 지 아직 얼마 되지 않은 춤 스타일이다. 1990년대에 콜럼비아인 알베르토 페레스Alberto Perez는 이런 생각을 떠올렸다. '왜 라틴 댄스의 춤동작을 커플 댄스로만 추는걸까?' 그래서 그는 라틴 댄스의 구성 요소들을 이용하여 혼자서 혹은 그룹으로 누구나 땀 흘리며 출 수 있는 피트니스 댄스로 만들어 냈다.

각각의 춤 강습 시간은 라틴 춤동작과 일반적인 피트니스 훈련이 혼합되어 구성되고, 열정적인 라틴 음악의 히트곡들이 함께 연주된다. 그리고 이것이 음악에 맞춘 순수한 피트니스 훈련과의 큰 차이점이기도 하다. 즉, 쉴 새 없이 이어지는 비트가 나오는 것이 아니라 그때마다의 노래에 동작이 맞추어져 있다. 따라서 사람들은 음악의 리듬에 맞춰 춤을 추며, 이것을 통해 스텝들의 조합이 종종 직관적으로 생겨난다. 줌바 댄스 강습 시간에는 연습생들이 대개는 그룹을 이루어 춤을 춘다. 그들은 커다란 거울 앞에서 강사의 동작을 따라 한다. 짤막한 춤동작을 배워 익힐 때도 있는데, 그 춤동작은 그 후 트레이닝을 할 때마다 발전한다.

피트니스 댄스는 협응력을 단련시키고, 근육을 강화시키며, 매우 뛰어난 지구력 프로그램이다. 줌바 댄스는 한 시간 추는 동안 400칼로리까지 연소시킨다! 하지만 건강 상태나 나이에 상관없이 줌바 댄스는 거의 모든 사람들에게 적합하다. 개인에 따라 훈련의 강도가 조절될 수 있기 때문이다. 일반적인 줌바 댄스 외에도 어린이와 노인, 장애인에 맞게 만들어진 줌바 댄스도 있다. 누구나 자신에게 맞는 춤을 찾을 수 있다.

라틴아메리카 리듬을 좋아하는가? 기력이 없다고 느끼는가? 당 건강과 운동을 위해 춤을 추고 싶은가? 그렇다면 거울 앞에서 리듬감 있게 운동하는 것이 당신의 마음에 꼭 들 것이다! 시험해 보도록 하라! 수많은 피트니스 센터의 공개 강습이나 초보자 코스가 준비되어 있다.

살사와 그 부류들 Sala & Co.

살사 · 바차타 · 메렝게 · 루에다Rueda · 쿠바나Cubana · 단손Danzón · 키좀바Kizomba · 죽Zuuk······. 이 범주에 드는 춤들의 목록은 길다. 이 춤들은 20세기에 라틴아메리카에서 생겨났으며, 그곳에서 춤은 예

나 지금이나 일상에 속한다. 세계 각국의 대도시에서는 살사를 즐길 수 있는 곳이 활발하게 생겨나고 있다. 살사 바들이 있고, 많은 클럽에서 살사 댄스의 밤 행사가 거행된다. 또한 거의 모든 춤 강습소에서 점차 살사 댄스 강습을 하고 있다. 살사 댄스에서는 재미 요소가 매우 중요하게 다루어지며, 이 춤들이 주는 정서는 약간의 성적 자극이 가미된 순수한 기쁨이다.

이 춤들의 스타일은 미리 정해진 기본 스텝(어휘)이 있다. 이 어휘만 잘 익히면, 이 춤 스텝을 이용하여 즉흥적인 동작을 취하는 데는 한계가 없다. 살사 댄스 동작은 번호가 있으며 (80! 50! 60!), '퇴짜 놓다!(dile que no)'나 '그들을 투옥하라!(enchufla)' 같은 재미난 이름도 있다. 강사들은 연습생에게 이런 춤 스텝이나 짧은 연속 스텝을 하나씩 차례로 가르쳐 준다. 춤 파트너는 규칙적으로 바뀌기 때문에 금세 새로운 사람들을 많이 사귈 수 있다. 종종 바짝 붙어서 춤을 추기도 한다.

라틴 음악을 좋아하는가? 리드받는 것을 좋아하는가, 아니면 자신이 리드하는 것을 좋아하는가? 파트너가 가까이 다가와도 아무렇지도 않고, 열정적인 리듬에 맞춰 몸을 움직이는 것에 재미를 느낀다면, 여기가 당신에게 정확히 어울리는 곳이다. 용기를 내어 보라! 당신 주변에도 분명히 강습소가 있을 것이다.

길거리 댄스 (힙합, 브레이크 댄스와 그 부류들)
Street dance (Hip-hop, Breakdance & Co.)

길거리 댄스에 속하는 춤은 힙합, 브레이크 댄스, 보깅 말고도 많이 있다. 이런 길거리 댄스는 1970년대에 미국의 비교적 가난한 구역에서 생겨났다. 사람들은 길거리에서 서로 만나 최신의 춤동작을 시험해 보고, 서로에게서 배우며, 서로에 대해 찬사를 보내고, 서로를 상대로 '춤 시합 dance battle'을 시작했다. (오늘날도 마찬가지다!) 대결과 기존의 갈등은 실컷 춤을 춤으로써 해소되었다. 이 때문에 국외자에게는 이 춤동작이 다소 공격적이고 도발적이라는 느낌을 준다. 춤동작은 종종 노래 가사 내용에 매우 가깝고, 가사가 곧장 동작으로 옮겨지기도 한다. 길거리 댄스 공동체에서는 연대감이 강하게 형성되어 있다.

길거리 댄스는 즉흥적인 동작이 두드러지며, 그 어떤 스타일에 나오는 춤동작도 모두 이용한다. 이렇게 해서 브레이크 댄스가 힙합과 뒤섞이고, 때로는 변형된 고전적인 춤동작과도 뒤섞인다. 강습에서는 대부분의 그룹 댄스 스타일에서와 마찬가지로 춤으로 하는 워밍업 연습으로 시작된다. 그 후에는 짤막한 안무를 배워 익히고, 그것은 훈련을 거칠 때마다 확대된다. 강습 마지막에는 대개 즉흥 동작을 하는 순서가 주어진다. 춤 강습 시간 외에도 춤을 출 기회는 실제로 길거리에서 마음이 통하는 사람들과 어울릴 때나 아니면 소위 집회에서 생긴다. 몇몇 길거리 춤동작은 당연히 디스코 클럽에서 자유로운 춤을 추는 데도 적합하다.

그러나 힙합과 브레이크 댄스는 오직 젊은이들을 위한 춤이라고 생각해서는 안 된다. 인터넷에서 바로 '성인들을 위한 힙합'을 검색해 보기만 해도 알 수 있을 것이다.

인기 있는 길거리 댄스 음악을 좋아하는가? 당신에게는 완벽함과 정해진 안무는 중요하지 않고, 춤을 통해 자신의 속마음을 표현하고 자유로워지는 것이 중요한가? 곡예를 부리는 춤 공연, 심지어 그룹을 이루어 동시에 움직이는 춤 공연을 좋아하는가? 그렇다면 이 춤 스타일을 시험해 보는 것이 바람직하다. 많은 스포츠 동호회와 춤 강습소가 이 춤의 강습 코스를 열어 놓고 있다. 단지 청소년들만을 위한 코스가 아니다!

모던 댄스와 그 부류들
Modern dance & Co.

현대무용Contemporary Dance과 뉴클래식 발레도 포함시킬 수 있는 모던 댄스는 지극히 다른 춤 스타일들에 적용되는 약간 불명확한 개념이다. 그러나 그 모두는 하나로 합쳐진다. 즉, 동작을 통해 감정과 생각을 진정성 있게 표현한다는 점이다. 20세기 초에 모던 댄스가 생겨났을 때, 그 선구자들은 그것을 발레의 형식적이고 부자연스럽게 느껴지는 동작에 대한 반동으로 여겼다. 이 때문에 모던 댄스는 종종 기존 질서에 저항하는 춤으로 이해된다. 여기서 기존 질서가 잔소리를 하는 사장인지, 강압적인 국가인지 아니면 발레의 부자유인지는 상관이 없다. 표현을 통해 드러나는 자유가 모던 댄스에서는 가장 우선하는 원칙이다!

  초기의 모던 댄스는 정해진 방식이 없었고, 정서적 경험을 자유롭게 전달하는 방식이었다. 해가 거듭될수록 다양한 기법과 전형적인 동작이 개발되었다. 하지만 정서를 있는 그대로 표현하는 것이 여전히 중요하게 다루어지고 있다. 모던 댄스의 동작은 고전발레에서처럼 경쾌하고 자유로울 뿐 아니라 때로는 기운차고 강하고 무겁기도 하다. 고무적인 사실은 규칙이 적은 반면 음악은 매우 다채롭다는 것이다. 타악기 소리나 피아노 음악은 물론 록이나 테크노, 팝 음악도 사용된다. 심지어 음악을 전혀 사용하지 않는 춤들도 있다. 이때 리듬을 이끌어 가는 것은 댄서들의 호흡이다. 독일에서 모던 댄스 강좌는 누구나 각자의 취향과 나이에 맞는 것을 찾을 수 있을 정도로 폭이 넓다. 춤 강습 시간에 강사는 심오한 미적 감각을 추구하기 보다 연습자 자신과 동작에 집중하도록 지도한다. 강습은 몇 가지 워밍업 훈련을 마친 후에 짧은 안무를 배워 익힌다.

음악에 맞춰 자유롭게 몸을 움직이는 것을 좋아하는가? 제약받지 않고 자신의 정서를 표현할 수 있는 춤을 배우고 싶은가? 동작을 통해 자기 자신을 더 잘 알고 싶은가?

이 질문들에 수긍한다면, 모던 댄스를 한 번쯤 시험해 보고, 춤을 통해 자아를 경험해도 좋을 것이다.

재즈댄스 Jazz Dance

재즈댄스는 20세기 초에 미국에서 발전했으며, 흑인 볼룸 댄스

와 길거리 댄스에서 유래했을 가능성이 있는 춤이다. 그 후로 세계 곳곳에서 발견되는 바와 같은 독자적인 스타일이 형성되었다.

재즈댄스는 공연 댄스인 동시에 취미 댄스이다. 발레와 모던 댄스 강좌를 제공하는 대부분의 춤 강습소에서는 재즈댄스도 가르쳐 준다. 재즈댄스는 능숙한 몸 가누기를 매우 중시하는 미적인 춤 방식이다. 강습 시간에는 발레에서와 비슷하게 몸자세와 스텝이 효과적으로 단련되는 특수한 기법들을 가르쳐 준다. 강습 내용은 춤으로 하는 워밍업 연습과 되풀이되는 춤 연기, 그리고 복잡한 안무 익히기로 구성된다. 재즈댄스 동작은 몸 전체를 움직이도록 요구된다. 여기에는 회전, 바닥에서 하는 연습, 스트레칭, 종종 점프도 포함된다. 최신의 유행하는 음악에 맞춰 춤을 춘다. 감흥을 얻기 위해서는 여러 강습소를 둘러보는 것도 전 세계적으로 방문할 수 있는 수많은 재즈댄스 강습회에 찾아가는 것만큼이나 가치가 있다.

혼자서(파트너 없이), 그럼에도 그룹을 이루어 춤추는 것을 좋아하는가? 최신 음악에 맞춰 안무를 배워 익히는 것을 좋아하는가? 연습실에서 커다란 동작과 점프를 하면서 움직이는 것을 좋아하는가? 여럿이 함께 동시에 움직이는 춤을 즐기는가? 혹시 어떤 댄스 그룹과 함께 무대에 등장하는 것까지도 생각해 볼 수 있는가?

이 질문들에 동의한다면 당신은 재즈댄스를 한 번쯤 시험해 보아야 한다.

민속춤 Volkdance

민속춤은 이 세상에 사는 민족들만큼이나 많고 다양하다. 이 춤은 현지의 축제 때 원하는 사람은 누구나 함께 춘다. 원래는 무대에 올리기 위한 춤이 아니라 각 민족들의 생활과 문화에서 생겨난 것이다. 이 춤은 공동체와 문화적 동질성을 강화하기 위한 것이다. 함께 춤을 추는 사람은 강한 유대감을 느끼기 때문이다. 그러니 당신이 어딘가에 처음 와 있다면 그 지역의 민속춤 강습 코스를 찾아가 보는 것도 좋을 듯하다. 당신은 그 자리에서 바로 구성원으로 받아들여질 것이다!

민속춤은 대부분 명확히 정해진 스텝 순서를 가지고 있다. 어떤 것들은 (가령 타란텔라 춤) 정말 단순하고, 또 어떤 춤은 (예컨대 플라멩코) 복잡한 편이다. 일부는 커플 댄스이고, 나머지 일부는 혼자서나 그룹을 이루어 출 수 있다. 후자는 예를 들어 마요르카의 발데봇, 아르헨티나의 차카레라Chakarera, 독일의 폴리아마주르카Polia-Mazurka 등이 해당된다. 많은 민속춤에는 민속 복장을 갖추어 입거나 아니면 천이나 방울, 춤을 출 때 소리를 내는 쇠나 나무로 된 도구나 장신구들이 이용된다.

자신의 지역과 문화에 많은 유대를 맺고 있는가, 아니면 이제 막 새로운 지역과 문화로 옮겨 왔는가? 다른 문화를 더 깊이 아는 데 재미를 느끼는가? 춤을 추면서 새로운 사람들을 사귀고 싶은가? 일체감과 전통, 현재의 관습에 재미를 느끼는 사람은 민속춤 강습 시간을 놓쳐서는 안 될 것이다. 종종 민속춤 강좌를 개설하는 현지 협회들이 있다.

아프리카 춤 African Dance

먼저 하나의 대륙 전체의 춤을 하나의 명칭으로 요약하는 것은 매우 심하게 단순화한 것임을 미리 밝히고자 한다. 그러나 여기서 그토록 많은 서로 다른 춤들을 상세히 다루는 것은 한계를 벗어나는 일이기 때문에 우리는 이런 식으로 접근하기로 결정했다.

스윙 댄스, 재즈댄스, 스퀘어댄스 같은 대부분의 오늘날의 춤 스타일은 아프리카 춤에 그 기원을 두고 있다. 아프리카에서는 음악·춤·노래가 긴밀하게 결합되어 있으며, 문화와 인간의 일상 의식에 강한 영향을 미친다. 춤은 사회 활동에서 중요한 일들을 부각시킨다. 여기에는 전쟁 춤, 다산성 춤, 성인식 춤, 영적인 춤이 있다. 이 춤들은 대를 이어 전수되며, 각 부족의 문화적 동질성을 발전시키는 데 기여한다. 다양한 스타일의 춤들은 대개 어떤 특정한 패턴에 따라 진행되므로 우리는 잠시 연습만 하고 나도 '함께 느낄' 수 있다. 아프리카 춤은 종종 매우 복잡하고 우리들에게는 일단 익숙하지가 않다. 서양에서는 춤을 출 때 거의 언제나 가능한 한 통일적인 몸의 움직임이 요구되는 반면, 아프리카 춤에서는 공간적으로 그리고 리듬상으로 완전히 별도로 투입되는 서로 다른 동작들이 있다. 어떤 경우에는 어깨·몸통·팔·다리가 제각각 다른 리듬을 따른다. 이것은 몸을 능숙하게 다루어야만 가능하다! 리듬은 번갈아 가며 긴장과 이완을 반복하고, 춤동작은 종종 아래로, '바닥으로' 향한다. 이것으로 아프리카 춤은 몸자세가 꼿꼿하고 경쾌함을 표현해야 하는 서양 춤 스타일과 명확히 구분된다. 각 스타일에 따라 동작은 작고 미묘할 수도 있지만, 과감한 점프를 포함해 크고 격하게 할 수도 있다. 대부분의 춤에서는 음악의 박자에 맞춰 혹은 노래와 대화를 나누며 즉흥 동작을 보일 여지가 많다. 커플 댄스는 드문 편이다. 춤을 통한 공동의 체험이 중요시되기 때문이다.

   대부분 리듬이 중심을 이루는 아프리카 음악을 좋아하는가? 집단으로 모여 이 리듬에 몰두하며 새롭고 표현이 풍부한 동작으로 오래도록 끈기 있게 춤을 추는 것을 생생히 그려 볼 수 있는가? 당신이 영적인 춤 경험을 해 보는 것을 꺼리지 않는다면, 아프리카 춤이 멋진 체험이 될 수 있을 것이다.

벨리댄스 Belly Dance

배꼽 춤, 아랍의 춤, 일곱 베일의 춤. 벨리댄스는 많은 명칭을 가지고 있으며, 그 어떤 춤보다 신비에 싸여 있다. 우리가 오늘날 알고 있는 바의 벨리댄스는 20세기 초에 이집트에서 생겨난 것으로 보인다. 중동 지역 전체에 오늘날의 벨리댄스와 유사한 다양한 민속춤들이 많이 있었지만, 주로 헐렁한 바지를 입은 남자들이 추었다. 오늘날 벨리댄스는 대개가 특수한 의상을 입은 여성이 전통적인 혹은 현대적인 동양 음악에 맞춰 추는 솔로 댄스다.

'벨리댄스'라는 용어는 이 동양 춤의 복잡성을 하나의 신체 부위로 축소함으로써 사실상 사람들을 오해하게 만든다. 모든 춤이 다 그렇듯이 당연히 팔·다리·손·발·어깨·머리도 움직인다. 춤은 일부는 안무가 되어 있지만 즉흥 동작을 보일 여지도 허용한다. 주요 동작은 '시미(shimmy, 어깨와 허리를 번갈아 가며 흔들기)'이다. 이것은 조금씩 빠르게 '떠는' 동작으로, 이때 벨리댄스 복장에 달린 장신구들이 흔들리며 쇠붙이 장식을 한 경우에는 소리도 내게 된다. 몸은 리듬감 있고 유연하게 움직이지만, 특히 팔과 골반이 많이 움직인다. 춤 강습 시간에는 무엇보다 상체 동작의 협응력이 중요하다.

벨리댄스는 집단 감정을 강화시킨다. 오늘날에는 벨리댄스가 종종 소녀와 여자들끼리 추기 때문에 진정한 자매간의 감정이 생겨날 때도 있다.

당신은 동양음악을 좋아하는가? 그룹을 이루어 개별 신체 부위들의 많은 협응력이 요구되는 솔로 댄스를 배우는 모습을 생생히 그려 볼 수 있는가? 혹시 장신구가 달린 동양의 복장을 하고 춤을 추는 데서 기쁨을 느끼는가?

만약 그렇다면 벨리댄스가 당신에게 많은 기쁨을 선사할 것이다. 시험해 보기 바란다. 개설되는 강좌 수는 많다.

스퀘어댄스 Square Dance

스퀘어댄스의 유래는 확정적으로 해명되어 있지 않다. 그렇지만 오늘날 스퀘어댄스는 미국에서와 마찬가지로 독일, 덴마크와 그 외의 세계 수많은 나라들에서 '카우보이모자를 쓰고 즐겁게 추는 춤'으로 통한다. 이 춤은 미국에서 생겨났으며 1950년대 이후로 세계로 퍼져 나갔다.

스퀘어댄스는 (당연하게도) 네모를 이루어 춘다. 반드시 남자와 여자여야 할 필요는 없지만 각각 네 쌍의 커플들이 마주 서서 음악에 맞춰 스텝 순서를 밟는다. 스텝 순서는 콜러(Caller, 지시자)가 중간에 소리를 질러 끼워 넣는 지시인 소위 '콜Call'에 의해 정해진다. 전 세계적으로 똑같은 영어 용어들이 사용된다. (이 용어들을 일단 익히기만 하면 세계 어디에서나 스퀘어댄스 장소로 가서 함께 춤을 출 수 있다.) 비트가 150BPM까지 올라가면 우리는 흠뻑 땀을 흘리게 되고, 웃을 일도 많다. (협응이 항상 잘 들어맞지는 않기 때문이다!) 팔은 거의 언제나 옆구리나 허리 부위에 대고 있다. 이 춤은 무엇보다 다리 근육을 활발히 움직여야 하며 몸 컨디션을 단련시킨다. 사람들은 함께 춤을 추는 사람들과 대개 눈맞춤을 하며, 스퀘어댄스를 추는 사람들은 춤을 추는 동안 혼자서 미소를 짓지 않을 수 없다고 알려준다. 중독성이 있기 때문이다!

스퀘어댄스 공동체는 모든 대도시에서 제공하는 레슨과는 별도로 개별적인 만남도 주선한다. 이러한 만남은 연습을 하고, 마음이 통하는 사람들을 만나고, 어쩌면 이런저런 새 장신구를 구하고, 무엇보다 실컷 춤을 출 수 있는 좋은 기회이다.

컨트리 음악과 그룹을 이루어 몸에 땀이 나도록 빠르게 추는 춤을 좋아하는가? 영어로 된 지시를 따르는 데 반대할 이유가 없고, 새로운 스텝에 유연하고 민첩하게 대응할 수 있는가? 한번 시험해 보기 바란다! 인터넷을 검색해 보는 것도 바람직하다. 대부분의 클럽에서 정기적으로 초보자 코스도 내 놓기 때문이다.

스윙 댄스와 그 부류들 Swing Dance & Co.

스윙 댄스는 주로 스윙 음악에 맞춰 춤을 추는 춤들을 아우르는 명칭이다. 여기에는 무엇보다 찰스턴, 린디합, 지터벅, 섀그Shag, 발보아Balboa, 블루스가 속하지만 자이브, 로큰롤, 부기우기Boogie-Woogie, 스텝 댄스도 포함된다. 브레이크 댄스와 힙합조차 그 근원은 스윙 댄스에 있다. 이 춤은 1920년대에 뉴욕의 무도회장에서 생겨났고, 1930년대와 1940년대에 재즈에서 빅밴드스윙Big Band Swing 시절이 찾아온 것과 더불어 전성기를 맞이했다. 스윙 댄스에서 특별히 두드러진 점은 춤이 보여 주는 엄청난 정력과 재즈 특유의 잦은 즉흥 동작과 개방성이다. 사람들은 기본 박자에서 벗어나지 않으면서 서로 다른 동작을 하고, 다른 춤의 영향도 춤 속에 통합시킬 수 있는 거의 무제한의 자유를 누린다. 춤에서 전형적이던 성별 역할조차 고정되어 있지 않아서 리더와 팔로워 역할이 임의로 서로 바뀔 수 있다. 스윙 댄스를 출 때의 기본 스텝과 춤동작은 비교적 빨리 배울 수 있다. 하루 동안의 집중 강좌를 마치고 나면 바로 춤을 출 수 있다.

당신은 새로운 것을 시험해 보고, 즉흥적인 동작을 취하고, 순간의 기분에 빠져드는 것을 좋아하는가? 당신은 1920년대와 1930년대에 나온 음악을 좋아하는가? 당신은 자신의 역할이 정확히 정해져 있지 않은 상태에서 커플 댄스를 즐겨 추는가? 당신이 이런 질문에 긍정적인 답변을 한다면 스윙 댄스를 꼭 한번 시험해 보아야 할 것이다.

즉흥 접촉 contact improvisation

1970년대 초반에 한 무리의 춤꾼들이 완전히 새로운 춤을 하나 만들어 냈다. 그것은 '즉흥 접촉contact improvisation'으로, 두 명 이상의 춤꾼들이 수행할 수 있는, 최대한 다양한 협응된 동작을 찾아내는 것이 중심을 이루는 춤 스타일이다. 그 외에도 자신의 몸에 대한 주의력이 중심에 놓인다.

즉흥 접촉에서 전형적인 연습은 구르기와 넘어지기, 상대를 받쳐 주기, 그리고 자기 체중을 넘겨주는 것이다. 이 동작들은 말은 하지 않고 신체 접촉을 통해 서로를 느껴서 춤이 의사소통으로 변하도록 하는 목적에 이용된다. 여기서 미적인 고려는 부차적인 역할 일 뿐이다. 음악은 서로 큰 차이가 날 수도 있고, 때로는 자기 몸에 최대한 주의를 기울일 수 있도록 음악 없이 동작이 수행되기도 한다. 즉흥 접촉은 그룹을 이루어 추는 춤이다. 자신이 춤을 추는 사람들과 얼마나 많은 신체 접촉과 상호작용을 하고 싶은지는 각자가 스스로 결정한다.

당신은 다른 사람들과 함께 어떤 것을 체험하기를 원하고, 신체적으로 가까워지는 것에 아무런 두려움도 느끼지 않는가? 미리 정해진 스텝 순서 없이 자유롭게 춤추는 것을 좋아하는가? 남들뿐 아니라 자기 자신에 대해서도 주의를 기울이는 것이 당신에게는 중요한가?

여기에 해당한다면 즉흥 접촉이 당신에게 흥미로운 경험이 될 수 있다. 이것을 받아들이도록 하라!

클럽 댄스 Club dance (디스코에서 셔플 댄스까지)

세계 최초의 디스코텍 La Discotheque 은 2차 세계대전 중에 파리에서 생겨났다. 당시의 상황 때문에 밴드의 출연이 힘들어졌기 때문에

손쉽게 춤출 수 있는 음악이 음반이나 테이프로 연주되었다. 1940년대에 이 아이디어는 급속히 번져 갔고, 디제이들이 사람들을 이런 식으로 춤을 추도록 끌어들이기 시작했다. 뒤이어 런던과 뉴욕에서도 춤에 맞는 음악을 틀어 주는 최초의 클럽이 문을 열었다. 1959년 5월 15일에 독일 최초의 디스코텍이 오스나브뤼크에서 문을 열었다. 1960년대와 1970년대에 '디스코텍'을 개장하려는 아이디어는 맹렬하게 번져 나갔다. 그 후로 세계 도처에서 거의 모든 음악 장르에 맞춰 춤을 추고 있다. 대개는 유행하는 최고의 히트곡들이 연주되지만, 차츰 많은 히트곡들이 클럽이나 디스코텍의 댄스 플로어에서 만들어지기도 한다. 왜냐하면 1960년대 중반에 최초의 디제이들이 음반을 틀어 주는 본래의 역할에서 벗어나 자기만의 비트와 사운드를 만들어 내기 시작했기 때문이다. 마이클 잭슨의 문워크나 나중의 셔플 댄스Shuffle Dance 같은 수많은 춤동작들이 유명세를 탔다. 1990년대와 2000년대부터 하우스House와 테크노Techno라는 음악 장르가 클럽 춤 무대에 영향을 미치고 있다.

　당신은 삶을 즐기고 싶은가? 남들과 어울려 재미를 느끼고 그러면서 자유롭고 규칙에 얽매이지 않고 춤을 추고 싶은가? 그냥 한번 춤을 멈추고, 지켜보고, 이야기를 나누고, 술을 마시고 싶은가? 그렇다면 당신은 이번 토요일에 클럽으로 가 볼 필요가 있다!

페르시아 춤

페르시아 춤은 인류사의 초기에 생겨난 것이다. B.C. 3200년에서 500년까지 연대가 확인되는 꽃병 조각에 이미 춤추는 장면이 윤곽으로 그려져 있다.

페르시아 춤에는 다양한 민속춤과 전쟁 춤, 페르시아 궁정의 전통 춤이 포함된다. 따라서 이 춤 스타일에 복잡한 동작 레퍼토리가 있는 것은 이상한 일이 아니다. 즉흥 동작에 흥미를 가진 사람들은 이 스타일이 적합하다. 벨리댄스와는 반대로 페르시아 춤에서는 부드러운 팔 동작이 뚜렷이 드러난다. 그 동작은 동물, 그리고 파도나 새의 날갯짓 같은 자연현상들도 모방했다고 한다. 그러나 주요 부분은 삶의 기쁨을 표현하고, 그래도 인류의 가장 오래된 문화 중 하나인 자신의 문화에 철저히 매달리는 것과 관련되어 있다. 그 외에도 페르시아 춤은 전통 음악뿐 아니라 현대 디스코 음악에 맞춰서도 잘 출 수 있다.

당신은 미적 감각이 있고, 동양의 리듬을 알아듣는 귀가 있는가? 혼자서나 둘이서 혹은 여럿이서 출 수 있는 (게다가 심지어 디스코에도 어울리는) 춤을 배우고 싶은가? 당신은 몸을 부드럽고 가볍게 움직이는 것을 좋아하는가? 그렇다면 페르시아 춤을 시도해 보라. 강좌는 모든 연령층을 위해 개설되어 있다.

몸 흔들기 (맥주를 손에 들고서!)

이제 책을 마무리 할 때이다. 어쩌면 당신은 이렇게 생각할지도 모른다.

"좋아, 모든 춤을 살펴보았어. 흥미롭군, 정말 흥미로워. 그렇다 해도 나는 춤 강습에 나가거나 앞으로 춤을 배우지는 않을 거야. 춤이 아무리 건강에 좋다 해도, 말 열 마리가 와서 끌어도 날 댄스 플루어로 데려가지는 못해!"

그런 당신을 위해, 우리는 어울리는 춤을 준비해 두었다. 지난번 옥토버페스트를 한번 돌이켜 보기를 바란다. 아니면 지난 마을 축제를, 카니발을 떠올려 보라. 아니면 스키를 탄 후 오두막에서 즐기던 오후의 여흥을. 기억나는가? 당신은 그날 저녁 무척이나 즐거워했다. (그리고 술도 약간 마시기도 했다). 그런데 그때, 〈케세라 세라Que sera, sera〉, 〈발트해 연안에서An der Nordseeküste〉, 혹은 〈숨 가쁘게 밤을 가르며Atemlos durch die Nacht〉라는 노래가 흘러나오자 그 일이 일어났다. 당신은 옆 사람과 팔짱을 꼈다. 그리고 몸을 움직이기 시작했다. 더구나 박자에 맞춰 이리저리, 왼쪽으로 오른쪽으로. 당신은 몸을 흔든 것이다! 따라서 엄밀히 따지자면 당신은 춤을 추었다! 그리고 일단 당신이 그 정도까지 진척이 되었다면, 얼마 후에는 어쩌면 댄스 플로어에 나갈 용기도 내게 될 것이다. 누가 알 수 있으랴?

우리는 각자의 노트북을 덮었다. 그 사이에 해는 넘어가고 없었다. 우리는 만족해하며 행복한 표정으로 서로를 마주 보았다. 만족스러웠던 이유는 우리가 두 가지 열정, 즉 '신경과학'과 '춤추기'를 그토록 멋지게 연결시킬 수 있어서였다. 그리고 행복했던 이유는 우리의 삶을 풍요롭게 해 주고, 우리에게 그토록 많은 몰입의 순간들을 가져다주는 '우리의' 춤을 찾아냈기 때문이었다.

| 감사의 말 |

무엇보다 우리는 로볼트 출판사의 줄리아 포어라트Julia Vorrath와 헤르베르트HERBERT 매니지먼트의 앤디 하르타르트Andy Hartard, 그리고 에거스Eggers 에이전시의 다니엘 무르사Daniel Mursa에게 진심으로 감사의 말을 전하고 싶다. 이 책이 나오기까지는 쉽지 않은 과정이었고, 이들 모두의 덕분으로 책이 나올 수 있었다. 정말 감사하다. 우리에게 끝없는 신뢰를 보내 준 것에 대해 감사한다.

그 밖에도 우리가 처음 만나는 계기가 되었던 에기나섬에서 열린 세계 최고의 회합에 참가한 동료들도 고맙게 생각한다. 특히 마노스 차키리스Manos Tsakiris, 오필리어 디로이Ophelia Deroy, 배리 스미스Barry Smith, 카타리나 포토포울로우Katarina Fotopoulou에게, 그리고 그 밖의 모든 참가자들에게도.

나, 줄리아의 여정에는 수많은 사람들이 동행했다. 특별히 감사를 드려야 할 사람은 나의 부모님, 잉에리제 프리모트 크리스텐센Inge-Lise Frimodt Christensen과 게르하르트 빌헬름 코흐Gerhard Wilhelm Koch 두 분이다. 두 분이 없었다면 이 책을 쓰지 못했을 거예요. 두 분이 계셔서 너무나 기뻐요. 사랑해요.

또 다른 감사의 말은 아주 특별한 두 사람, 나디네Nadine와 마티아Mattia에게 돌아간다. 나는 당신들을 한없이 사랑해.

당연히 이 책을 함께 쓸 수 있는 멋진 기회를 준 동선에게도 감사한다. 나는 우리가 불가능을 가능으로 만들었다고 생각해! 나를 믿어 줘서 고마워.

동료들에게도 감사의 말을 전한다. 나를 친구처럼 도와주었고, 나의 케케묵은 농담에 웃어 주었고, 때로 내가 망설일 때는 다정하게 충고해 주었다. 여기에는 안토니 고밀라Antoni Gomila 교수, 셸리 캐넌Shelley Channon 교수, 빈센트 월시Vincent Walsh 교수, 하메드 에크티아리Hamed Ekhtiari 박사, 조지프 데블린Joseph Devlin 교수, 그리고 독특한 교사인 플렌스부르크의 두부르크 스콜렌Duburg Skolen, 크누트 엥스납Knud Engsnap이 있다. 그 밖에도 나는 사랑하는 친구인 이사 소리아노Isa Soriano, 미구엘 아조린Miguel Azorin, 멜라니 링Melanie Ring, 또 런던의 응용 소비 신경과학 회사Applied Consumer Neuroscience Company에서 근무하는 나의 유쾌한 동료들과 우리의 '페르시안 댄스 사이언스Persian-Dance-Science' 팀 그리고 수많은 사람들에게도 감사드린다.

나의 수많은 댄스 친구들, 그 중에서도 로버트 허비Robert Hovey, 발레리 스트로벨Valerie Strobel, 기니 뮐러Ginny Möller와 '런던 탱고 갱London Tango Gang'에 특별한 감사를 드린다. 또한 니그레차 밀롱가Negracha Milonga, 에트니아Etnia, 코리엔테스Corrientes, 윰바 밀롱가Yumba Milonga, 라디비너La Divina, 벨레차 밀롱가Bellezza Milonga의 팀들과 춤을 추며 유쾌하게 밤을 보내게 해 준 수많은 춤꾼들에게도. 누구를 말하는지 그대들은 알고 있겠지.

나는 이 책의 많은 글들을 유럽의 멋진 카페에서 썼다. Can Joan de S'Aigo, Amadip Esment, S'Estació(스페인의 팔마), Belle Epoque, Blend(영국의 런던), Café Guldægget(덴마크의 에스비에르), Das Schiffercafé, Peaberries(독일의 킬), Pasticceria via Correggio(이탈리아의 밀라노)의 직원들에게 감사드린다. 그 외에도 나에게 '새로운 둥'을 만들어 준 팔마, 밀라노 나비글리, 킬, 런던의 핫요가 팀들에게도 감사드린다.

나에게 이 책은 무엇보다 아내 유진에게 함께 춤추러 가자고 설득하려는 시도이다. 사랑하는 사람과 가까이 있는 것을 느끼며, 춤을 추면서 이런저런 잡다한 일들을 잊는다는 것은 아주 멋진 일이다. 나는 이 느낌을 아내와 함께 나누고 싶다. 부부로서 춤을 추며 늙어 가면 좋겠다. 이것이 나의 꿈이다. 이 때문에 나는 이 책을 유진, 당신에게 바친다.

책을 쓴다는 것은 항상 많은 힘과 정력을 필요로 하는 방대한 프로젝트다. 만약 가족이 나에게 믿을 수 없을 정도의 많은 이해심을 보여주지 않았더라면, 나와 보내는 많은 시간을 포기하지 않았더라면 불가능했을 것이다. 그래서 나의 첫 번째 감사의 말은 가족에게 돌아간다, 나의 아내 유진과 아들 태오에게.

나는 이 책의 공저자인 줄리아에게 특별히 감사를 드리고 싶다. 그녀가 없었다면 이 책은 나올 수 없었을 것이다. 우리가 이것을 끝까지 해낼 수 있었던 것은 대부분 그녀의 지식과 열정, 동기부여와 진실한 마음 덕분이다.

이 책이 춤에 관한 것이기에 나에게 춤을 추게 해 준 모든 이들에게 감사의 말을 드리고 싶다. 함께 아주 멋진 댄스 공연과 댄스 연극을 연출할 수 있게 해 준, 그리고 나에게 처음으로 피나 바우쉬Pina Bausch의 작품들을 소개해 준 제네트 노이슈타트Jeanette Neustadt에게 고마움을 전한다. 또한 자신들의 연극과 춤 공연의 음악을 내가 작곡하게 해 준 테사 태오도라코포로스Tessa Theodorakopoulos와 콘스탄틴 차칼라디스Konstantin Tsakalidis에게도 감사드린다. 콘스탄츠 대학의 학우들에게도 감사드린다. 그들이 내게 처음으로 스탠더드 댄스를 가르쳐 준 덕분에 대학 무도회에 나갈 수 있었다. 미국 럿거스 대학에서 한집에서 살았던 나의 멕시코, 콜롬비아, 푸에토리코 출신의 친구들에게 감사드린다. 나는 그들과 함께 처음으로 살사를 추었다. 그리고 마찬가지로 나와 함께 살사를 연습했던 (그리고 그곳에서 나는 살사 댄스에 관한 연구도 한 건 시행했다.) 생물 인공두뇌학을 위한 막스플랑크 연구소의 동료들에게도 감사드린다. 그 밖에도 내가 스윙을 배웠던, 잊을 수 없는 한국의 '링고팝패밀리Ringopop-Family'와 나에게 스윙을 추게 만든 친구 신에게도 고마움을 표한다.

아마다스Adamas, BB Migyu, 이수찬, 최현정, 리코 림Rico Lim, 클로에 홍Chloe Hong, 토마스 블라샤흐Thomas Blacharz, 앨리스 메이Alice Mei는 나의 첫 춤선생들이었다. 더불어 내가 함께 대학 스포츠 시간에 스윙을 가르쳤고, 튀빙겐에서 스윙 댄스 무대를 구성했던 '스윙자이트 튀빙겐Swingzeit Tübingen'의 동료들에게도 감사드린다. 또한 우리의 일을 많이 도와준 '스윙컬투어운트스윙스텝슈투트가르트Swingkultur und Swingstep Stuttgart'에게도 감사를 전하고 싶다. 아울러 내가 방문할 때마다 환대해 준 베를린, 뮌헨, 함부르크, 쾰른, 본의 모든 린디합 춤꾼들에게도 감사드린다. 전 세계에 걸친 스윙 댄스계에서 감사를 드리고 싶은 사람들이 너무나 많다. 그들은 나에게 그토록 아름다운 춤의 순간들을 선사해 주었기 때문이다.

나에게 늘 엄청난 지원을 해 준 사이언스 슬램 수상자인 데니스 핑크Dennis Fink와 요하네스 폰 보르스텔Jahannes von Borstel에게도 마찬가지로 감사드린다.

또한 내가 글을 쓰느라 오랜 시간을 보낸 다음의 카페에도 감사를 전한다. Can Joan de S'Aigo(팔마), 카페 문Café Moon(한국), 토즈 스터디 카페Toz Study Café(한국). 모두 감사합니다!

1. 솔로 댄스: 나를 사로잡는 리듬

Arnal, L. H., et al. (2015). Human Screams Occupy a Privileged Niche in the Communication Soundscape. Current Biology.

Ayotte, J., et al. (2002). Congenital amusia. A group study of adults afflicted with a music-specific disorder. Brain.

Buss, A. H., et al. (1979). The Development of Embarrassment. The Journal of Psychology.

Buzsaki, G. (2009). Rhythms of the Brain. Oxford University Press.

Buzsaki, G., & Draguhn, A. (2004). Neuronal oscillations in cortical networks. Science.

Christensen, et al. (2016). Affective responses to dance. Acta Psychologica.

Cupchik, G. C. (1995). The Legacy of Daniel E. Berlyne. Empirical Studies of the Arts.

Ekardt, P. (2016). Certain wonderful gestures: Warburg, lessing and the transitory in images. Culture, Theory and Critique.

Ekman, P. (1992). An Argument for Basic Emotions. Cognition and Emotion.

Ekman, P. (1999). Basic emotions. Cognition.

Ernst, M. O. (2006). A Bayesian view on multimodal cue integration.

Fleischhauer, W. (2002). Drei Minuten mit der Wirklichkeit. Droemer-Knaur.

Gardner, H. (1974). Review: Aesthetics and Psychobiology by D. E. Berlyne. Curriculum Theory Network.

Gilovich, T., & Savitsky, K. (1999). The spotlight effect and the illusion of transparency: Egocentric assessments of how we are seen by others. Current Directions in Psychological Science.

Holmes, E. A., & Mathews, A. (2005). Mental imagery and emotion: A special relationship? Emotion.

Huron, D. (2007). Sweet Anticipation: Music and the Psychology of Expectation. Music Perception.

Huron, D. (2012). Is Music an Evolutionary Adaptation? The Cognitive Neuroscience of Music.

Kording, K. P., et al. (2007). Causal inference in multisensory perception. PLoS ONE.

Kreutz, G., & Lotze, M. (2007). Neuroscience of Music and Emotion. Neurosciences in Music Pedagogy.

Kreutz, G., et al. (2008). Using music to induce emotions: Influences of musical preference and absorption. Psychology of Music.

MacDonald, R., et al. (2012). Music, Health, and Wellbeing. Music, Health, and Wellbeing.

Monaghan, T. (2001). Why Study the Lindy Hop? Source: Dance Research Journal.

Neal, D. T., & Chartrand, T. L. (2011). Embodied Emotion Perception: Amplifying and Dampening Facial Feedback Modulates Emotion Perception Accuracy. Social Psychological and Personality Science.

Niedenthal, P. M. (2007). Embodying emotion. Science.

Oxford English Dictionary. (2015). Oxford English Dictionary Online.

Parise, C. V., et al. (2012). When correlation implies causation in multisensory integration. Current Biology.

Peretz, I., & Vuvan, D. T. (2017). Prevalence of congenital amusia. European Journal of Human Genetics.

Phillips-Silver, J., et al. (2011). Born to dance but beat deaf: A new form of congenital amusia. Neuropsychologia.

Prinz, J., & James, P. (2003). Emotions Embodied. Perception. Quiroga Murcia, C., et al. (2010). Shall we dance? An exploration of the perceived benefits of dancing on well-being. Arts & Health.

Savitsky, K., et al. (2001). Do others judge us as harshly as we think? Overestimating the impact of our failures, shortcomings, and mishaps. Journal of Personality and Social Psychology.

Savitsky, K., & Gilovich, T. (2003). The illusion of transparency and the alleviation of speech anxiety. Journal of Experimental Social Psychology.

Stewart, L. (2008). Fractionating the musical mind: insights from congenital amusia. Current Opinion in Neurobiology.

Warburg, A., & Bodart., T. de l'allemand par S. M. de l'americain par S. M. et P. G. de l'italien par D. H. (2003). Le rituel du serpent: recit d'un voyage en pays pueblo. La litterature arstistique.

Warburg, A., & Mainland, W. F. (1939). A Lesson on Serpent Ritual. Journal of the Warburg Institute.

Winkler, I., et al. (2009). Newborn infants detect the beat in music. Proceedings of the National Academy of Sciences.

Witek, M. A. G. (2017). Filling In: Syncopation, Pleasure and Distributed Embodiment in Groove. Music Analysis.

Witek, M. A. G., et al. (2014). Syncopation, body-movement and pleasure in groove music. PLoS ONE.

Zentner, M., & Eerola, T. (2010). Rhythmic engagement with music in infancy. Proceedings of the National Academy of Sciences.

2. 커플 댄스: 춤으로 나누는 대화

Allport, G. W. (1937). Personality: A Psychological Interpretation. New York: Jenry Holt and Company.
Allport, G. W. (1966). Traits revisited. American Psychologist.
Bensafi, M., et al. (2003). Sex-Steroid Derived Compounds Induce Sex-Specific Effects on Autonomic Nervous System Function in Humans. Behavioral Neuroscience.
Bernhardt, B. C., & Singer, T. (2012). The neural basis of empathy. Annual Review of Neuroscience.
Boone, R. T., & Cunningham, J. G. (2001). Children's Expression of Emotional Meaning in Music Through Expressive Body Movement. Journal of Nonverbal Behavior.
Boulenger, V., et al. (2009). Grasping ideas with the motor system: Semantic somatotopy in idiom comprehension. Cerebral Cortex.
Brook, P. (1976). The deadly theatre. In The empty space.
Brown, S., Martinez, M. J., & Parsons, L. M. (2006). The neural basis of human dance. Cerebral Cortex.
Brown, S., & Parsons, L. M. (2008). The neuroscience of dance. Scientific American.
Brown, W. M., et al. (2005). Dance reveals symmetry especially in young men. Nature.
Bruck, C., Kreif et al. (2011). Emotional voices in context: A neurobiological model of multimodal affective information processing. Physics of Life Reviews.
Calvo-Merino, B., et al. (2005). Action observation and acquired motor skills: An fMRI study with expert dancers. Cerebral Cortex.
Chang, D.-S., et al. (2014). Actions revealing cooperation: predicting cooperativeness in social dilemmasfrom the observation of everyday actions. Cognitive Processing.
Chauvigne, L. A. S., et al. (2018). Taking two to tango: FMRI analysis of improvised joint action with physical contact. PLoS ONE.
Christensen, J. F., et al. (2016). Dance expertise modulates behavioral and psychophysiological responses to affective body movement. Journal of Experimental Psychology: Human Perception and Performance.
Christensen, J. F., et al. (2017). Not all about sex? Neural and biobehavioural functions of human dance. Proceedings of the New York Academy of Sciences.
Coates, J. M., et al. Second-to-fourth digit ratio predicts success among high-frequency financial traders. Proceedings of the National Academy of Sciences.
Croyden, M. (2003). Conversations with Peter Brook. Conversations with Peter Brook 1970 -2000.
Darwin, C. (1872). The Expression of Emotion in Man and Animals Table of Contents.
de Vignemont, F., Singer, T. (2006). The empathic brain: how, when and why? Trends in Cognitive Sciences.
di Pellegrino, G., et al. (1992). Understanding motor events: a neurophysiological study.

Experimental Brain Research.

Ebberfeld, I. (2005). Botenstoffe der Liebe: Uber das innige Verhaltnis von Geruch und Sexualitat. LIT Verlag Munster.

Fedorov, L., et al. (2018). Adaptation aftereffects reveal representations for encoding of contingent social actions. Proceedings of the National Academy of Sciences.

Fink, B., Hu et al. (2012). Women's body movements are a potential cue to ovulation. Personality and Individual Differences.

Fink, B., Manni et al. (2004). Second to fourth digit ratio and the «big five» personality factors. Personality and Individual Differences.

Fink, B., Neav et al (2006). Second to fourth digit ratio and sensation seeking. Personality and Individual Differences.

Fink, B., Sey et al. A preliminary investigation of the associations between digit ratio and women's perception of men's dance. Personality and Individual Differences.

Gallese, V., et al. (1996). Action recognition in the premotor cortex. Brain.

Glenberg, A. M. (2012). Language and action: Creating sensible combinations of ideas. In The Oxford Handbook of Psycholinguistics.

Glenberg, A. M., & Gallese, V. (2012). Action-based language: a theory of language acquisition, comprehension, and production. Cortex; a Journal Devoted to the Study of the Nervous System and Behavior.

Glenberg, A. M., & Kaschak, M. P. (2002). Grounding language in action. Psychonomic Bulletin & Review.

Hasson, U. (2016). This is your bain in communication (ted talk). Your brain can literally be on the same wavelength as someone else's (review art.)

Hasson, U., Ghaz et al. (2012). Brain-to-brain coupling: a mechanism for creating and sharing a social world. Trends in Cognitive Sciences.

Hauk, O., Johnsru et al. (2004). Somatotopic representations of action words in human motor and premotor cortex. Neuron.

Havlicek, J., & Roberts, S. C. (2009). MHC-correlated mate choice in humans: A review. Psychoneuroendocrinology.

Hejmadi, A., Davi et al. (2000). Exploring Hindu Indian Emotion Expressions: Evidence for Accurate Recognition by Americans and Indians. Psychological Science.

Hess, E. H., & Polt, J. M. (1960). Pupil size as related to interest value of visual stimuli. Science.

Hugill, N., et al. (2011). Women's perception of men's sensation seeking propensity from their dance movements. Personality and Individual Differences.

Kellerman, J., Le et al. (1989). Looking and loving: The effects of mutual gaze on feelings of romantic love. Journal of Research in Personality.

Kempel, P., et al. (2005). Second-to-fourth digit length, testosterone and spatial ability. Intelligence.

Kreifelts, B., Bru et al. (2014). They are laughing at me: Cerebral mediation of cognitive biases in

social anxiety. PLoS ONE.
Laird, J. D. (2010). Feelings: The perception of self. Feelings: The Perception of Self.
Laird, J. D., & Lacasse, K. (2014). Bodily influences on emotional feelings: Accumulating evidence and extensions of William James's theory of emotion. Emotion Review.
Lawlor, L., & Moulard Leonard, V. (2016). Henri Bergson. The Stanford Encyclopaedia of Philosophy.
Lovatt, P. (2011). Dance confidence, age and gender. Personality and Individual Differences.
Lovatt, P. (2018). Dance Psychology. New Castle, UK.
MacDonald, R., et al. (2012). Music, Health, and Wellbeing. Music, Health, and Wellbeing.
Manning, J. T., & Taylor, R. P. (2001). Second to fourth digit ratio and male ability in sport: Implications for sexual selection in humans. Evolution and Human Behavior.
Mayer, K. M., et al. (2015). Visual and motor cortices differentially support the translation of foreign language words. Current Biology.
McCarty, K., et al. (2013). Male body movements as possible cues to physical strength: A biomechanical analysis. American Journal of Human Biology.
Miller, G., Tyb et al. (2007). Ovulatory cycle effects on tip earnings by lap dancers: economic evidence for human estrus?(star, open). Evolution and Human Behavior.
Millet, K., & Dewitte, S. (2006). Second to fourth digit ratio and cooperative behavior. Biological Psychology.
Neal, D. T., & Chartrand, T. L. (2011). Embodied Emotion Perception: Amplifying and Dampening Facial Feedback Modulates Emotion Perception Accuracy. Social Psychological and Personality Science.
Neave, N., La et al. (2003). Second to fourth digit ratio, testosterone and perceived male dominance. Proceedings of the Royal Society B: Biological Sciences.
Neave, N., et al. (2011). Male dance moves that catch a woman's eye. Biology Letters.
Nicolescu, B., & Williams, D. (1998). Peter Brook and traditional thought. Contemporary Theatre Review.
Noy, L., et al. (2011). The mirror game as a paradigm for studying the dynamics of two people improvising motion together. Proceedings of the National Academy of Sciences.
Partala, T., & Surakka, V. (2003). Pupil size variation as an indication of affective processing. International Journal of Human Computer Studies.
Pulvermuller, F. (2012). Meaning and the brain: The neurosemantics of referential, interactive, and combinatorial knowledge. Journal of Neurolinguistics.
Pulvermuller, F. (2013a). How neurons make meaning: Brain mechanisms for embodied and abstract-symbolic semantics. Trends in Cognitive Sciences.
Pulvermuller, F. (2013b). Semantic embodiment, disembodiment or misembodiment? In search of meaning in modules and neuron circuits. Brain and Language.
Pulvermuller, F., & Fadiga, L. (2010). Active perception: sensorimotor circuits as a cortical basis for language. Nature Reviews. Neuroscience.

Rizzolatti, G., & Craighero, L. (2004). The mirror-neuron system. Annual Review of Neuroscience.

Rizzolatti, G., Fog et al. (2001). Neurophysiological mechanisms underlying the understanding and imitation of action. Nature Review Neuroscience.

Rizzolatti, G., & Sinigaglia, C. (2010). The functional role of the parietofrontal mirror circuit: interpretations and misinterpretations. Nature Reviews. Neuroscience.

Santos, P. S. et al. (2005). New evidence that the MHC influences odor perception in humans: a study with 58 Southern Brazilian students. Hormones and Behavior.

Shebani, Z., & Pulvermuller, F. (2013). Moving the hands and feet specifically impairs working memory for arm- and leg-related action words. Cortex.

Shevtsova, M. (1997). Interculturalism, aestheticism, orientalism: Starting from Peter Brook's Mahabharata. Theatre Research International.

Singer, T., & Lamm, C. (2009). The social neuroscience of empathy. Annals of the New York Academy of Sciences.

Singer, T., Seym et al. (2006). Empathic neural responses are modulated by the perceived fairness of others. Nature.

Smith, A. (2002). The Theory of Moral Sentiments. Library.

Wedekind, C., Seeb et al. (1995). MHC-dependent mate preferences in humans. Proceedings of the Royal Society B: Biological Sciences.

Wolpert, D. (2011). The real reason for brains. TED talk.

Wolpert, D. M., Doy et al. (2003). A unifying computational framework for motor control and social interaction. Philosophical Transactions of the Royal Society of London. Series B, Biological Sciences.

Wolpert, D. M., & Ghahramani, Z. (2000). Computational principles of movement neuroscience. Nature Neuroscience.

Wunderer, E., & Schneewind, K. A. (2008). The relationship between marital standards, dyadic coping and marital satisfaction. European Journal of Social Psychology.

Wunderer, E., et al. (2001). Ehebeziehungen. Eine Typologie auf Basis von Paarklima-Skalen. Zeitschrift Fur Familienforschung.

3. 그룹 댄스: 친구를 부르는 춤

Adolphs, R. (1999). Social cognition and the human brain. Trends in Cognitive Sciences.

Altinok, T. (2011). Der Volkstanz als Prozess des interkulturellen Lernens. Eine explorative Studie.

Amodio, D. M. (2008). The social neuroscience of intergroup relations. European Review of Social Psychology.

Cacioppo, J. T., et al. (2014). Evolutionary mechanisms for loneliness. Cognition and Emotion.

Cacioppo, J. T., & Hawkley, L. C. (2009). Perceived social isolation and cognition. Trends in Cognitive Sciences.

Cacioppo, J. T., Haw et al. (2003). The anatomy of loneliness. Current Directions in Psychological Science.

Cacioppo, J. T., Hu et al. (2006). Loneliness as a specific risk factor for depressive symptoms: Cross-sectional and longitudinal analyses. Psychology and Aging.

Cheon, B. K., et al. (2011). Cultural influences on neural basis of intergroup empathy. NeuroImage.

D'Ausilio, A., et al. (2012). Leadership in orchestra emerges from the causal relationships of movement kinematics. PloS One.

Desmond, J. (1997). Meaning in Motion: New Cultural Studies of Dance. American Anthropologist.

Ernst, J. M., & Cacioppo, J. T. (1999). Lonely hearts: Psychological perspectives on loneliness. Applied and Preventive Psychology.

Haidt, J., Pat et al. (2008). Hive Psychology, Happiness, and Public Policy. The Journal of Legal Studies.

Heinrich, L. M., & Gullone, E. (2006). The clinical significance of loneliness: A literature review. Clinical Psychology Review.

Kanai, R., et al. (2012). Brain structure links loneliness to social perception. Current Biology.

Keyfitz, N., & McNeill, W. H. (1996). Keeping Together in Time: Dance and Drill in Human History. Contemporary Sociology.

Klucharev, V., et al. (2009). Reinforcement Learning Signal Predicts Social Conformity. Neuron.

Launay, J., et al. (2016). Synchrony as an Adaptive Mechanism for Large-Scale Human Social Bonding. Ethology.

Marsh, K. L., et al. (2009). Social Connection Through Joint Action and Interpersonal Coordination. Topics in Cognitive Science.

Masi, C. M., et al. (2011). A meta-analysis of interventions to reduce loneliness. Personality and Social Psychology Review.

Mathur, V., et al. (2010). Neural basis of extraordinary empathy and altruistic motivation. NeuroImage.

Meltzoff, A. N., & Decety, J. (2003). What imitation tells us about social cognition: a rapprochement between developmental psychology and cognitive neuroscience. Philosophical Transactions of the Royal Society of London. Series B, Biological Sciences.

Orgs, G., et al. (2008). Expertise in dance modulates alpha/beta event-related desynchronization during action observation. European Journal of Neuroscience.

Orgs, G., & Haggard, P. (2011). Temporal binding during apparent movement of the human body. Visual Cognition.

Orgs, G., et al. (2013). Learning to like it: Aesthetic perception of bodies, movements and choreographic structure. Consciousness and Cognition.

Orgs, G., et al. (2013). Time perception during apparent biological motion reflects subjective speed of movement, not objective rate of visual stimulation. Experimental Brain Research.
Rand, D. G., & Nowak, M. (2013). Human cooperation. Trends in Cognitive Sciences.
Riketta, M. (2005). Cognitive differentiation between self, ingroup, and outgroup: The roles of identification and perceived intergroup conflict. European Journal of Social Psychology.
Rilling, J. K., et al. (2008). The neural correlates of the affective response to unreciprocated cooperation. Neuropsychologia.
Steptoe, A., et al. (2013). Social isolation, loneliness, and all-cause mortality in older men and women. Proceedings of the National Academy of Sciences of the United States of America.
Stevens, J. R., & Hauser, M. D. (2004). Why be nice? Psychological constraints on the evolution of cooperation. Trends in Cognitive Sciences.
Stupacher, J., et al. (2017). Music strengthens prosocial effects of interpersonal synchronization - If you move in time with the beat. Journal of Experimental Social Psychology.
Tarr, B., et al. (2015). Synchrony and exertion during dance independently raise pain threshold and encourage social bonding. Biology Letters.
Tarr, B., et al. (2014). Music and social bonding: ≪Self-other≫ merging and neurohormonal mechanisms. Frontiers in Psychology.
Tarr, B., et al. (2016). Silent disco: dancing in synchrony leads to elevated pain thresholds and social closeness. Evolution and Human Behavior.
Tomasello, M., & Vaish, A. (2012). Origins of Human Cooperation and Morality. Annual Review of Psychology.
Valdesolo, P., & Desteno, D. (2011). Synchrony and the social tuning of compassion. Emotion.
Vicary, S., et al. (2017). Joint action aesthetics. PLoS ONE. von Zimmermann, J., et al. (2018). The Choreography of Group Affiliation. Topics in Cognitive Science.
Walton, G. M., et al. (2012). Mere belonging: The power of social connections. Journal of Personality and Social Psychology.
Wiltermuth, S. S., & Heath, C. (2009). Synchrony and cooperation. Psychological Science.

4. 내 몸을 위해 춤추기: 춤은 생명의 묘약

Baker, F. A., & MacDonald, R. A. R. (2013). Flow, identity, achievement, satisfaction and ownership during therapeutic songwriting experiences with university students and retirees. Musicae Scientiae.
Barrett, K. C., et al. (2013). Art and science: how musical training shapes the brain. Frontiers in Psychology.
Barrett, L. F., et al. (2004). Interoceptive sensitivity and self-reports of emotional experience. Journal of Personality and Social Psychology.
Bart, O., et al. (2012). Neurocognitive control in dance perception and performance. American

Journal of Dance Therapy.

Berridge, K. C., & Kringelbach, M. L. (2015). Pleasure Systems in the Brain. Neuron.

Blasing, B., et al. (2012). Neurocognitive control in dance perception and performance. Acta Psychologica.

Bradt, J., et al. (2013). Music for stress and anxiety reduction in coronary heart disease patients. The Cochrane Database of Systematic Reviews.

Bufalari, I., & Ionta, S. (2013). The social and personality neuroscience of empathy for pain and touch. Frontiers in Human Neuroscience.

Burzynska et al. (2017). The Dancing Brain: Structural and Functional Signatures of Expert Dance Training. Frontiers in Human Neuroscience.

Cacioppo, S., & Cacioppo, J. T. (2012). Decoding the invisible forces of social connections. Frontiers in Integrative Neuroscience.

Cameron, O. G. (2001). Interoception: the inside story —a model for psychosomatic processes. Psychosomatic Medicine.

Cassidy, G., & Macdonald, R. A. R. (2007). The effect of background music and background noise on the task performance of introverts and extraverts. Psychology of Music.

Castrillon, T. et al. (2017). The effects of a standardized belly dance program on perceived pain, disability, and function in women with chronic low back pain. Journal of Back and Muscosceletal Rehabilitation.

Christensen, J. F., et al. (2017). I can feel my heartbeat: dancers have increased interoceptive awareness. Psychophysiology.

Christensen, J. F. (2017). Pleasure junkies all around —why it matters and why 'the arts' might be the answer. Proceedings of the Royal Society BBiological Sciences.

Cepeda, C. C. P., et al. (2015). Effect of an eight-week ballroom dancing program on muscle architecture in older adult females. Journal of Aging and Physical Activity.

Cherches, I. M. (2016). Clinical neuroanatomy. In Neurology Secrets: Sixth Edition.

Clayton, N. (2009). Dancing to Darwin. Current Biology.

Clift, S. (2012). Creative arts as a public health resource: Moving from practice-based research to evidence-based practice. Perspectives in Public Health.

Corbetta, D., & Snapp-Childs, W. (2009). Seeing and touching: The role of sensory-motor experience on the development of infant reaching. Infant Behavior and Development.

Craig, A. D. (2002). How do you feel? Interoception: the sense of the physiological condition of the body. Nature Reviews. Neuroscience.

Craig, A. (2003). Interoception: the sense of the physiological condition of the body. Current Opinion in Neurobiology.

Critchley, H. D. (2009). Psychophysiology of neural, cognitive and affective integration: fMRI and autonomic indicants. International Journal of Psychophysiology: Official Journal of the International Organization of Psychophysiology.

Critchley, H. D., & Nagai, Y. (2012). How Emotions Are Shaped by Bodily States. Emotion

Review.

Critchley, H. D., et al. (2004). Neural systems supporting interoceptive awareness. Nature Neuroscience.

Csikszentmihalyi, M. (1991). Flow: The Psychology of Optimal Experience. HarperCollins.

Csikszentmihalyi, M. (1993). Flow – the Psychology of Happiness.

Csikszentmihalyi, M. (1997). Finding Flow. The Psychology of Engagement with Everyday Life. In Journal of Happiness Studies.

Csikszentmihalyi, M. (2002). Flow: The Classic Work on How to Achieve Happiness. London: Rider. Cunningham, W. A. and Zelazo, P.D.

Dunbar, R. I. M. (2010). The social role of touch in humans and primates: Behavioral function and neurobiological mechanisms. Neuroscience and Biobehavioral Reviews.

Dunn, B. D., et al. (2010). Listening to your heart. How interoception shapes emotion experience and intuitive decision making. Psychological Science.

Ernst, J., et al. (2013). Interoceptive awareness enhances neural activity during empathy. Human Brain Mapping.

Esch, T., & Hirschhausen, E. von (2014). Die Neurobiologie des Glucks. Wie die Positive Psychologie die Medizin verandert.

Ferri, F., et al. (2013). Closing the Gap between the Inside and the Outside: Interoceptive Sensitivity and Social Distances. PLoS ONE.

Ferri, F., et al. (2010). When action meets emotions: how facial displays of emotion influence goal-related behavior. PloS One.

Fitch, W. T. (2005). The evolution of music in comparative perspective. Annals of the New York Academy of Sciences.

Fukui, H. (2012). Efficacy of music therapy in treatment for the patients with Alzheimer's disease. International Journal of Alzheimer's Disease.

Fukui, H., & Toyoshima, K. (2008). Music facilitate the neurogenesis, regeneration and repair of neurons. Medical Hypotheses.

Fukushima, H., et al. (2011). Association between interoception and empathy: evidence from heartbeat-evoked brain potential. International Journal of Psychophysiology.

Gallace, A., & Spence, C. (2010). The science of interpersonal touch: An overview. Neuroscience and Biobehavioral Reviews.

Garlin, F. V., & Owen, K. (2006). Setting the tone with the tune: A metaanalytic review of the effects of background music in retail settings. Journal of Business Research.

Gaser, C., & Schlaug, G. (2003). Brain structures differ between musicians and non-musicians. The Journal of Neuroscience.

Gerra, G., et al. (1998). Neuroendocrine responses of healthy volunteers to «techno-music»: relationships with personality traits and emotional state. International Journal of Psychophysiology: Official Journal of the International Organization of Psychophysiology.

Gueguen, N. (2007). Courtship compliance: The effect of touch on women's behavior. Social

Influence.
Gueguen, N. (2010). The effect of a woman's incidental tactile contact on men's later behavior. Social Behavior and Personality: An International Journal.
Haase, L., et al. (2016). When the brain does not adequately feel the body: Links between low resilience and interoception. Biological Psychology.
Hao, W. Y., & Chen, Y. (2011). Backward walking training improves balance in school-aged boys. Sports Medicine, Arthroscopy, Rehabilitation, Therapy and Technology.
Harlow, H. F. (1949). The formation of learning sets. Psychological Review.
Harlow, H. F. (2013). The nature of love. The Macaque Connection: Cooperation and Conflict between Humans and Macaques.
Harlow, H. F., & Zimmerman, R. R. (1959). Affectional responses in the infant monkey. Science.
Hebb, D. O. (1949). The organization of behavior. The Organization of Behavior.
Herbert, B. M., & Pollatos, O. (2012). The body in the mind: on the relationship between interoception and embodiment. Topics in Cognitive Science.
Hindi, F. S. (2012). How Attention to Interoception Can Inform Dance / Movement Therapy. American Journal of Dance Therapy.
Huang, R. H., & Shih, Y. N. (2011). Effects of background music on concentration of workers. Work.
Huron, D. (2012). Is Music an Evolutionary Adaptation? In The Cognitive Neuroscience of Music.
Insel, T. R., & Fernald, R. D. (2004). How the brain processes social information: searching for the social brain. Annual Review of Neuroscience.
Jola, C., et al. (2011). Proprioceptive integration and body representation: Insights into dancers' expertise. Experimental Brain Research.
Kang, H. J., & Williamson, V. J. (2013). Background music can aid second language learning. Psychology of Music.
Karpati, F. J., et al. (2015). Dance and the brain: A review. Annals of the New York Academy of Sciences.
Kattenstroth, J.-C., et al. (2010). Superior sensory, motor, and cognitive performance in elderly individuals with multi-year dancing activities. Frontiers in Aging Neuroscience.
Kattenstroth, J. C., et al. (2013). Six months of dance intervention enhances postural, sensorimotor, and cognitive performance in elderly without affecting cardio-respiratory functions. Frontiers in Aging Neuroscience.
Keeler, J. R., et al. (2015). The neurochemistry and social flow of singing: bonding and oxytocin. Frontiers in Human Neuroscience.
Koelsch, S., et al. (2011). Effects of music listening on cortisol levels and propofol consumption during spinal anesthesia. Frontiers in Psychology.
Kringelbach, M. L., & Berridge, K. C. (2009). Towards a functional neuroanatomy of pleasure and happiness. Trends in Cognitive Sciences.

Laland, K., et al. (2016). The evolution of dance. Current Biology

Laukka, P. (2007). Uses of music and psychological well-being among the elderly. Journal of Happiness Studies.

Lieberwirth, C., & Wang, Z. (2014). Social bonding: Regulation by neuropeptides. Frontiers in Neuroscience.

Lundqvist, L.-O., et al. (2008). Emotional responses to music: experience, expression, and physiology. Psychology of Music.

Moradzadeh, L., et al. (2015). Musical Training, Bilingualism, and Executive Function: A Closer Look at Task Switching and Dual-Task Performance. Cognitive Science.

Morrison, I., et al. (2010). The skin as a social organ. Experimental Brain Research.

Musacchia, G., et al. (2008). Relationships between behavior, brainstem and cortical encoding of seen and heard speech in musicians and nonmusicians. Hearing Research.

Nakamura, J., & Csikszentmihalyi, M. (2014). The concept of flow. Flow and the Foundations of Positive Psychology: The Collected Works of Mihaly Csikszentmihalyi.

Nelson, A., et al. (2008). The impact of music on hypermetabolism in critical illness. Current Opinion in Clinical Nutrition and Metabolic Care.

Netter, F. H., et al. (2002). Atlas of Neuroanatomy and Neurophysiology. Netter Collection of Medical Illustrations.

Pedersen, B. K., & Brandt, C. (2010). The role of exercise-induced myokines in muscle homeostasis and the defense against chronic diseases. Journal of Biomedicine and Biotechnology.

Peretz, I., & Zatorre, R. J. (2005). Brain organization for music processing. Annual Review of Psychology.

Petrini, K., et al. (2011). Action expertise reduces brain activity for audiovisual matching actions: An fMRI study with expert drummers. NeuroImage.

Pollatos, O., et al. (2005). On the relationship between interoceptive awareness, emotional experience, and brain processes. Brain Research. Cognitive Brain Research.

Roberts, I. D., & Way, B. M. (2014). Using «hug drugs» to understand affiliative behavior: The value of the social neurochemistry perspective. Social Cognitive and Affective Neuroscience.

Salimpoor, V. N., et al. (2009). The rewarding aspects of music listening are related to degree of emotional arousal. PLoS ONE.

Schachner, A. (2010). Auditory-motor entrainment in vocal mimicking species: Additional ontogenetic and phylogenetic factors. Communicative and Integrative Biology.

Schachner, A., et al. (2009). Spontaneous Motor Entrainment to Music in Multiple Vocal Mimicking Species. Current Biology.

Sejnowski, T. J. (1999). The book of Hebb. Neuron.

Seth, A. K. (2013). Interoceptive inference, emotion, and the embodied self. Trends in Cognitive Sciences.

Shafir, T., et al. (2013). Emotion regulation through execution, observation, and imagery of emotional movements. Brain and Cognition.

Shafir, T., et al. (2016). Emotion regulation through movement: Unique Sets of Movement Characteristics are Associated with and Enhance Basic Emotions. Frontiers in Psychology.

Shafritz, K. M., et al. (2006). The interaction of emotional and cognitive neural systems in emotionally guided response inhibition. NeuroImage.

Shih, Y. N., et al. (2012). Background music: Effects on attention performance. Work.

Silverman, M. J., Baker, F. A., & MacDonald, R. A. R. (2016). Flow and meaningfulness as predictors of therapeutic outcome within songwriting interventions. Psychology of Music.

Srhoj, L., et al. (2008). Impact of motor abilities on belly dance performance in female high school students. Collective Antropology.

Stewart, L., et al. (2003). Brain changes after learning to read and play music. NeuroImage.

Stuckey, H. L., & Nobel, J. (2010). The connection between art, healing, and public health: A review of current literature. American Journal of Public Health.

Viggiano, D., et al. (2014). The kinematic control during the backward gait and knee proprioception: Insights from lesions of the anterior cruciate ligament. Journal of Human Kinetics.

Weng, H. Y., et al. (2013). Compassion training alters altruism and neural responses to suffering. Psychological Science.

Wiens, S. (2005). Interoception in emotional experience. Current Opinion in Neurology.

Wong, P. C. M., et al. (2007). Musical experience shapes human brainstem encoding of linguistic pitch patterns. Nature Neuroscience.

Woodward, A. L. (1999). Infants' ability to distinguish between purposeful and non-purposeful behaviors. Infant Behavior and Development.

Yuan, H., & Silberstein, S. D. (2016). Vagus Nerve and Vagus Nerve Stimulation, a Comprehensive Review: Part II. Headache.

5. 건강을 위해 춤추기: 약보다 춤

Arcelus, J., et al. (2014). Prevalence of eating disorders amongst dancers: A systemic review and meta-analysis. European Eating Disorders Review.

Belardinelli, R., et al. (2008). Waltz dancing in patients with chronic heart failure: new form of exercise training. Circulation. Heart Failure.

Bernardi, L., et al. (2009). Dynamic interactions between musical, cardiovascular, and cerebral rhythms in humans. Circulation.

Bernardi, L., et al. (2006). Cardiovascular, cerebrovascular, and respiratory
changes induced by different types of music in musicians and nonmusicians: the importance of silence. Heart.

Blanksby, B. A., & Reidy, P. W. (1988). Heart rate and estimated energy expenditure during ballroom dancing. British Journal of Sports Medicine.

Borstel, J.v. (2016). Herzrasen kann man nicht mahen: Alles uber unser wichtigstes Organ. Ullstein Verlag.

Codrons, E., et al. (2014). Spontaneous group synchronization of movements and respiratory rhythms. PLoS ONE.

Cugusi, L., et al. (2015). A New Type of Physical Activity from an Ancient Tradition: The Sardinian Folk Dance ≪Ballu Sardu≫. Journal of Dance Medicine and Science.

Domene, P. A. et al (2016). The health enhancing efficacy of Zumba Fitnss an 8-week randomised controlle dstudy. Journal of Sports studies.

Fragala, M. S., et al. (2011). Neuroendocrine-immune interactions and responses to exercise. Sports Medicine.

Gildea, J. E., et al. (2015). Trunk dynamics are impaired in ballet dancers with back pain but improve with imagery. Medicine and Science in Sports and Exercise.

Gurman-Garcia, A. Introducing a Latin ballroom dance class to people with dementia living in care homes, benefits and concerns: A pilot study. Dementia.

Hanna, J. L. (2006). Dancing for Health: Conquering and Preventing Stress. Medical Anthropology Quarterly.

Hogg, J., et al. (2014). An after-school dance and lifestyle education program reduces risk factors for heart disease and diabetis in elementary school children. Journal of Pediatric endocrinology and metabolism.

Hui, E., et al. (2009). Effects of dance on physical and psychological wellbeing in older persons. Archives of Gerontology and Geriatrics.

Karin, J. (2016). Recontextualizing Dance Skills: Overcoming Impediments to Motor Learning and Expressivity in Ballet Dancers. Frontiers in Psychology.

Karin, J., et al. (2016). Mental Training. In V. Wilmerding & D. Krasnow (Eds.), Dancer Wellness. Champaign Canada: Human Kinetics.

King, D. E., et al. (2003). Inflammatory markers and exercise: Differences related to exercise type. Medicine and Science in Sports and Exercise.

Krampe, J., et al. (2014). Does dance-based therapy increase gait speed in older adults with chronic lower extremity pain: A feasibility study. Geriatric Nursing.

Mangeri, F., et al. (2014). A standard ballroom und Latin dance program to improve fitness and adherence to physical activity in individuals with type 2 diabetis and in obesity. Diabetology Metabolism Syndrome.

Narici, M., et al. (2016). Does dancing in old age afford neuromuscular protection? Proceedings of the Physiological Society: The Biomedical Basis of Elite Performance.

Nogueira, R. C. et al. (2014). An in-school exercise intervention to enhance bone and reduce fat in girls: the CAPO Kids trial. Bone.

Porges, S. W. (1998). Love: an emergent property of the mammalian autonomic nervous system. Psychoneuroendocrinology.

Porges, S. W. (2007). The Polyvagal Perspective. Biological psychology.
Richardson et al. (2016). The dancing heart. European Heart Journal: Acute Cardiovascular Care.
Schmitt-Sody et al. (2011). Rehabilitation and sport following total hip replacement. Orthopade.
Serrano-Guzman, M., et al. (2016). Effectiveness of a flamenco and sevillanas program to enhance mobility, balance, physical activity, blood pressure, body mass, and quality of life in postmenopausal women living in the community in Spain: a randomized clinical trial. Menopause.
Sharma, A., et al. (2006). Exercise for Mental Health. The Primary Care Companion to The Journal of Clinical Psychiatry.
Tilley, A. J., & Bohle, P. (1988). Twisting the Night Away: The Effects of All Night Disco Dancing on Reaction Time. Perceptual and Motor Skills.
Tsakiris, M. & Critchley, H. (2016). Interoception beyond homeostasis: affect, cognition and mental health. Philosophical transactions of the Royal Society of London: Series B.
Williford, H. N., Scharff-Olson, M., & Blessing, D. L. (1989). The Physiological Effects of Aerobic Dance: A Review. Sports Medicine.
Wigaeus, E., & Kilborn, A. (1980). Physical demands during folk dancing. European Journal of Applied Physiology and Occupational Physiology.
Zimmerman, S., et al. (2013). Systematic review: Effective characteristics of nursing homes and other residential long-term care settings for people with dementia. Journal of the American Geriatric Society.

6. 힐링을 위해 춤추기: 지친 마음을 보듬는 춤

Aktas, G., & Ogce, F. (2005). Dance as a therapy for cancer prevention. Asian Pacific Journal of Cancer Prevention: APJCP.
Bernstein, B. (1995). Dancing beyond trauma: Women survivors of sexual abuse. In F. J., Levy, J., Fried, & F., Leventhal (Eds.), Dance and other expressive art therapies: When words are not enough. Routledge.
Berridge, K. C., & Kringelbach, M. L. (2008). Affective neuroscience of pleasure: Reward in humans and animals. Psychopharmacology.
Berridge, K. C., & Kringelbach, M. L. (2015). Pleasure Systems in the Brain. Neuron.
Dedovic, K., et al. (2009). The brain and the stress axis: The neural correlates of cortisol regulation in response to stress. NeuroImage.
Forster, J., & Werth, L. (2009). Regulatory focus: Classic findings and new directions. In The psychology of goals.
Garrido, S., & Schubert, E. (2013). Adaptive and maladaptive attraction to negative emotions in music. Musicae Scientiae.
Gray, A. E. (2015). Dance/movement therapy with refugee and survivor children: A healing

pathway is a creative process. Malchiodi, Cathy A [Ed] (2015) Creative Interventions with Traumatized Children (2nd Ed.).

Gray, M. J., & Lombardo, T. W. (2001). Complexity of Trauma Narratives as an Index of Fragmented Memory in PTSD: A Critical Analysis. Applied Cognitive Psychology.

Hanna, J. L. (1995). The Power of Dance: Health and Healing. The Journal of Alternative and Complementary Medicine.

Heiberger, L., et al. (2011). Impact of a Weekly Dance Class on the Functional Mobility and on the Quality of Life of Individuals with Parkinson's Disease. Frontiers in Aging Neuroscience.

Hermann, J. (2006): Die Narben der Gewalt: Traumatische Erfahrungen verstehen und überwinden. Junfermann.

Hogue, J. D., et al. (2016). «So sad and slow, so why can't i turn off the radio»: The effects of gender, depression, and absorption on liking music that induces sadness and music that induces happiness. Psychology of Music.

Huron, D. (2011). Why is Sad Music Pleasurable? A Possible Role for Prolactin. Musicae Scientiae.

Jelinek, L., et al. (2009). The Organization of Autobiographical and Nonautobiographical Memory in Posttraumatic Stress Disorder (PTSD). Journal of Abnormal Psychology.

Jeong, Y. J., et al. (2005). Dance movement therapy improves emotional responses and modulates neurohormones in adolescents with mild depression. International Journal of Neuroscience.

Kiepe, M. S., et al. (2012). Effects of dance therapy and ballroom dances on physical and mental illnesses: A systematic review. Arts in Psychotherapy.

Kirk, A. E. (2015). Dance/movement therapy for adult women with posttraumatic stress disorder: A quasi-experimental study of symptom reduction and integration. Dissertation Abstracts International Section A: Humanities and Social Sciences.

Koch, S., et al. (2014). Effects of dance movement therapy and dance on health-related psychological outcomes: A meta-analysis. Arts in Psychotherapy.

Krantz, A. (1999): Growing into Her Body: Dance / Movement Therapy for Women with Eating Disorders. American Journal of Dance Therapy.

Kreutz, G., et al. (2012). Psychoneuroendocrine Research on Music and Health: An Overview. Music, Health, and Wellbeing.

Kringelbach, M. L., & Berridge, K. C. (2009). Towards a functional neuroanatomy of pleasure and happiness. Trends in Cognitive Sciences.

LeDoux, J. (2003). The emotional brain, fear, and the amygdala. Cellular and Molecular Neurobiology.

LeDoux, J. (2007). The amygdala. Current Biology.

LeDoux, J. (2012). Rethinking the Emotional Brain. Neuron.

Lee, T. C., et al. (2013). Dance/movement therapy for children suffering from earthquake trauma in Taiwan: A preliminary exploration. Arts in Psychotherapy.

Leknes, S., & Tracey, I. (2008). A common neurobiology for pain and pleasure. Nature Reviews. Neuroscience.

Levy, B. J., & Anderson, M. C. (2008). Individual differences in the suppression of unwanted memories: The executive deficit hypothesis. Acta Psychologica.

Lima, R. (2017). Balance Assessment in Deaf Children and Teenagers Prior to and Post Capoeira Practice through the Berg Balance Scale. International Tinnitus Journal.

Margariti, A. (2011). Review of Dancing for health. Body, Movement and Dance in Psychotherapy.

McCarty, R. (2010). Fight-or-Flight Response. Encyclopedia of Stress.

Meekums, B., et al. (2015). Dance movement therapy for depression. The Cochrane Database of Systematic Reviews.

Milner, P. M. (1991). Brain-stimulation reward: a review. Canadian Journal of Psychology.

Mori, K., & Iwanaga, M. (2014). Pleasure generated by sadness: Effect of sad lyrics on the emotions induced by happy music. Psychology of Music.

Murcia, C. Q., & Kreutz, G. (2012). Dance and Health: Exploring Interactions and Implications. Music, Health, and Wellbeing.

Olds, J., & Milner, P. (1954). Positive reinforcement produced by electrical stimulation of septal and other regions of the rat brain. Journal of Comparative and Physiological Psychology.

Ottaviani, C., et al. (2015). Cognitive, behavioral, and autonomic correlates of mind wandering and perseverative cognition in major depression. Frontiers in Neuroscience.

Pinniger, R., et al. (2012). Argentine tango dance compared to mindfulness meditation and a waiting-list control: A randomised trial for treating depression. Complementary Therapies in Medicine.

Pratt, R. R. (2004). Art, dance, and music therapy. Physical Medicine and Rehabilitation Clinics of North America.

Quiroga Murcia, C., et al. (2009). Emotional and Neurohumoral Responses to Dancing Tango Argentino: The Effects of Music and Partner. Music and Medicine.

Quiroga Murcia, C., et al. (2010). Shall we dance? An exploration of the perceived benefits of dancing on well-being. Arts & Health.

Ramaprasad, D. (2013). Emotions: An Indian perspective. Indian Journal of Psychiatry.

Ritter, M., & Low, K. G. (1996). Effects of dance/movement therapy: A meta-analysis. Arts in Psychotherapy.

Rohricht, F. (2009). Body oriented psychotherapy. The state of the art in empirical research and evidence-based practice: A clinical perspective. Body, Movement and Dance in Psychotherapy.

Sachs, M. E., et al. (2015). The pleasures of sad music: a systematic review. Frontiers in Human Neuroscience.

Selman, L. E., et al. (2012). A mixed-methods evaluation of complementary therapy services in palliative care: Yoga and dance therapy. European Journal of Cancer Care.

Shafir, T. (2016). Using movement to regulate emotion: Neurophysiological findings and their application in psychotherapy. Frontiers in Psychology.

Shafir, T., et al. (2013). Emotion regulation through execution, observation, and imagery of

emotional movements. Brain and Cognition.
Shafir, T., et al. (2016). Emotion regulation through movement: Unique Sets of Movement Characteristics are Associated with and Enhance Basic Emotions. Frontiers in Psychology.
Spors, M. (1997). Eating disorders in women with a history of abuse and dance/movement therapy as a treatment modality. Dissertation, Gottingen.
Taruffi, L., & Koelsch, S. (2014). The paradox of music-evoked sadness: An online survey. PLoS ONE.
Torres-McGehee, et al. (2009). Body image, anthropometric measures, and eating-disorder prevalence in auxiliary unit members. Journal of Athletic Training.
Torres, E. B. (2015). Commentary on: An exploration of sensory and movement differences from the perspective of individuals with autism. Frontiers in Integrative Neuroscience.
Torres, E. B., et al. (2013). Autism: the micro-movement perspective. Frontiers in Integrative Neuroscience.
Torres, E. B., & Donnellan, A. M. (2015). Editorial for research topic ≪Autism: the movement perspective.≫ Frontiers in Integrative Neuroscience.
Tsimaras, V. K., et al. (2010). The effect of a traditional dance training program on the physical fitness of adults with hearing loss. Journal of Strength and Condition Research.
Vinesett, A. L., et al. (2017). Modified African Ngoma Healing Ceremony for Stress Reduction: A Pilot Study. Journal of Alternative Complementary Medicine.
West, J., et al. (2004). Effects of Hatha yoga and African dance on perceived stress, affect, and salivary cortisol. Annals of Behavioural Medicine.
Woolf, S., & Fisher, P. (2015). The role of dance movement psychotherapy for expression and integration of the self in palliative care. International Journal of Palliative Nursing.
Wu, D., Jose, J. V., Nurnberger, J. I., & Torres, E. B. (2018). A Biomarker Characterizing Neurodevelopment with applications in Autism. Scientific Reports.

7. 나이를 잊고 춤추기: 모든 연령을 위한 춤

Alpert et al. (2009). The effect of modified jazz dance on balance, cognition, and mood in older adults. Journal of the American Academy of Nurse Practice.
Burzynska, A. Z., et al. (2017). The Dancing Brain: Structural and Functional Signatures of Expert Dance Training. Frontiers in Human Neuroscience.
Butt, C. A. (2017). ≪Move Your Arm Like a Swan.≫ JAMA. Cepeda, C., et al. (2015). Effect of an Eight-Week Ballroom Dancing Program on Muscle Architecture in Older Adult Females. Human Kinetics.
Coubard, O., et al. (2011). Practice of contemporary dance improves cognitive flexibility in aging. Frontiers in Aging Neuroscience.
Cruz-Ferreira, A., et al. (2015). Creative Dance Improves Physical Fitness and Life Satisfaction in

Older Women. Research on Aging.

Foster, E. R., et al. (2013). A community-based Argentine tango dance program is associated with increased activity participation among individuals with Parkinson disease. Archives of Physical Medicine and Rehabilitation.

Foster, N. A., & Valentine, E. R. (2001). The effect of auditory stimulation on autobiographical recall in dementia. Experimental Aging Research.

Girault, J. A., & Greengard, P. (2004). The Neurobiology of Dopamine Signaling. In Archives of Neurology.

Gomes de la Silva Borges, E., et al. (2012). The effect of ballroom dance on balance and functional autonomy among the isolated elderly. Archives of Gerontology and Geriatrics.

Granacher, U., et al. (2011). Effects of a Salsa Dance Training on Balance and Strength Performance in Older Adults. Gerontology.

Hackney, M. E., & Earhart, G. M. (2009). Short duration, intensive tango dancing for Parkinson disease: An uncontrolled pilot study. Complementary Therapies in Medicine.

Hackney, M. E., & Earhart, G. M. (2010). Effects of dance on balance and gait in severe Parkinson disease: A case study. Disability and Rehabilitation.

Jacobsen, J. H., et al. (2015). Why musical memory can be preserved in advanced Alzheimer's disease. Brain.

Janyacharoen, T., et al. (2013). Physical performance in recently aged adults after 6 weeks traditional Thai dance: a randomized controlled trial. Clinical Intervention in Ageing.

Julian, A. M., & Paisley, M. (2014). P3 -379 Towards the Design, Development, and Evaluation of a Personalised Music Intervention in Dementia. Alzheimer's & Dementia.

Koch, S. C., et al. (2016). The embodied self in Parkinson's Disease: Feasibility of a single tango intervention for assessing changes in psychological health outcomes and aesthetic experience. Frontiers in Neuroscience.

Koger, S. M., & Brotons, M. (2000). Music therapy for dementia symptoms. Cochrane database of systematic reviews.

Lotzke, D., et al. (2015). Agentine Tango in Parkinson disease -a systematic review and meta-analysis. BMC Neurology.

Marmeleira, J. (2013). An examination of the mechanisms underlying the effects of physical activity on brain and cognition. European Review of Aging and Physical Activity.

McKee, K. E., et al. (2913). The Effects of Adapted Tango on Spatial Cognition and Disease Severity in Parkinson's Disease. Journal of Motor Behaviour.

McKinley, P., et al. (2008). Effect of a community-based Argentine tango dance program on functional balance and confidence in older adults. Journal of Aging Physiology.

McNeely, M. E., et al. (2015). Impacts of dance on non-motor symptoms, participation, and quality of life in Parkinson disease and healthy older adults. Maturitas.

McNeely, M. E., et al. (2015). Differential effects of tango versus dance for PD in Parkinson disease. Frontiers in Aging Neuroscience.

Muller, P., et al. (2017). Evolution of neuroplasticity in response to physical activity in old age: The case for dancing. Frontiers in Aging Neuroscience.

Muller, P., et al. (2017). Praventionsstrategien gegen Demenz. Zeitschrift fur Gerontologie und Geriatrie.

Myers, N. (2012). Dance Your PhD: Embodied Animations, Body Experiments, and the Affective Entanglements of Life Science Research. Body and Society.

Prince, M., et al. (2013). The global prevalence of dementia: A systematic review and metaanalysis. Alzheimer's and Dementia.

Rehfeld, K., et al. (2017). Dancing or Fitness Sport? The Effects of Two Training Programs on Hippocampal Plasticity and Balance Abilities in Healthy Seniors. Frontiers in Human Neuroscience.

Salmon, D. P., & Bondi, M. W. (2009). Neuropsychological Assessment of Dementia. Annual Review of Psychology.

Shigematsu, R., et al. (2002). Dance-based aerobic exercise may improve indices of falling risk in older women. Age and Aging.

So-Young An, M. S., et al. (2017). Effect of belly dancing on urinary incontinence- related muscles and vaginal pressure in middle-aged women. Journal of Physical Therapy Science.

Valenzuela, M. J., & Sachdev, P. (2006). Brain reserve and dementia: A systematic review. Psychological Medicine.

Verghese, J., et al. (2003). Leisure activities and the risk of dementia in the elderly. The New England Journal of Medicine.

Wallmann H. W., et al. (2009). The effect of a senior jazz dance class on static balance in healthy women over 50 years of age: a pilot study. Biological Research in Nursery.

Westheimer, O. (2008). Why dance for Parkinson's disease. Topics in Geriatric Rehabilitation.

Westheimer, O. (2010). Dance and Parkinson's disease. Movement Disorders.

Westheimer, O., et al. (2015). Dance for PD: a preliminary investigation of effects on motor function and quality of life among persons with Parkinson's disease (PD). Journal of Neural Transmission.

Woei-Ni Hwang, P., & Braun, K. L. (2015). The effectiveness of dance interventions to improve older adults' health: A systematic literature review. Alternative Therapies in Health and Medicine.

World Health Organization. (2004). Global recommendation on physical activity for health.

World Health Organization. (2012). Dementia: a public health priority. Dementia.

8. 그 어떤 상황에서도 춤추기: 웃고, 울고, 춤추고!

Aronoff, J. (2006). How we recognize angry and happy emotion in people, places, and things. Cross-Cultural Research.

참고 문헌

Bar, M., & Neta, M. (2006). Humans prefer curved visual objects. Psychological Science.
Bar, M., & Neta, M. (2007). Visual elements of subjective preference modulate amygdala activation. Neuropsychologia.
Bennassar, M. & de Ayreflor, R. (1997). Influencia del Baile Popular Mallorquin en la pintura de Coll Bardolet. Santuari de Lluc.
Bonny, J., et al. (2017). Hip hop dance experience linked to sociocognitive ability. Plos One.
Boing, L. et al. (2018). Benefits of belly dance on quality of life, fatigue, and depressive symptoms in women with breast cancer —A pilot study of a non-randomised clinical trial. Journal of Body and Movement Therapy.
Calvo-Merino, B., et al. (2005). Action observation and acquired motor skills: An fMRI study with expert dancers. Cerebral Cortex.
Calvo-Merino, B., et al. (2006). Seeing or doing? Influence of visual and motor familiarity in action observation. Current Biology.
Chatterjee, A. (2003). Prospects for a Cognitive Neuroscience of Visual Aesthetics. Bulletin of Psychology and the Arts.
Christensen, J. F., et al. Affective responses to dance. Acta Psychologica.
Christensen, J. F., & B. Calvo-Merino. 2013. Dance as a Subject for Empirical Aesthetics. Psychology of Aesthetics, Creativity, and the Arts.
Clignet, R., & Hanna, J. L. (1989). Dance, Sex and Gender: Signs of Identity, Dominance, Defiance, and Desire. Contemporary Sociology.
Cross, E. S., et al. (2013). International Review of Sport and Exercise Psychology A review and critical analysis of how cognitive neuroscientific investigations using dance can contribute to sport psychology. International Review of Sport and Exercise Psychology.
Cross, E. S., et al. (2006). Building a motor simulation de novo: Observation of dance by dancers. NeuroImage.
Cross, E. S., et al. (2011). The impact of aesthetic evaluation and physical ability on dance perception. Frontiers in Human Neuroscience.
Cross, E. S., & Ticini, L. F. (2011). Neuroaesthetics and beyond: new horizons in applying the science of the brain to the art of dance. Phenomenology and the Cognitive Sciences.
Daprati, E., et al. (2009). A dance to the music of time: Aesthetically-relevant changes in body posture in performing art. PLoS ONE.
De Warren, R. (2009). Destiny's Waltz: In Step with Giants. Strategic Book Publishing & Rights Agency, LLC.
Dimler, A. J., et al. (2017) ≪I Kinda Feel Like Wonder Woman≫: An Interpretative Phenomenological Analysis of Pole Fitness and Positive Body Image. Journal of Sport and Excersise Psychology.
Dutton, D. G., & Aron, A. P. (1974). Some evidence for heightened sexual attraction under conditions of high anxiety. Journal of Personality and Social Psychology.
Ferguson, S., et al. (2010). Movement in a Contemporary Dance Work and its Relation to

Continuous Emotional Response. Proceedings of the International Conference on New Interfaces for Musical Expression.

Hanna, J. L. (1995). The Power of Dance: Health and Healing. The Journal of Alternative and Complementary Medicine.

Hanna, J. L. (2010). Dance and sexuality: Many moves. Journal of Sex Research.

Jang, S. H., & Pollick, F. E. (2011). Experience influences brain mechanisms of watching dance. Dance Research.

Jola, C., et al. (2012). Motor simulation without motor expertise: Enhanced corticospinal excitability in visually experienced dance spectators. PLoS ONE.

Jola, C., et al. (2011). The experience of watching dance: phenomenological- neuroscience duets. Phenomenology and the Cognitive Sciences.

Jola, C., et al. (2011). Arousal decrease in sleeping beauty: Audiences' neurophysiological correlates to watching a narrative dance performance of two-and-a-half hours. Dance Research.

Kirsch, L. P., et al. (2015). Dance experience sculpts aesthetic perception and related brain circuits. Annals of the New York Academy of Sciences.

Kirsch, L. P., et al. (2013). The impact of sensorimotor experience on affective evaluation of dance. Frontiers in Human Neuroscience.

Kirsch, L. P., et al. (2016). Shaping and reshaping the aesthetic brain: Emerging perspectives on the neurobiology of embodied aesthetics. Neuroscience and Biobehavioral Reviews.

Kaltsatou, A et al. (2011). Physical and psychological benefits of a 24-week traditional dance program in breast cancer survivors. Journal of Body and Movement Therapy.

Khorsandi, S. (2015). The Art of Persian Dance: Shahrzad Technique.

Kim, S. Kim, J. (2007). Mood after various brief exercise and sport modes: aerobic, hip hop dancing, ice skate and body conditioning. Perceptual Motor Skills.

Kuroda, Y., et al. (2017). Stress, Emotions, and Motivational States Among Traditional Dancers in New Zealand and Japan. Psychological Reports.

Larson, C. L., et al. (2007). The Shape of Threat: Simple Geometric Forms Evoke Rapid and Sustained Capture of Attention. Emotion.

Leigh Foster, S. (ed). (2009). Worlding Dance – Studies in International Performance. Pelgrave Books.

Lovatt, P. (2018). Dance Psychology. Lulu Publishers.

Maraz, A., et al. (2015). Why do you dance? Development of the Dance Motivation Inventory (DMI). PLoS ONE.

Maraz, A., et al. (2015). An empirical investigation of dance addiction. PLoS ONE.

Moreira, S. R., et al. (2017). Ten weeks of capoeira progressive training improved cardiovascular parameters in male practitioners. Journal of Sports Medicine and Physical Fitness.

Murrok, C., et al. (2008). A culturally-specific dance intervention to increase functional capacity in African American women. Journal of Cultural Diversity.

Nawrocka, A., et al. (2017). Effects of exercise training experience on hand grip strength, body composition and postural stability in fitness pole dancers. Journal of Sports Medicine and Physical Fitness.

Ramon y Cajal, S. (1906). The structure and connexions of neurons. Nobel Lectures: Physiology or Medicine 1901 -1921 (1976).

Robinson, C., et al. (2017). A review of hip hop based interventions for health literacy health behaviours and mental health. Journal of Racial Ethnicity Health Disparities.

Shay, A. (1999). Choreophobia -Iranian Solo Improvised Dance. ABe Books.

Stevens, C. J., et al. (2009). Cognition and the temporal arts: Investigating audience response to dance using PDAs that record continuous data during live performance. International Journal of Human Computer Studies.

Stevens, C., & McKechnie, S. (2005). Thinking in action: Thought made visible in contemporary dance. Cognitive Processing.

Zeki, S. (2001). Artistic creativity and the Brain. Science.

사진 크레딧

88 Marie-Lan Ngvyen | 127 Roger Sedres/Shutterstock.com
255 MikeDotta/Shutterstock.com | 269 MeinPhoto/Shutterstock.com

옮긴이 염정용

서울대학교 독어교육과를 졸업하고 같은 학교 대학원에서 박사 학위를 받았다. 독일 마부르크 대학에서 독문학을 공부했으며, 서울대 강사 등을 거쳐 현재 전문번역가로 활동하고 있다. 옮긴 책으로는 『마음과 질병의 관계는 무엇인가』, 『왜 우리는 악에 끌리는가』, 『알을 낳는 개』, 『몸은 알고 있다』, 『안녕, 아인슈타인』, 『뇌 속에 또 다른 뇌가 있다』 등등 40여 권이 있다.

뇌는 춤추고 싶다
좋은 리듬을 만드는 춤의 과학

1판 1쇄 발행 2018년 10월 23일
1판 4쇄 발행 2025년 7월 11일

지은이 장동선·줄리아 F. 크리스텐슨
옮긴이 염정용
펴낸이 김영곤
펴낸곳 아르테

교정교열 이지현 디자인 박대성
마케팅팀 남정한 나은경 한경화
영업팀 한충희 장철용 강경남 황성진 김도연
제작팀 이영민 권경민

출판등록 2000년 5월 6일 제406-2003-061호
주소 (10881) 경기도 파주시 회동길 201(문발동)
대표전화 031-955-2100 팩스 031-955-2151 이메일 book21@book21.co.kr

ISBN 978-89-509-7780-1 03100
아르테는 (주)북이십일의 문학·교양 브랜드입니다.

(주)북이십일 경계를 허무는 콘텐츠 리더
아르테 채널에서 도서 정보와 다양한 영상자료, 이벤트를 만나세요!
페이스북 facebook.com/21arte   인스타그램 instagram.com/21_arte
포스트 post.naver.com/staubin   홈페이지 www.book21.com

· 책값은 뒤표지에 있습니다.
· 이 책 내용의 일부 또는 전부를 재사용하려면 반드시 (주)북이십일의 동의를 얻어야 합니다.
· 잘못 만들어진 책은 구입하신 서점에서 교환해 드립니다.